〔宋〕黄士毅 / 编

徐时仪 杨立军 / 整理

朱子语类

一

上海古籍出版社

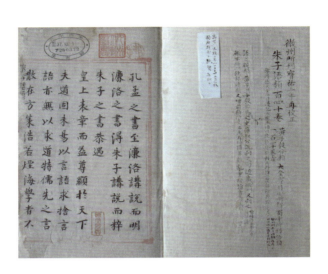

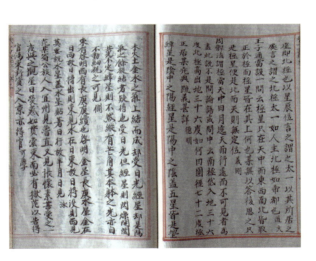

朝鲜古写徽州本《朱子语类》

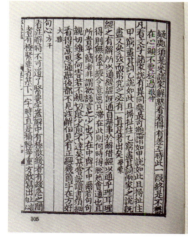

成化本《朱子语类》

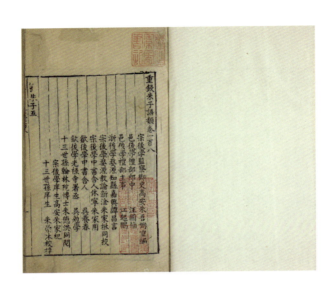

重鋟朱子語類卷一百八

宋後學監察御史為朱君鹤翀編
邑後學禮部郎中　　　汪國垕
浙後學禮部主事　　　江廷鄂
浙後學蔡源知縣嘉興譚昌言
宗後學蔡源教諭淦淦朱家抍同校
宗後學中書舍人休寧朱家用
歙後學光祿寺丞　　　吳養春
　　　　　　　　　　吳勉學
十三世孫翰林院博士朱德洪同閲
宗後學庠生高安朱家紀
十三世孫庠生朱崇沐校梓

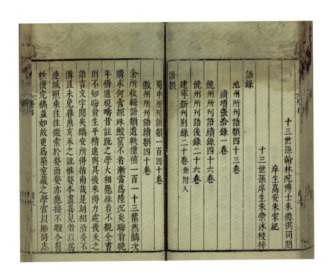

語錄
　　池州所刊語類四十三卷
　　　續增饒冶錄一卷
　　饒州所刊語續錄四十六卷
　　饒州所刊語後錄二十六卷
　　建寧新刊別錄二十卷新附入

語類

　　徽州所刊語續類一百四十卷
　　蜀中所刊語續類一百一十三葉然鮮次

余所收輯語類遺軼僅補一百一十三葉然鮮次
購求何當探珠鮫竇不者漸富為陸沉矣嘽翁晚
年偕道視疇昔証跡之學大相懸殊若不觀全書
則不知晦翁生平精進與其後來得力處幾失之
語言文字間失纇安所得指南哉是刻相沿炎不
傳且未免鼕魚亥承之訛惟藝藝本畫善見者以爲
連城照乘往往微索於埶而藝應接不暇全幽
帙後完繩益如故更爲築室藏之學宮以貽同志

朱崇沐重刻本《朱子语类》

前言

一、朱熹与朱子语类

朱熹（1130—1200）字元晦，一字仲晦，晚年自号晦庵、晦翁、云谷老人、沧州病叟、遯翁，别称紫阳；祖籍是江西婺源，寄居福建时在考亭讲学，创立了"闽学"，又称为"考亭之学"。其胸怀宏大的政治抱负，惜仕途坎坷，十九岁中进士后，虽历仕高宗、孝宗、光宗、宁宗四朝，五任地方官，但在朝却仅四十六天，在"庆元党禁"斥道学为伪学的腥风血雨中病逝，一生饱受宦场的倾轧猜忌，郁郁不能得志。不过他在政治上尽管未能实现兼治天下的宏愿，在教育和学术上却业绩卓然，成果辉煌。他不但注重培养英才，修建了当时全国四大书院中的白鹿洞书院和岳麓书院，创建了考亭书院、武夷书院、紫阳书院、晦庵书院、建安书院，制定一整套学规，更以其博学多闻的才识，结合宋代社会的实际情况，融儒、释、道于一体，潜心探索道德性命之理，提倡明义理经世务，把居中国文化主导地位的儒家文化发展到一个新的历史阶段。

朱熹论学著述皆以圣贤之道为宗，以修己治人为要，由六经到四书，形成集宋代理学之大成的思想体系。其学说博大精深，约可分为四个部分：一是哲学，二是道德伦理学，三是政治与经济，四是校勘与考据。朱熹一生都在从事学术的研讨、传授和著述，倡导"循序渐进、熟读精思、虚心涵泳、切己体察、着紧用力、居敬持志"的读书方法，讲学在朱熹的生涯中占有重要地位。朱熹的门人弟子甚众，据朱公晦辑朱子实纪卷之七载，其学生中号称高第有著作者六十八人，录有问答语录及被称许者七十一人，存有姓氏爵邑者一百八十人。这些门人弟子师从朱熹受学，多有记录师说的笔记。朱熹逝世后，度周卿于嘉定初年（1211—1214）率先编刊了朱熹语录。李道传又于嘉定八年（1215）将其收集到的朱熹门人所记笔记编为朱子语录四十三卷，刊于池州，简称池录。嘉定十二年（1219）黄士毅以池录为底本，将各家所记的朱熹语录按讲学内容分为理气、鬼神、性理、学等二十六类，编为朱子语类，简称蜀类，刊于眉州。嘉熙二年（1238）李性传在其兄道传所编池录基础上又于饶州刊印朱子语续录，简称饶录。淳祐九年（1249），蔡抗也于饶州刊印朱子语后录，简称饶后录。嘉熙淳祐年间，王佖在徽州刊印有婺录。淳祐十二年（1252），王佖又在婺录的基础上按黄士毅语类门目于徽州刊印朱子语续类，简称徽续类。景定四年（1263），黎靖德根据黄士毅所订的类目，糅合诸家刊印的朱熹语录，编为朱子语类一百四十卷。咸淳元年（1265），吴坚在建安刊印朱子语别录，简称建别录。诸家汇编朱熹门人笔记的刊本大致分为语录和语类两个系统，语录是按所记录的人编排，语类是按讲学内容的类编排，而在每条之下注明记录者的姓名。咸淳六年（1270），黎靖德又据建别录修订他所编的朱子语类，综合了九十七家朱熹弟子记录的笔记，总诸家刊本之大成，编为现在的通行本朱子语类一百四十卷。其中四书占五十一卷，五经占二十九卷，哲学专题如理气、知行等，专人如周、程、老、释等，以及个人治学方法等，约占四十卷，历史、政治、文学等约占二十卷。

朱子语类内容广博，自天地万物之源，至一草一木之微，从自然界到人类本身，无所不及，且皆为师生间往复诘难相互研讨学问时的随问随答，气氛比较自由，不像著书立说那样严肃郑重，态度比较真切，更注重实情。其中不乏思想火花的即兴迸发，评述时事的真情流露，往往挥洒自如，生动活泼，一颦一蹙，纤悉详现，在朱熹之学中犹如画龙点睛，读之有破壁飞腾之感。值得指出的是朱熹不同时期不同场合的讲学内容由来自不同地域的一百多位门生记录，同一内容的表述用词不尽相同，门人弟子所记又各有侧重，有同有异，而同一门人在不同时间不同场合记录同一内容，不同的门人在同一时间同一场合记录同一内容，不同的门人在不同时间不同场合记录同一内容，同一门人前后所记或有不同，来自同一地域的不同门人所记也或有不同，来自不同地域的门人更难免有同有异，而朱子语类中往往注明各家所记语录的异同，形成互补，据其所注内容及各本异文可探具体讲学时间，还原出朱熹讲学内容原貌，知人论世，从中可见朱熹的人格人品和门人的人格人品及学习态度，考探其时同门听讲的弟子有哪些和彼此间的交往及朱熹对这些门人的评价，"听"到朱熹的经国之谋、济民之政、出处之义、交际之道，"看"到当时师生问答的鲜活场景，尤其是庆元党禁时的人情世态和朱熹的心态，可以说更为真实地反映了一代理学大师朱熹的思想演变脉络和南宋当时的社会生活及语言使用状况。

二、朱子语类的学术价值

朱熹的理学思想体系宏阔，统治我国思想界达七百多年，还跨越民族和地域的界限，远播海外，对日本、韩国以及越南等东亚各国的思想文化皆产生了深刻深远的影响，在朝鲜和日本曾被视为国学。清康熙皇帝为朱子全书作序称其"集大成而绪千百年绝传之学，开愚蒙而立亿万世一定之规"。正如张立文朱熹思想研究一书所说，"不论人们是喜欢或不喜欢他，对他应当认真去研究，这是无可争辩的"。钱穆朱子学提纲一书将朱熹的著述分为两大类，一类为四书章句集注、诗集传等，一类为书信奏章等文集与讲学语录，明确指出朱熹不仅集北宋以来理学之大成，而且还可以说集孔子以下学术思想之大成，认为不读文集与讲学语录就无法贯通朱熹之学，就像朱熹教导门人弟子时所说，吃馒头仅撮一头，终不得馒头之真味。朱子语类作为朱熹讲学的实录，堪称研究朱熹思想的一块璞玉，不仅在朱子学而且在哲学、文献学、语言学等研究的方方面面皆具有重要价值。

（一）哲学思想研究

朱子语类的内容几乎处处蕴涵着浓厚的哲学意味。朱熹认为天地之间所有事物都是由"理"生成，并且都有着具有规律性的"理"。理"无形迹"，"无情意，无计度，无造作"，(1.3)① 无所不在。心具理，心外也有理。圣贤千言万语说的无非是一个存天理、灭人欲。有关"天理人欲"的内涵，学界探讨颇多。考朱子语类中有"天理"634 例，"人欲"314 例，考察"天理"与"人欲"对举的用例，大致可知朱熹认为"天理人欲"就在日用常行之间，"天理"为是，"人欲"为非。具体而言，人伦中合乎"礼"的为"天理"，不合乎"礼"的为"人欲"。"天理"与"人欲"相当于人所作所为的两个方面，对的是"天理"，错的是"人欲"。所谓"人之一心，天理存，则人欲亡；人欲胜，则天理灭"(13.224)，"学者须是革尽人欲，复尽天理，方始是学"(13.225)，皆是着重于要求人们一切行为要符合伦理规范，注重自身修养。

据我们统计，朱子语类中"理"有 10 493 例，"心"有 7 819 例，"气"有 3 912 例，"性"有 3 398 例，"情"有 859 例，"欲"有 2 922

---

① 此据中华书局 1986 年版朱子语类，圆点前后为卷和页，下文同。

例，朱子语类中的这些关键词汇在一定程度上反映了朱熹哲学思想的发展演变脉络，因而成为研究朱熹思想的基本材料，现代一些有影响的哲学史、思想史著作，如任继愈主编的中国哲学史、冯友兰的中国哲学史新编、侯外庐主编的中国思想通史等在撰写朱熹哲学思想的章节时都大量采用了朱子语类的记载。

客观世界是在发展的，人的认识也是在发展中不断完善的，朱熹的思想也是随着社会发展而不断发展的。以四书而言，朱熹平生用了很大精力著成四书章句集注，他 34 岁时编写论语要义和论语训蒙口义，43 岁时编写语孟精义，47 岁时编写论语略解，48 岁时撰成论孟集注和论孟或问。51 岁时，他将语孟精义改写成论孟要义，又修改论孟集注，撰成大学章句和中庸章句。63 岁编成孟子要略，64 岁时又对论孟集注加以修改，临终前犹在修订大学章句诚意章。他 68 岁时对曾祖道说："某所解语、孟和训诂注在下面，要人精粗本末，字字为咀嚼过。此书，某自三十岁便下工夫，到今改犹未了，不是草草看者。"（116.2799）57 岁时与邵浩谈到中庸解时说："某为人迟钝，旋见得旋改，一年之内改了数遍不可知。"（62.1486）他在与陈淳谈到大学解时说："据某而今自谓稳矣。只恐数年后又见不稳。"（14.257）又与王过说自己："大学则一面看，一面疑，未有惬意，所以改削不已。"（19.437）朱子语类的记载从不同角度扩展丰富了朱熹所撰专著的内容，说明了其所撰著作的成书经过，提供了在其专著中无法展开来详加叙述的大量背景材料，尤其是晚年的许多精要论述，蕴涵着朱熹思想发展的曲折与精微之处。这些论述有的出于朱熹所著的相关专著成书之前，反映了其成书前的早期思想观点，有的出于其专著成书之后，反映了其成书后思想观点新的发展。有一些内容，弟子的记载有详有略，且与朱熹的论著也有异同，然而无论这些记载与朱熹亲笔所撰专著的观点是一致还是不一致，在全方位研究朱熹思想上都具有重要价值。其相一致处使朱熹的思想观点更为明确，其不一致处，甚至相互乖戾矛盾之处，则可供参照比较，全面分析，进而得到正确的理解。

如郭友仁的一段记载为：问："圣门说'知性'，佛氏亦言'知性'，有以异乎？"先生笑曰："也问得好。据公所见如何，试说看。"曰："据友仁所见及佛氏之说者，此一性，在心所发为意，在目为见，在耳为闻，在口为议论，在手能持，在足运奔，所谓'知性'者，知此而已。"曰："且据公所见而言。若如此见得，只是个无星之称，无寸之尺。若在圣门，则在心所发为意，须是诚始得；在目虽见，须是明始得；在耳虽闻，须是聪始得；在口谈论及在手在足之类，须是动之以礼始得。'天生烝民，有物有则。'如公所见及佛氏之说，只有物无则了，所以与圣门有差。况孟子所说'知性'者，乃是'物格'之谓。"（126.3020—3021）这段话是朱熹逝世前两年，即庆元四年（1198）所记，朱熹区分了儒佛两家的"知性"观点，把"性"和"知"联系起来，比二程所论更为直截明了。

又如叶贺孙的一段记载为：谦之问："今皆以佛之说为无，老之说为空，空与无不同，如何？"曰："空是兼有无之名。道家说半截有，半截无，已前都是无，如今眼下却是有，故谓之空。若佛家之说都是无，已前也是无，如今眼下也是无。'色即是空，空即是色。'大而万事万物，细而百骸九窍，一齐都归于无。终日吃饭，却道不曾咬着一粒米；满身着衣，却道不曾挂着一条丝。"（126.3012）这段话是绍熙四年（1193）所记，朱熹所撰专著中找不到，而在朱子语类中则记载了他讲学时用生动的比喻说明了佛家的"无"。

伟大的哲学家或思想家是以他思考问题的分量和解决问题的能力来定位的，而这问题必然具有历史的规律与超历史的意义之双重性，同时又牵连着当下时代的弊病与难题，关乎人类命运的希望与福祉。在我国历史上，宋代是儒家学者们觉醒的时期，当时绝大多数的儒学家们都在努力振兴儒学，要使儒家学派的地位重新居于佛道两家之上，改变长期以来佛道两家的声势都凌驾于儒家之上的状态。学者们由不信汉唐注疏，进而大胆怀疑古代儒家经典，并且从当时的社会政治需要出发，或明或暗地吸收和汲引释道两家的心性义理之学，重新解释经书，提出新的见解。理学大师朱熹亦以其博学多闻的才识，融儒释道于一体，从整理研究古代文献入手，表达了其对传统文化的价值评估和意义理解，提出了他对当时文化的建构蓝图，深刻地介入了时代的文化继承和再创造，建立起一个贯穿天、地、人的理学思想体系，涵括了人生、社会、自然等领域，折射着那个时代的人们对民族主体精神的追求和人类文化价值走向的关切，尤其是强调以天下为己任的历史自觉性，充分体现了张载所说"为天地立心，为生民立命，为往圣继绝学，为万世开太平"的中国古代知识分子理想境界。

（二）文献学研究

朱熹又是宋代首屈一指的训诂大师，其在传统语言文字研究中敢于创发新义，富有疑古精神。如晋代梅赜伪造古文尚书经传，唐代孔颖达作疏，整个唐代没有人提出怀疑。朱熹凭借其深厚的训诂功力和高超的思辨能力，对前人的成说提出了质疑。朱子语类记载了朱熹整理古代文献和辨析古书真伪的有关言论，这些记载对我们今天整理研究古代文献颇有实用价值。如："尚书小序不知何人作，大序亦不是孔安国作，怕只是撰孔丛子的人作，文字软善，西汉文字则粗大。"（78.1985）"尚书孔安国传，此恐是魏晋间人所作，托安国为名。"（78.1984）"盖书有古文，有今文。今文乃伏生口传，古文乃壁中之书。""岂有数百年壁中之物，安得不讹损一字？又却是伏生记得者难读，此尤可疑。"（78.1978）

朱熹讲学主旨在于讲明义理以修其身，然后推以及人，认为"理"完整地体现在圣贤的著作里面，主张义理与训诂考证相结合。如："某患学者读书不求经旨，谈说空妙。故欲先通文义，就文求意。"（121.2927）

其通文意的主旨在于求意明理。又如:"观诗之法,且虚心熟读寻绎之,不要被旧说粘定,看得不活。"(117.2812)朱熹强调从语言角度着眼,理会言意,不受文字的束缚,准确地把握词义,从"辞气"、"文势"方面体味、审度文意,不受旧说的局囿。

朱熹对古代文献中一些字词的解释往往较精到,朱子语类中这方面的记载在校点整理相关古籍上颇具参考价值。如:"又如蜀有漏天,以其西北阴盛,常雨,如天之漏也,故杜诗云:'鼓角漏天东。'后人不晓其义,遂改'漏'字为'满',似此类极多。"(140.3327)朱熹对一些典章制度的解释亦可供考证古籍所载有关名物制度时作参考。如:"古者车只六尺六寸,今五路甚大。尝见人说秦太师制此,又高于京师旧日者。"(128.3066)"古升,十六寸二分为升,容一百六十二寸为斗。今之一升,即古之三升;今之一两,即古之三两。"(138.3295)

(三)语言学研究

朱子语类大抵可以看作是朱熹与其门人讲学问答的实录,行文简洁而不避俚俗,句式灵活而用语多变,根据表达的需要变换文雅语体和白话语体,既有讲学时引经注的雅言旧词与朱熹解说所用白话口语的历时层次差异和历代记录修订的差异,也包含有不同地域不同阶层门生弟子各自习用方俗词语的差异,充满了各种性质和各种层次的言语成分。对汉语语言系统而言,用文言记录与用白话记录虽然就交际活动本身来说并无区别,但措辞不同、修辞相异,所造成的情感评价、雅俗观念、文章体式以及流布范围等都会有不同。朱子语类文白夹杂的措辞不同、修辞相异可以说为我们提供了解剖其情感评价、雅俗观念、文章体式以及流布范围等的原生态范本,可借以考探汉语古今文白雅俗的演变。

　　如表达"牢记或想念在心"义，朱子语类有"在心"、"着心"、"上心"、"心心念念"、"念念不忘"、"念念不放"、"念念不断"、"念念不舍"等不同表达形式："学习，须是只管在心，常常习。"（20.448）"有事着心做，不易其心而为之，是敬。"（6.122）"盖是早间未有一事上心，所以记得。"（16.349）"读一件书，须心心念念只在这书上，令彻头彻尾，读教精熟，这说是如何，那说是如何，这说同处是如何，不同处是如何，安有不长进！"（11.197）"只要人常提撕省察，念念不忘，存养久之，则是理愈明，虽欲忘之而不可得矣。"（16.316）"如此存心念念不放，自然有所得也。"（23.557）"看'三仁'惓惓忧国之心，直是念念不断。"（48.1192）"念念不舍，即是总说，须是有许多实事。"（34.863）又如形容"思想不集中"，有"心不在"、"心不在焉"、"心不在此"、"心不在上面"、"心不在躯壳里"、"心不在壳子里"、"心不在壳子里面"等不同表达形式："学者读书，多缘心不在，故不见道理。"（11.177）"若心不在焉，则视之而不见，听之而不闻，以枉为直，以直为枉矣！"（24.592—593）"如读书，自家心不在此，便是没这书。"（21.504）"若心不在上面，书自是书，人自是人，如何看得出！"（104.2623）"人心不在躯壳里，如何读得圣人之书。"（11.177）"世人心不在壳子里，如发狂相似，只是自不觉。"（94.2410）"人精神飞扬，心不在壳子里面，便害事。"（12.199）从这些不同表达形式中不仅可略窥朱子语类整体上是一种既非纯粹口语又非一般文言的文人口语体，介于便俗语体和典雅语体之间，具有文白并用和雅俗交融的多元语言特色，而且可见汉语的词与语是既相互区别又彼此关联的一个双向连续统，① 反映了"言语意义←→语言意义"间互动交融的转化。

　　朱子语类保存了不少古代词语，表现了语言的继承性一面，同时又

---

　　① 参徐时仪习语俗谚的演变及词语连续统探论，上海师范大学学报 2018 年第5 期。

记载了不少当时出现的新词新义和新用法，表现了语言发展演变的一面。其文白相间，雅俗共存，新旧质素交融，旧义的延续和新义的诞生共存于同一平面，形成了绝对动态演变、相对静态聚集，多源而一统、同处而异彩的语言渊薮，相当于一个立体的网络，叠置着从历史上各个时期传承下来的不同历史层次的词语和宋代产生的新词新义。如鏖糟、把捉、白直、膀浪、逼截、别白、差错、吃紧、打头、大段、分晓、隔蓦、勾惹、活计、几多、计挂、尖新、将养、伉壮、客气、懒散、老成、笼统、落草、毛病、闹热、便宜、强勉、倾倒、入头、松爽、上手、思索、散漫、沙汰、手段、体面、脱空、挑拨、无聊、下落、要紧、硬寨、走作、作弄、指望、主脑、着落、大凡、比如、说话、理会、意味、严紧、着意等，这些词语有的因袭前代而沿用，有的则是当时产生的新词或新义，且多为双音节词，体现了上古汉语向近代汉语发展过程中双音节词渐占主导地位的趋势。

朱子语类中的口语词特别丰富，许多词都是当时常用的俗语词，这在词汇史的研究方面弥足珍贵。如："他见得道理大小大了，见那居官利害，都没紧要，仕与不仕何害！"（28.715）例中"大小大"有"重大、紧要"义。又如："读孟子，便彻头彻尾理会孟子，其他书皆然。此等事本不用问人，问人只是杭唐日子，不济事。"（132.3183）例中"杭唐"有"延缓、耽搁"义。其中不少词语具有鲜明的形象色彩，这些词语所代表的事物看得见，摸得着，感觉得到，想象得出，除了表达概念外还给人一种形象感觉，变抽象为具体。如："今人往往过严者，多半是自家不晓，又虑人欺己，又怕人慢己，遂将大拍头去拍他，要他畏服。"（108.2689）例中"大拍头"是一种拍东西的器具，由于空气阻力的缘故，拍子越大，看上去气势很大，而实际效果越小，用来喻指虚空不着边际的声势就显得很形象生动。

朱子语类在语法研究方面也有重要价值。如"底"的来源，王力认为来自"之"，吕叔湘认为来源于"者"。朱子语类中"底"共4637个，其中作"底盖"、"底下"义讲的实词 49 个，作复音词词素的 28 个，作结构助词的 4560 个。祝敏彻通过逐一分析朱子语类中"底"的用例，认为"底"既来源于"之"，也来源于"者"。①

（四）文学研究

朱熹精通文学，明清以还，至有"古体当推朱元晦"、"诗名终是首文公"、"三百篇以来一人而已"之评，在理学家中享有文名。其"问渠那得清如许？为有源头活水来"（观书有感）和"等闲识得东风面，万紫千红总是春"（春日）等皆为脍炙人口的名句。朱子语类的一些记载反映了他的文学思想。如他提出"道者，文之根本；文者，道之枝叶"（139.3319），认为"这文皆是从道中流出，岂有文反能贯道之理？文是文，道是道，文只如吃饭时下饭耳。若以文贯道，却是把本为末，以末为本，可乎？"（139.3305）主张文与道合二而一，道是以儒家伦理道德为核心的"义理"和"德性"，文是从道的长河中流出的支脉，是开胃下饭的小菜。文与道的区别只是源和流、本源和枝叶而已。

"诗言志"是古人对诗的本质特征的认识，朱熹指出：志者，"心之所之"（1.11），"学者大要立志，所谓志者……只是直截要学尧舜"。（8.133）他进一步发挥了儒家传统的"言志说"，把"志"说成是德行修养，纳入了其"存天理，灭人欲"的思想体系。他指出"不是一部诗皆思无邪"（80.2065），"圣人言郑声淫者，盖郑人之诗，多是言当时风俗男女淫奔，故有此等语"，"诗辞多是出于当时乡谈鄙俚之语，杂而为之"（81.2109），突破了"思无邪"的说法，开辟了从诗本身内容出发来解释诗的正确途径，对后代诗的研究产生了深远的影响。

---

① 祝敏彻朱子语类中"地""底"的语法作用，中国语文 1982 年第 3 期。

朱子语类中记载了一些朱熹对历代诗文的评论，这些评论往往入木三分，发人深思。如："渊明诗平淡，出于自然。后人学他平淡，便相去远矣。"（140.3324）"陶渊明诗，人皆说是平淡，据某看他自豪放，但豪放得来不觉耳。其露出本相者，是咏荆轲一篇。平淡的人，如何说得这样言语出来！"（140.3325）鲁迅论陶渊明诗亦说其"除论客所佩服的'悠然见南山'之外，也还有'精卫衔微木，将以填沧海，刑天舞干戚，猛志固常在'之类的'金刚怒目式'，在证明着他并非整天整夜的飘飘然"。朱熹和鲁迅两人一个是宋代理学家，一个是现代文学家，时代不同，却都能一语中的。由此亦可见朱子语类在文学研究方面的独特价值。

（五）历史学研究

朱子语类记载了朱熹对一些历史人物和历史问题的评论，这些评论尽管是朱熹的一家之言，但往往颇有见地，堪称历史研究的宝贵资料。如指出宋太祖集中兵、政、财权导致"州郡遂日就困弱。靖康之祸，虏骑所过，莫不溃散"。（128.3070）历朝皇帝不敢有所作为，"只是相共扶持这个天下，不敢做事，不敢动"。对外来的侵扰"不敢与较，亦不敢设施一事"。（127.3051）认为这是酿成"靖康之祸"的远因。"今看着徽宗朝事，更无一着下得是。"（127.3048）"是时天下事被人作坏，已如鱼烂了，如何整顿！"（130.3125）钦宗不能辨别贤否邪正，"在上者无定说，朝变夕改，纵有好人，亦做不得事"。（135.3132）徽宗处理内政外交"更无一版有一件事做得应节拍，钦宗"无刚健勇决之操，才说着用兵便恐惧"，其所作所为"遂致播迁之祸，言之使人痛心"。（127.3050）指出靖康之祸皆因昏君奸臣误国所致。认为高宗"当时讲和本意，上不为宗社，下不为生灵，中不为息兵待时，只是怯惧，为苟岁月计"，"看当时措置，可惊可笑"，"从头到尾，大事小事，无一件措置得是当"。（127.3054）指出高宗当时与金议和纯粹是内心畏怯冀苟延而已。

朱子语类中还记载了一些朱熹对历代史事的评论，如评论唐史说："唐源流出于夷狄，故闺门失礼之事，不以为异。"（136.3245）史学大师陈寅恪对朱熹的这个见解深有感触，就此观点著成唐代政治史述论稿一书，指出："朱子之语，颇为简要，其意未能详知。然即此简略之语句亦含有种族及文化二问题。而此二问题实李唐一代史事关键之所在，治唐史者不可忽视者也。"①

（六）文化史研究

朱熹讲学时释疑答问，广征博引，涉及社会文化的各个方面。朱子语类中的这些记载大可补古史之未详，可供了解当时的社会生活和风俗人情，同时也是文化史研究的宝贵资料。如："姓是大总脑处，氏是后来次第分别处。如鲁本姬姓，其后有孟氏、季氏，同为姬姓，而氏有不同。某尝言：'天子因生以赐姓，诸侯以字为谥，因以为族。'窃恐'谥'本'氏'字，先儒随他错处解将去，义理不通。"（138.3280）"姓与氏之分：姓是本原所生，氏是子孙下各分。"（138.3281）反映了姓氏的沿革和宋人的理解。又如："驰车即兵车，盖轻车也。革车驾以牛，盖辎重之车。每轻车七十二人，三人在车上，一御，一持矛，一持弓。此三人，乃七十五人中之将。盖五伍为两，两有长故也。轻车甚疾。"（138.3285）反映了古代的车制。再如："汉祭河用御龙、御马，皆以木为之，此已是纸钱之渐。纸钱起于玄宗时王玙。盖古人以玉币，后来易

---

①　参邓艾民朱熹与朱子语类，载朱子语类中华书局1986年版。

以钱。至玄宗惑于王玙之说，而鬼神事繁，无许多钱来埋得，玙作纸钱易之。"（138.3287）反映了纸钱的起源。

宋时科举考试中经义和论使用的八股文格式已成为时文，① 朱子语类中记载了朱熹有关时文的论述。如："如今时文，取者不问其能，应者亦不必其能，只是盈纸便可得。"（109.2693）"不知时文之弊已极，虽乡举又何尝有好文字脍炙人口？若是要取人才，那里将这几句冒头见得？只是胡说！今时文日趋于弱，日趋于巧小，将士人这些志气都消削得尽。……只看如今称斤注两，作两句破头，如此是多少衰气。"（109.2702）"今人作经义，正是醉人说话。只是许多说话改头换面，说了又说，不成文字。"（109.2693）这些记载表明了朱熹对时文取否定的态度，认为根据这种时文很难选拔到有真才实学的士子。

朱子语类中还记载了当时考官出怪题和偏题的现象。如："出题目定不肯依经文成片段，都是断章牵合，是甚么义理！三十年前人犹不敢如此。只因一番省试出'上天之载，无声无臭；仪刑文王'三句，后遂成例。当时人甚骇之，今遂以为常矣。遂使后生辈违背经旨，争为新奇，迎合主司之意，长浮竞薄，终将若何，可虑！可虑！……今为主司者，务出隐僻题目，以乘人之所不知，使人弊精神于检阅，茫然无所向方，是果何法也！"（109.2693—2694）文中"上天之载，无声无臭；仪刑文王"后尚有"万邦作孚"，出自毛诗大雅文王。当时称这种题目为"断章"。从朱子语类的记载可见朱熹已经看到了时文的种种弊端。宋宁宗庆元元年，朱熹曾"作科举私议一通"。（109.2698）在科举私议中，朱熹提出了一系列改革的主张。朱子语类中的这些记载反映了当时的科举考试情况，在研究科举考试和时文方面自有一定的价值。

---

① 参朱瑞熙宋、元的时文——八股文的雏形，历史研究 1990 年第 3 期。

三、徽州本朱子语类及其整理

一般而言，传世的文献语料有同时语料和后时语料之分，现传存的语料大部分是后时语料，后时语料很有可能经过后人的改动，因而研究朱子语录的首要工作就是文献语料的鉴别和选择。文献语料如果不可靠，研究也就失去了基础。就朱熹门人所记朱熹讲学内容而言，从最初各家所记"语录"到汇编为"语类"，其中各本异文错综复杂，后世刊印的传本也多有不同，既有同一版本不同门人记录的异文，又有不同版本同一门人记录的异文，还有不同版本不同门人记录的异文，更有汇编者或后世传抄刊刻者改动形成的异文。其中有书写形式的多样、辗转传抄刻写导致的讹误、不理解文意而妄改的异文，也有一些有目的有依据的改动、受上下文或行文习惯影响而形成的异文。学界以往研究多依据通行的明成化年间刊刻的黎靖德编朱子语类或清人张伯行所辑八卷本朱子语类辑略，而朱子语录的早期传本尚存有李道传编晦庵先生朱文公语录、叶士龙编晦庵先生语录类要、杨与立编朱子语略和黄士毅编朱子语类校正本等数种，尤其是台北"故宫博物院"藏宋刻晦庵先生朱文公语录七卷和明抄宋刻晦庵先生朱文公语录十一卷，国家图书馆藏宋刻本晦庵先生语录大纲领十卷，日本九州大学藏朝鲜古写宝祐二年再校徽州本朱子语类皆为孤本，其中有不少内容不见于今通行本，且与朱熹的论著也有异同，从中可见未经删削改易的大量原始记录，保存了朱熹门人所记讲学语录的原貌，而宋至明清各本在编排和内容上的异同又形成互补和参证，可供考察池录和蜚类的编纂体例，探讨黄士毅和黎靖德分类汇编所成朱子语类的通例和取舍异同，还原池录和蜀类的原貌，寻究各家所记语录的承传渊源，考覈黎靖德编朱子语类今传各本编排的异同，考探朱子语录的流传线索和朱子学在东亚的传播。

古写徽州本朱子语类作为早期的本子可供探寻蜀类和徽类的相承及今传黎靖德编朱子语类本编排取舍的线索。如黄士毅编蜀类首创"类分而考之"，"凡不可以类者，则杂次之而以作文终焉"，成化本亦以"论文"置于最末，徽州本则以"杂类"置于"作文"后，而徽州本所据是徽类的宝祐二年再校正本，从中可见蜀类、徽类和徽类再校正本及黎靖德编朱子语类的异同。

古写徽州本朱子语类现藏九州大学图书馆，共九函，四十二册，一百四十卷。每册封皮左上有"朱子语类"四字，左下有记册数序号的墨笔字样。内框纵向 22.3 公分，横向 14.8 公分。框廓为木板朱色印刷，四周双边无界，上下朱色黑口，对向双鱼尾，版心上部印有木刻黑色的"朱子语类卷数"字样，中间有"篇名页数"。首页天头印有朱文圆印"拂"、朱文方印"九州大学图书"，框廓内押以朱文长方印"悔堂藏弄"印章。据石立善朝鲜古写徽州本〈朱子语类〉について，古写本传到日本的年代似不晚于十八世纪七十年代。[1] 最初是尾张藩的官库旧藏，后来转卖到书肆文光堂，又辗转至楠本家，"悔堂藏弄"藏书印中的"悔堂"是嘉永四年（1851）仲秋楠本的祖父楠本端山（名后觉，1828—1883）为了自警而起的号。端山可能在 1851 年到 1883 年之间从文光堂购得，又传给他的儿子海山（名正翼，1873—1921）和孙子正继收藏。楠本正继从九州大学退休后的第二年（1962）赠给了九州大学文学部，中文出版社 1982 年出版有影印本。[2]

考其书前载有今传其他各本皆无的淳祐辛亥良月望日昌午序，半页七行，每行十一字。下有"晦庵先生朱文公语类总目"，后为魏克愚

---

① 朝鲜宣祖二十五年（1592）和三十年（1597）丰臣秀吉两次侵朝，古写徽州本朱子语类可能在战乱中流入日本。

② 石立善朝鲜古写徽州本〈朱子语类〉について——兼ねて语类体の形成を论ずる，日本中国学会报第六十集，日本中国学会斯文会馆 2008 年版。

的识语，序末载有"新本再校正凡千有余字，宝祐二年春正月后学临邛魏克愚谨识"26字。此后为"李侯贯之已刊三十二家"、"今增多三十八家"、"鄱阳语录增九家"，再载乙卯九月望日黄士毅序。书末是淳祐壬子六月望日蔡抗跋，半页七行，每行十四或十六字。据魏克愚识语，徽类于宝祐二年（1254）又刊有增补本，且"校正凡千有余字"，而朝鲜古写徽州本则是再校正本的抄本。

　　据我们比勘，徽州本保留了许多今传黎靖德编朱子语类没有的内容。有的是某个门人所记完整的一条语录。如：

　　居甫问："上蔡谓北极为天之机也，以其居中，故谓之北极；以其周建于十二辰之舍，故谓之北辰。不知然否？"曰："以其居中不动，众星环向，为天极轴。天形如鸡子旋转，极如一物横亘在中。两头秤定，一头在北上，是为北极；一头在南下，是为南极。"又问太一。曰："太一是帝座，即北极也。以星辰位言之，谓之太一；以其所居之处言之，谓之北极。太一如人主，北极如帝都也。"道夫。（卷二，27 页）①

　　因论封建井田，曰："这般大概是如此，今只看个大意。若要行时，须别立法制使简易明白。取于民者足以供上之用，不至于乏，而不至于苦，则可矣。今世取封建井田大段远，相似病人望白日上升一般，今且医得他病无事便好。如江浙间，除了和买丁钱，如重处减少，使一年只纳百十钱，如漳之盐钱罢了。此便是小太平了。"淳。（卷一○八，1513 页）

　　检今传黎靖德编朱子语类皆无。又如：

　　辛亥四月初四日临漳设厅，后夜侍坐，因问传授之由，亲见说。是时祭风师散斋。清源陈易厚之、南康周谟舜弼、九江蔡念诚元思共闻之。（卷一○四，1472 页）

　　此条为郑可学所录，今传黎靖德编朱子语类无。方彦寿 朱熹书院

---

　　①　此据中文出版社影印徽州本朱子语类，下文同。

及门人考未提及陈厚之生平及乡籍,① 而据徽州本可知陈厚之为清源人,名易。

有的是一条语录中的一部分。如:

义刚言:"伯靖以为天是一日一周,日则不及一度,非天过一度也。"(2.15)

徽州本为:

义刚归有日,先生曰:"公这数日也莫要闲。"义刚言:"伯靖在此数日,因与之理会天度。"问:"伯靖之说如何?"义刚言:"伯靖以为天是一日一周,日则不及一度,非天过一度也。"

徽州本中"义刚归有日,先生曰:'公这数日也莫要闲。'义刚言:'伯靖在此数日,因与之理会天度。'问:'伯靖之说如何?'"今传黎靖德编朱子语类无。

又如:

凡为守帅者,止教阅将兵,足矣。程其年力,汰斥癃老衰弱,招补壮健,足可为用,何必更添寨置军?其间衣粮或厚或薄,遂致偏废。如此间将兵,则皆差出接送矣。方子。(110.2705)

徽州本此条下有:

按窦从周录略同,附于下。云:"近世守帅不于见有军兵程其年力,汰斥衰弱,招补壮健,乃添寒创额。其间衣粮或厚或薄,遂至偏废。"

有的是一条语录中省略的部分。如:

历家以进数难算,只以退数算之,故谓之右行,且曰:"日行迟,月行速。"然则日行却得其正,故扬子太玄首便说日云云。向来久不晓此,因读月令"日穷于次"疏中有天行过一度之说,推之乃知其然。(2.14)

此条为陈淳所录,其中"故扬子太玄首便说日云云",徽州本中

---

① 方彦寿朱熹书院及门人考,华东师范大学出版社 2000 年版。

"云云"为小字，后有：

> 按太元经首云："驯乎玄，浑行无穷正象天。"注："浑，浑天之仪浑沦而行，昼夜不休，正取象于天也。"又云："经则有南有北，纬则有西有东。巡乘六甲，与斗相逢，历以继岁，而百谷时雍。"注言："日行乘六甲，周而复始，以成岁事。日右斗左，故相逢也。"

又如：

> 问"'知至而后意诚'，故天下之理，反求诸身，实有于此，似从外去讨得来"云云。(15.303)

此条为甘节所录，其中"云云"徽州本为如下五十九字：

> 先生问节曰："如何是外，如何是内？"节答曰："致知格物是去外讨，然后方有诸己，是去外讨得入来。"曰："是先有此理后自家不知，是知得后方有此理？"节无以答。

再如：

> 问："'正心修身'章后注，云'此亦当通上章推之，盖意或不诚，则无能实用其力以正其心者'云云。"(16.355)

此条为壮祖所录，其中"云云"徽州本为如下一百一十字：

> 切谓人之心所以胶胶扰扰，失其虚明之本体者，只为念虑之间不诚于为善，每每杂得私邪在里，故心为之累而不得其正。今既能致其知，判别得是非善恶分明，一念之发，诚实无恶，则心之本体岂不光明洞达，浑全正大，其间直有毫芒之间耳。然则意既能诚，则复何所待于用力哉。

徽州本保留了许多未经删改的语境和背景信息。如：

> 甲寅八月三日，盖卿以书见先生于长沙郡斋，请随诸生遇晚听讲，是晚请教者七十余人。(116.2790)

此条为袭盖卿所录，徽州本所载为：

> 甲寅八月三日，盖卿以书见先生于长沙郡斋，请曰："盖卿愿从学久矣，乃今得遂所图。然先生以召命戒途有日，殊为匆匆，即欲随诸生

遇晚听讲。"先生曰:"甚好!甚好!"是晚请教者七十余人。

徽州本记载了袭盖卿与朱熹在课前的对话。

值得一提的是徽州本还有一些与今传黎靖德本内容不一致的异文。如:

天地之初,如何讨个人种?自是气蒸结(蒸,成化本、中华本此下另有"池作凝"三字。即"蒸结",池录作"凝结")成两个人后,方生许多万物。所以先说"乾道成男,坤道成女",后方说"化生万物"。当初若无那两个人,如今如何有许多人?(94.2380)

"许多万物",成化本同,郑明等点校本亦同,徽州本作"许多物事"。例中"万物"似当从徽州本作"物事"。又如:

二人归奏,上怒,召老医而责之。其一人出门吐血,后不死;其一人归即死。(133.3192)

此条为黄义刚所录。例中"吐血后不死",成化本同,徽州本作"吐血而死"。据此条后所附李儒用所录为:

二医归,具奏本末。徽宗闻之,滋不乐,且惧其语泄。丞相童、蔡辈乃为食于家,召二医以食之,食毕而毙。(133.3192)

据徽州本所载,且以李儒用所录为证,可知二医皆死,成化本衍"不"字。再如:

盘庚更没道理。从古相传来,如经传所引用,皆此书之文,但不知是何故说得都无头。(79.205)

此条为叶贺孙所录,例中"道理",成化本同,徽州本作"理会",似池录载叶贺孙所录亦作"理会",黄士毅编蜀类承其原貌,而黎靖德据朱子语意改为"道理"。

徽州本往往还载有按语注文。如:

仲思问:"天之所以命乎人者,实理而已。故言'诚者命之道,中者性之道',如何?"曰:"未发时便是性。"……又问:"言中,则诚与仁亦在其内否?"曰:"不可如此看。若可混并,则圣贤已自混并了。须

逐句看他：言诚时，便主在实理发育流行处；言性时，便主在寂然不动处；言心时，便主在生发处。"砥。(101.2583)

此条为刘砥所录，徽州本此条下有"按与上条皆铢、仲思问，而语意亦同，但有详略，故并存之"。

又如：

近世士大夫忧国忘家，每言及国家辄感愤慷慨者，惟于赵子直、黄文叔见之耳。(132.3182)

此条为沈僩所录，徽州本在"僩"前有注文"黄，蜀人，名裳"。

再如：

问择之云："先生作延平行状，言'默坐澄心，观四者未发已前气象'，此语如何？"曰："先生亦自说有病。"后复以问。先生云："学者不须如此。某少时未有知，亦曾学禅，只李先生极言其不是。后来考究，却是这边味长。才这边长得一寸，那边便缩了一寸，到今销铄无余矣。毕竟佛学无是处。"(104.2620)

此条为廖德明所录，徽州本在"德明"前有注文"某辛亥年夏时，先生自漳州归，到惠安泗州，夜侍坐，论儒释，其答亦如此"。

朝鲜古写徽州本是由蜀类加四卷崇祯年间刘潜补修黎靖德本而成，保留了蜀类的原貌。黄士毅与黎靖德所编语类类目虽基本一致，但所录语录在编排上却相差甚大，反映了两人对语录内容及朱熹思想体系理解上的差异。朝鲜古写徽州本上承池录，下启黎靖德所编朱子语类，在语录到语类的形成中处于关键地位。

朱子著述之明代诸刻，有宋元旧本已佚而赖之独存者，有明人依据所见古本而保存珍稀文献者，有明人按其学术理念与对朱学思想之理解分类编纂并蕴含独特编辑理念者，俱为研究朱子思想及著作编纂流传历史之珍贵典籍。华东师范大学出版社 2012 年继朱子著述宋刻集成又出版有元明刻本朱子著述集成。此次纂辑，有明一代朱子著述之重要刻本庶几包举无遗，可惜的是元明刻本朱子著述集成未收录日本九州大学藏朝鲜古写徽州本朱子语类。此本是宝祐二年（1254）魏克愚再校正本的抄本，据我们比勘徽州本朱子语类中重锓人员名单及异文，大致可推知朝鲜朱子学学者据以抄补徽州本阙失的参校本是明万历本朱子语类的刘潜补修本，而朝鲜写本的抄写年代约在明崇祯六年（1633）后的数年之间，亦可谓明代朱子著述之重要抄本。由于传入朝鲜的宝祐二年再校正徽州本朱子语类不如黎靖德所编本常见易得，故朝鲜朱子学学子们并力抄写而成此本，后又流传至日本为日本朱子学学者珍藏。

朱熹讲学语录初为各家所记，嘉定年间黄士毅考虑到各家所录内容互有重复，首创按内容进行分类编排的方法，将各家所记语录编成朱子语类一百三十七卷，即蜀类。蜀类今已失传，所幸日本九州大学藏朝鲜古写徽州本朱子语类基本保留了黄士毅所编蜀类原貌，可供探讨黄士毅所编蜀类和黎靖德所编朱子语类的成书及各本的传承渊源，且可与今传本朱子语类中注明源自蜀类和徽类的部分比勘考斟，大致厘清黄士毅所编蜀类和黎靖德所编朱子语类传承的脉络。就学界已有朱子学研究而言，往往依据明成化刊宋代黎靖德编朱子语类，多未及徽州本朱子语类。有关此本何时传入朝鲜和在朝鲜的传抄及何时传入日本等是朱子学研究的重要内容，借此可探朱子学在东亚的承传脉络，惜迄今这方面的研究甚少，因而朝鲜古写徽州本朱子语类不仅可据以订正中华书局理学丛书本朱子语类和上海古籍出版社、安徽教育出版社版朱子全书所收朱子语类的疏失，而且也是朱子学研究中一个有待深入拓展的生长点。如卷十三：

陈材卿问："应事接物别义利，如何得不错？"曰："先做切己工夫。喻之以物，且须先做了一个子，一个子既成便只就这一个上理会。不然，只是悬空说易。"

例中"且须先做了一个子，一个子既成便只就这一个上理会"，成化本为"且须先做了不子，不子既成，便只就这不子上理会"，王星贤点校本作"且须先做了本子，本子既成，便只就这本子上理会"。据徽州本，成化本"不"似为"一个"的合写。

卷一百二十八：

张以道曰："秦王陵在汝州，太祖以下八朝陵在永安军。翟兴、翟俊父子尝提兵至此，乏水，兴祷之。天无雨，小溪平白涌洪流，六军遂得水用。"

例中"翟兴、翟俊"，成化本同，王星贤点校本作"瞿兴、瞿俊"。据宋史，似应为"翟兴、翟俊"。

卷五十九：

孟子曰："求其放心而已矣。"当于未放之前看如何，已放之后看如何，复得了又看是如何。作三节看后，自然习熟，此心不至于放。季札。

例中"季札"，王星贤点校本和郑明等点校本为"季礼"。考语录姓氏："李季札，字季子，婺源人，丙申乙卯所闻。""札"、"礼（禮）"形近，王星贤点校本似误"札"为"礼"，又繁化为"禮"，郑明等点校本同，① 失校。

卷一二九：

曰："它只说不欲牢笼人才，说使必出自我门。它亦未尝不荐人才。"植。

例中"植"，王星贤点校本作"相"。考语录姓氏不见名为"相"者而有"潘植"，相、植形近而误。此条为潘植录，郑明等点校本亦作"相"，② 失校。

卷一六：

曰："事有当怒当忧者，但过了则休，不可常留在心。颜子未尝不

① 　郑明等点校朱子语类，朱子全书，上海古籍出版社、安徽教育出版社 2002 年版第 1915 页，2010 年修订版同。

② 　郑明等点校朱子语类，朱子全书，上海古籍出版社、安徽教育出版社 2002 年版第 4022 页，2010 年修订版同。

怒，但不迁耳。"因举桦中果："怒在此，不可迁之于彼。"<u>德明</u>。

例中"桦"，<u>王星贤</u>点校本作"楼"，误断为："因举楼中：'果怒在此，不可迁之于彼。'"<u>郑明</u>等点校本虽据<u>成化</u>本作"桦"，然亦未明文意而误断为："因举桦中：'果怒在此，不可迁之于彼。'"①

有鉴于此，我们以<u>京都</u><u>中文出版社</u>1982年影印的<u>九州大学</u>藏<u>朝鲜</u>古写宝祐二年再校<u>徽州</u>本朱子语类为底本，点校成朱子语类汇校，② 并酌情据<u>成化</u>本等各本补正了<u>徽州</u>本的一些讹误。如卷五十三：

<u>伊川</u>尝说："如今人说力行是浅近事，惟知为上，智取为要紧。"

例中"智取"为"知最"之误，盖抄写者误将"知"与"最"上部"曰"合抄作"智"，又将"最"下部分出来抄作"取"。

卷五十七：

知而不存者有以夫，未有不知而能存者也。

例中"以夫"为"矣"之误，似抄写者误将"矣"的上部抄为"以"，下部改作"夫"。

卷五十八：

如小学前面许多，恰似勉强使人为之，又须是恁地勉强，到大学矣方知个天理当然之则。

例中"矣"为"工夫"之误，似抄写者误将"工"抄为"矣"的上部，又将"夫"抄为"矣"的下部。

卷八十六：

近郊之民，王之内地也。共辇之事职无虚月，追胥之比无时无之，其受廛为民者固与徽外之民异也。七尺之征、六十之舍，王非姑息于迩民也。远郊之民，王之外地也。其沟洫之治各有司存，野役之起不及其美，其受廛为氓者固与内地之民异也。六尺之征、六十五之舍，王非茶

① 郑明等点校朱子语类，朱子全书，上海古籍出版社、安徽教育出版社2002年版第536页，2010年修订版同。
② 黄士毅编，徐时仪、杨艳汇校朱子语类汇校，上海古籍出版社2014年版。

毒于遐民也。

例中"迹"为"迩"之误。近和远、迩和遐对举，迩、迹形近，徽州本误抄"迩"作"迹"。

本书是国家社会科学基金重点项目"朱子语录词语汇释"（18AYY018）的部分成果，并承蒙丁锋兄惠借中文出版社1982年影印九州大学图书馆所藏徽州本朱子语类，尤其承蒙中里见敬先生鼎力支持，热诚相助核校九州大学图书馆所藏朝鲜古写宝祐二年再校徽州本朱子语类，可以说也是学界同仁协同努力所获成果，谨在此向所有玉成此书顺利问世的学者和同仁们深致谢忱。

本书旨在为大众提供一个更便于阅读理解的朱子语类读本，简体横排，标点亦致力于紧扣讲学语录的口语特点，酌情尽可能与上下文语境和语气相吻合，尤其是还就朱子语类汇校的一些疏误作了补正。学无止境，点校古书也同样永无止境。古人云校书如同扫落叶，旋扫旋生，扫一遍就会发现一些疏失。个中甘苦正如禅宗祖师所说，如人饮水，亲有体验才能冷暖自知。我们虽力图达于完善，然限于学识和能力，或有疏失不当之处，尚祈请方家同仁指教赐正，冀裨益朱子语类的整理和研究更上层楼。

整理说明

　　朱熹集理学之大成，今传语录与语类是反映朱熹理学思想体系的重要文献。庆元六年（1200）朱熹逝世后，门人弟子所记朱熹讲学语录相继刊印流传，主要有"五录"和"三类"。"五录"为池录、饶录、婺录、饶后录和建别录，"三类"为蜀类、徽类和语类大全。

　　本次点校，底本为日本九州大学藏朝鲜古写徽州本朱子语类（简称"徽州本"），通校本为台北正中书局一九八二年影印日本内阁文库藏覆成化本（以国家图书馆藏成化九年陈炜覆刻本修补，简称"成化本"），参校本为宋刻晦庵先生朱文公语录、明万历朱崇沐刻本、清光绪刘氏传经堂贺瑞麟校刻本等，并尽量吸收学界的相关研究与校勘成果。

　　本次点校旨在为大众提供一个可靠而丰富的朱子语类读本。

　　为保存底本原貌，除调整错版、删除重版外，全书整体结构及具体编排次序，均以底本为准。语录内容方面，底本所记与他本有出入的：若底本更佳，不改；若底本明显有误，据改；若两可者，酌情补录异文。

　　为方便查考，凡校改者，均加符号以资识别：凡删除之文字，以圆括号（ ）小字表示；凡增、改之文字，以六角括号〔 〕表示；凡底本阙字或字迹无法辨识者，以缺字框□表示。

　　凡增、删、改之文字，有据通校及参校诸版本者，有据朱子其他著作者，有据传世古籍者，亦有少量理校者，为方便阅读，不一一出校记。（有意者可查看上海古籍出版社朱子语类汇校"校勘记"）

目录

第一册

第二册

第三册

第四册

第五册

第六册

徽州所刊宝祐二年再校正朱子语类吕午序

　　孔孟之书至濂洛讲说而明，濂洛之书得朱子讲说而粹。朱子之书恭遇皇上表章而益尊显于天下。夫道固未易以言语求，舍言语亦无以求道。特儒先之言散在方策，浩若烟海，学者不能尽得之。此类书所以不可无也。自周子太极通书得所传受，二程子及高第弟子难疑答问散见不一。朱子出而广记备录，提要钩玄，始融会而一之。既仿孔门会集夫子所言以为论语之意，集为程氏遗书。复仿程子取圣贤言仁处类聚以观之意，而以程子发明语孟者搜辑条流附于本章之次，而益以十家之说，为语孟集义。又纂为近思录十有四篇，虽不明标篇目，而门分类聚，自可推见，使开卷者知其一，又知其二，得于此，又得于彼，所以惠后学甚渥。此意流传，卓为轨范，故固朱子与门人问答名记所闻，李心传贯之尝合为语录，而池本出焉。彼其会粹三十三家而锓之梓，虽未免重复，惟在学者参考而自得之，亦既得朱子编遗书之意矣。至嘉定庚辰辛巳间，建安杨与立始约为语略，行于东南，而眉丹棱史公说廉叔时亦得莆田黄士毅子洪语类增于池本三十八家者刊之于蜀，最为详备，而蜀本出焉。是又得朱子语孟集义与近思录之意矣。洪平斋独先得是书，东南之士多未之见也。迩年蜀经兵火，廉叔之弟敏叔崎岖万里，护是书之板至江陵，今置于鄂东南诸郡，亦未有第二本也。仅有所谓格言精语继语略而出，皆非朱子语录全书也。吾郡贰车洪勋实平齐嗣子，以朝命领袖紫阳书堂。绣使蔡抗首为澹廪一助，泉使程元凤继之。贰车谓增田以丰衿佩之养，不若刊书以淑衿佩之心。既设朱子之学，又不可无朱子之书也。书之要切，莫若语类。吾得之过庭遗训，未尝不惓惓于斯，乃以旧所得蜀本属诸职事，校正字之讹脱而刊之书堂。然其费甚夥，山长张文虎又樽节褒集以相继，而大捐钱米鸠工聚材以终成之者，太守谢堂也。板成，字画明整，视蜀本为胜。自是四方学者可家有而人诵之。山长与诸职事合词以序来请，午窃惟类分大概，黄子洪已于总目之末具言重复互相发明之义；而惧学者徒以是滋入耳出口之弊，而望其深体熟玩，以为求端致力之标准者，魏鹤山又尝丁宁告戒于蜀本之篇端矣。顾小学浅闻，奚敢复赘，抑闻之尹氏得朱氏所抄伊川先生语，质之先生，先生曰："若不得某之心，所记者徒彼意耳。"朱子释之曰："学者未知心传之要，而滞于言语之间，则失之毫厘，其谬将有不可胜言者。"于是有主敬立本、穷理致知之说，以为是可得先生之心而判疑信之传，则今之读朱子语类者，欲得于言传，当得其心传可也。其或不然，虽以近思录之十四篇类聚剖析，非不明也，而见其前说与后说不同，此说与彼说有异，或者未免犹有疑焉。朱子谓不知其中自有路陌，推寻得通，只是一理。又援伊川所云"穷理得多，理自通彻"。其示人以读近思录之要旨，尤为切至。然则读语类者，亦当博学审问，谨思明辨，以尽穷理功夫，而终之以笃行，则于朱子之心庶乎有得，而于朱子之语庶乎无差矣。虽然，子洪既类朱子之语，而廉叔又类南轩张子之语，何也？盖得濂洛之学者惟朱张二子，道同志合，相与往返议论，切磋琢磨，卒归于一。四德之说，可以合观而类推矣。此千万世学者之规矩准绳也。舍是而他求，夫岂无可观者，而枝词蔓语，易失本真，得无程子所谓"彼意"，朱子所谓"其谬有不可胜言"乎？学者其谨诸。淳祐辛亥良月望日，后学新安吕午谨序。

朱子语类总目

理气

太极、阴阳，凡形于法象者。二卷第一　第二卷

鬼神

其别有三：在天之鬼神，阴阳造化是也；在人之鬼神，人死为鬼是也；祭祀之鬼神，神祇祖考是也。三者虽异，其所以为鬼神者则同。知其异，又知其同，斯可以语鬼神之道矣，故合为一卷。

性理

论性不论气，不备，故先总论人物之性第四卷，而继以气禀之性，为一卷。古人之学必先明夫名义，故为学也易，而求之不差。后世名义不明，故为学也难，盖有终身昧焉而不察者，又安能反而体之于身哉！故以（惟）〔性〕情心意等之命名者为一卷第五卷，仁义礼智等之命名者为一卷第六卷，共三卷。

学

先之以小学为一卷第七，总论为学之方为一卷第八，次论知行为一卷第九，次专论读书之法为二卷第十、第十一，乃致知之一端也，次则及夫持守为一卷第十二，又次则终以行事为一卷第十三，共七卷。朱子教人之序如此，因敢次第之，即大学致知而后诚意、正心、修身，诚意、正心、修身而后齐家、治国、平天下之道也。从上圣贤相承定法，不容变易。如近世之逞虚言而不实践，乃学者之罪，正原于知之未致，非教之失也。苟或惩此别立一法，后致知而先行事，则其始虽若有近效，而其终之弊必至废书而流于异端。不然，所见不充，规模狭隘，不过于循默自守而已，所谓经纶大经则无矣，非理学之功用也。

大学

五卷第十四　　第十五　　第十六　　第十七　　第十八

论语

二十二卷第十九　　第二十　　第二十一　　第二十二　　第二十三　　第二十四　　第二十五　　第二十六　　第二十七　　第二十八　　第二十九　　第三十　　第三十一　　第三十二　　第三十三　　第三十四　　第三十五　　第三十六　　第三十七　　第三十八　　第三十九　　第四十

孟子

中庸

易

十三卷。易类悉本卦爻次第，上、下系、说、序卦亦本古注分章，惟纲领三卷则略为义例。气数虽并行，然有气而后有数，故先阴阳而数始次之；物受形于气数，故图书次之；易本图书而画，故伏羲六十四卦次之；而原易之作则本教天下之占，故卜筮次之；而所以教天下之占者，则假奇偶之体以象吉凶，故象次之。此伏羲之易，朱子所谓本义也。此则为二卷第六十五、六十六。易始无辞，更文王、周公、孔子而辞始备，故三圣之易越千有余年，至程子而始演易之理，邵子而始明易之数，又至朱子而始推易之占。维继以三子之易，然后总论夫读易之方，与夫卦爻等义可以类推而通者，而复终之以人事，以明易为人事用也。凡后世之言易者，其得失略次于后，使学者有考焉。此则为一卷第六十七。上经四卷第六十八、六十九、七十、七十一，下经二卷七十二、七十三。

上、下系七十四三卷。说、序、杂卦一卷。

书

诗

孝经

春秋

礼

乐

一卷第九十二

周程张邵朱子

自孔子及曾颜弟子而至孟子，继之以周程为一卷第九十三。周程所以上继孔孟也，然后分周子之书为一卷第九十四，太极图通书是也。程子之书为三卷第九十五　第九十六　第九十七。凡系入近思者，皆仿卷次第别为一卷。凡已入四书等者皆不类。其非入近思者，以类而从别为一卷，文集附焉。张子之书为二卷。亦别入近思者，邵子之书为一卷第一百卷，程子门人为一卷第百单一，杨氏尹氏门人为一卷第百单二，罗氏胡氏门人为一卷第百单三，朱子自论为学工夫为一卷第百单四，论注书为一卷第百单五。已入诸经数者不入。外任一卷第百单六，内任一卷第百单七，论治道一卷百单八，论取士一卷百单九，论兵刑一卷第百十，论民财一卷百十一，论官一卷百十二，训门人九卷第百十三、第百十四、第百十五、百十六、百十七、百十八、百十九、百二十、百二十一。

吕东莱

一卷第百廿二

陈叶

陆子静

老氏

释氏

本朝

历代

战国汉唐诸子

作文

杂类

右语类总成七十家，除<u>李侯</u>贯之已刊外，增多三十八家。各具名氏于下。或病诸家所记互有重复，乃类分而考之，盖有一时之所同闻，退各抄录，见有等差，则领其意者，斯有详略：或能尽得于言而首尾该贯，或不能尽得于言而语脉间断，或就其中粗得一二言而止。今惟存一家之最详者而它皆附于下。至于一条之内，无一字之不同者，必抄录之际尝相参校。不则非其闻而得于传录，则亦惟存一家，而注与某人同尔。既以类分，遂可缮写，而略为义例，以为后先之次第。有太极，然后有天地；有天地，然后有人物；有人物，然后有性命之名；而仁义礼智之理，则人物之所以为性命者也；所以谓学者，求得夫此理而已。故以太极天地为始，乃及于人物性命之原与夫古学之定序；次之以群经，所以明此理者也；次之以孔孟周程朱子，所以传此理者也；乃继之以斥异端，异端所以蔽此理，而斥之者任道统之责也；然后自我朝及历代君臣法度人物议论亦略具焉，此即理之行于天地设位之后，而著于治乱兴衰者也；凡不可以类分者，则杂次之，而以作文终焉。盖文以载道，理明意达，则辞自成文。后世理学不明，第以文辞为学，固有竭终身之力，精思巧制以务名家者。然其学既非，其理不明，则其文虽工，其意多悖，故特次之于后，深明夫文为末，而理为本也。然始焉妄易分类之意，惟欲考其重复，及今而观之，则夫理一而名殊，问同而答异者，浅深详略，一目在前，互相发明，思已过半。至于群经，则又足以起或问之所未及，校本义之所未定，补书说之所未成，而大学章句所谓高入虚空、卑流功利者皆灼然知其所指，而不为近似所陷溺矣，诚非小补者。故尝谓孔孟之道至周程而复明，至朱子而大明。自今以后，虽斯道未能盛行于世，而诵遗书、私淑艾者必不乏人，不至于千五百年之久绝不续。反复斯编，抑自信云。

新本再校正凡千有余字。宝祐二年春正月，后学临邛魏克愚谨识。

李侯贯之已刊三十二家

廖德明子晦　辅广汉卿　余大雅公晦　陈文蔚才卿　李闳祖守约　李方子正叔　叶贺孙味道　潘时举子善　董铢叔重　窦从周文卿　金去伪敬直　李季札季子　万人杰正淳　杨道夫仲思　徐㝢居父　林恪叔恭　石洪庆子余　徐容仁父　甘节吉父　黄义刚毅然　晏渊亚夫　袭盖卿梦锡　廖谦益仲　孙自修敬夫　潘履孙坦翁　汤泳叔永　林夔孙子武　钱木之子山　曾祖道　沈僩庄仲　郭友仁德元　李儒用仲秉

今增多三十八家

黄榦_{直卿} 黄升卿 魏椿_{元寿} 杨若海_{道夫之父} 陈淳_{安卿} 游敬仲_{连叔} 杨与立 蔡恩_{行夫} 林学蒙_{正卿} 林赐_{闻一} 黄士毅_{子洪} 童伯羽_{（非）〔蜚〕卿} 张洽_{元德} 刘砥 李壮祖 郑可学_{子上} 刘用之 周明作_{元兴} 李晦夫 李公谨 林学履 黄卓 吴雉 周谟_{舜弼} 吴必大_{伯丰} 潘植_{立之} 郑南非_{文振} 董拱寿_{仁叔} 杨至_{至之} 卢淳 欧阳谦之_{希逊} 黄䇚_{子耕} 潘柄_{谦之} 王力行_{近思} 杨骧_{子昂} 王过_{幼观} 庚辛_{此系二家，无姓名} 陈埴

鄱阳语录增九家

何镐_{叔京} 滕璘_{德粹} 胡泳_{伯量} 程端蒙_{正思} 游倪 吕焘_{德昭} 吴寿昌_{大年} 吴琮_{仲方} 杨长孺_{伯子}

语类成编积百三十七卷，同志艰于传录，而眉山史廉叔愿锓于木。士毅之类次虽犯不韪而不复固辞者，庶几无传录之艰也。独池本陈埴一家惟论仁一条，按遗文乃答埴书，不当取为语类，故今不载。又辅广所录以先生改本校之，则去其所改而反存其所勾者，合三十余条，今亦惟据改本。自首“连数”至“君子所贵乎道者三”注云：自此以前皆先生亲改，亦传闻之误，当时杂改定者八十余条耳。或有一条析为三四条，如窦从周初见先生证之类，今则复其旧。或士毅所传本多于刊本，如黄义刚者悉类入而不去。文异者则姑注一二条，云一本作某字。以上皆与池本异者。盖池本虽黄侯直卿之所次辑，然李侯贯之惟据所传以授直卿，而直卿亦据所授以加雠校，且有增改，于已雠校之后者不与焉，故近闻之直卿欲求元本刊改而未能也。至于或出于追述，或得于传闻，则文辞之间不无差

误。凡此之类，读者详考<u>四书</u>及他记录，而折衷其所疑可也。惟<u>学</u>类七卷虽出于臆见，而实本先生教人之方，后学于此三复，而得夫入道之门，则能总会是编，而体之于身矣。己卯九月望日，门人<u>莆田</u> <u>黄士毅</u>谨识。

朱子语类卷第一
理气上

太极天地上

○ 问："太极不是未有天地之先有个浑成之物，是天地万物之理总名否？"先生曰："太极只是天地万物之理。在天地言，则天地中有太极；在万物言，则万物中各有太极。未有天地之先，毕竟是先有此理。动而生阳亦只是理，静而生阴亦只是理。"问："太极解何以先动而后静，先用而后体，先感而后寂？"曰："在阴阳言，则用在阳而体在阴，然动静无端，阴阳无始，不可分先后。今此只是就起处言之，毕竟动前又是静，用前又是体，感前又是寂，阳前又是阴，而寂前又是感，静前又是动，将何者为先后？不可只道今日动便为始，而昨日静更不说也。如鼻息，言呼吸则辞顺，不可道吸呼。毕竟呼前又是吸，吸前又是呼。"淳。

○ 又问："昨谓未有天地之先毕竟是先有理，如何？"先生曰："未有天地之先，毕竟也只是理。有理，便有这天地。若无理，便亦无天地、无人、无物，都无该载了。有理，便有气流行，发育万物。"曰："发育是理发育之否？"先生曰："有这理，便有这气流行发育。理无形体。"曰："所谓体者，是强名否？"先生曰："是。"曰："理无极，气有极否?"先生曰:"论其极,将那处作极?"<u>淳</u>。

○ 若无太极,便不翻了天地。<u>公谨</u>。

○ 有是理后生是气,自"一阴一阳之谓道"推来,此性自有仁义。<u>德明</u>。

○ 先有个天理了,却有气。气积为质而性具焉。<u>敬仲</u>。

○ 问理与气。曰:"有是理便有是气,但理是本,而今且从理上说气。如云'太极动而生阳,动极而静,静而生阴',不成动已前便无静了。<u>程子</u>曰'动静无端',盖此亦是且自那动处说起。若论着动以前又有静,静以前又有动,如云'一阴一阳之谓道,继之者善也',这'继'字便是动之端。若只一开一阖而无继,便是阖杀了。"又问:"'继'是动静之间否?"先生曰:"是静之终,动之始也。且如四时,到得冬月,万物都归窠了,若不会生,来年便都息了。盖是贞复生元,无穷如此。"又问:"元亨利贞是备个动静阴阳之理,而<u>易</u>只谓乾有之?"先生曰:"若论<u>文王易</u>,本是作'大亨利贞',只作两字说。<u>孔子</u>见这四字好,便挑开说了。所以某尝说<u>易</u>难看,便是如此。<u>伏羲</u>自是<u>伏羲易</u>,<u>文王</u>自是<u>文王易</u>。<u>孔子</u>因<u>文王</u>底说,又却出入乎其间也。"又问:"有是理而后有是气。未有人时此理何在?"先生曰:"也只在这里。如一海水,或取得一杓,或取得一担,或取得一碗,都是这海水。但是他为主,我为客;他较长久,我得之不久耳。"<u>夔孙</u>。〔<u>义刚</u>录同。〕

○ 问:"先有理,抑先有气?"曰:"理未尝离乎气。然理形而上者,气形而下者。自形而上下言,岂无先后?理无形。气便粗,有查滓。"<u>淳</u>。

○　或问："必有是理然后有是气，如何？"曰："此本无先后之可言。然必欲推其所从来，则须说先有是理。又非别为一物，即存乎是气之中。无是气则是理亦无挂搭处。气则为金木水火，理则为仁义礼智。"人杰。

○　或问"理在先，气在后"。曰："理与气本无先后之可言，但推上去时，却如'理在先，气在后'相似。"又问："理在气中发见处，如何？"曰："如阴阳五行错综不失条绪便是理。若气不结聚时理亦无所附着。故康节云：'性者，道之形体也；心者，性之郛郭也；身者，心之区宇也；物者，身之舟车也。'"又问道之体用。曰："假如耳便是体，听便是用；目是体，见是用。"祖道。

○　或问先有理后有气之说。曰："不消如此说。而今知得他合下是先有理后有气耶？后有理先有气耶？皆不可得而推究。然以意度之，则疑此气是依傍这理行，及此气之聚则理亦在焉。盖气则能凝结造作，理却无情意、无计度、无造作。只此气凝聚处，理便在其中。且如天地间人物草木禽兽，其生也莫不有种，定不会无种子白地生出一个物事。这个都是气。若理则只是个净洁空阔底世界，无形迹。他却不会造作，气则能酝酿凝聚生物也，但有此气，则理便在其中。"侃。

○　徐问："天地未判时，下面许多都已有否？"曰："只是都有此理。天地生物千万年，古今只不离许多物。"淳。

○　问："天地之心亦灵否？还只是漠然无为？"曰："天地之心不可道是不灵，但不如人恁地思虑。伊川曰：'天地无心而成化，圣人有心而无为。'"淳。

○ 问："天地之心，天地之理。理是道理，心是主宰底意否？"曰："心固是主宰底意，然所谓主宰者即是理也，不是心外别有个理，理外别有个心。"又问："此'心'字与'帝'字相似否？"曰："'仁'字似'天'字，'心'字似'帝'字。"夔孙。〔义刚同。〕

○ 道夫言："向者先生教思量天地有心无心。近思之，窃谓天地无心，仁便是天地之心。若使其有心，必有思虑、有营为。天地曷尝有思虑来！然其所以'四时行，百物生'者，盖以其合当如此便如此，不待思惟，此所以为天地之道。"曰："如此，则易所谓'复其见天地之心'、'正大而天地之情可见'又如何？如公所说，只说得他无心处尔。若果无心，则须牛生出马，桃树上发李，他心又却自定。程子曰：'以主宰谓之帝，以性情谓之乾。'他这名义自定，心便是他个主宰处，所以谓天地以生物为心。中间钦夫以为某不合如此说。某谓天地别无勾当，只是以生物为心。一元之气运转流通，略无停间，只是生出许多万物而已。"问："程子谓'天地无心而成化，圣人有心而无为'。"曰："这是说天地无心处。且如'四时行，百物生'，天地何所容心？至于圣人，则顺理而已，复何为哉！所以明道云：'天地之常，以其心普万物而无心；圣人之常，以其情顺万事而无情。'说得最好。"问："普万物，莫是以心周遍而无私否？"曰："天地以此心普及万物，人得之遂为人之心，物得之遂为物之心，草木禽兽接着遂为草木禽兽之心，只是一个天地之心尔。今须要知得他有心处，又要见得他无心处，只恁定说不得。"道夫。

○ 问："所谓'上帝降衷于民'、'天将降大任于人'、'天祐民，作之君'、'天生物，因其才而笃'、'作善，降百祥；作不善，降百殃'、'天将降非常之祸于此世，必预出非常之人以拟之'，凡此等类是苍苍在上者真有主宰如是邪？抑天无心只是推原其理如此耶？"曰："此三段只一意。这个也只是理如此。气运从来一盛了又一衰，一衰了又一盛，只管恁地循环去，无有衰而不盛者。所以降非常之祸于世，定是必生出非常之人。<u>邵尧夫</u>经世吟云：'<u>羲</u>轩尧舜，汤武（相）〔桓〕文，皇王帝霸，父子君臣。四者之道，理限于（太）〔秦〕，降及两<u>汉</u>，又历三分。东西俶扰，南北纷纭，<u>五胡</u>十姓，天纪几焚。非<u>唐</u>不济，非<u>宋</u>不存，千世万世，中原有人。'盖一治必又一乱，一乱必又一治。夷狄只是夷狄，须是还他中原。"<u>淳</u>。

○　帝是理为主。<u>淳</u>。

○　天地初间只是阴阳之气。这一个气运行，磨来磨去，磨得急了，便拶许多查滓。里面无处出，便结成（今）〔个〕地在中央。气之清者便为天、为日月、为星辰，只在外常周环运转。地便只在中央不动，不是在下。<u>淳</u>。

○　"天地始初混沌未分时，想得只有水火二者。水之滓脚便成地。今登高而望，群山皆为波浪之状，便是水泛如此。只不知因甚么时凝了，初间极软，后来方凝得硬。"问："想得如潮水涌起沙相似？"曰："然。水之极（渴）〔浊〕便成地，火之极（精）〔清〕便成风霆雷电日星之属。"<u>僩</u>。

○　山河大地初生时，须尚软在。气质。<u>（芳）〔方〕子</u>。

○　苍苍之谓天。运转周流不已便是那个。而今说天，有个人在那里批判罪恶固不可，说道全无主之者又不可。这里要人见得。<u>僩</u>。

○　清刚者为天，重浊者为地。<u>道夫</u>。

○　陈安卿问："天有质否？抑只是气？"曰："只是个旋风，下面软，上面硬，道家谓之'刚风'。人尝说天九重，分九处为号，非也。只是旋有九重尔，但下面气浊，较暗，上面至高处则至清且明，与天相接。"又问："晋志论浑天，以为天外是水，所以浮天而载地。如何？"曰："天外无水，地下是水载。某五六岁时便心烦个天体是如何？外面是何物？"义刚。

○　天明，则日月不明；天无明，夜半黑淬淬地，天之正色。僩。

○　天只是一个大底物，须是大着心肠看他始得。以天运言之，一日固是转一匝，然又有大转底时候，不可如此偏滞求也。僩。

○　地言其全体，土乃地之形质。闳祖。

○　"古今历家只是推得个阴阳消长界分尔，如何得似康节说得那'天依地，地附天，天地自相依附，天依形，地附气'底几句？向尝以此数语附于通书之后，钦夫见之，殊不以为然，曰：'恐说得未是在。'某云：'如此，则试别说几句来看。'"广云："伊川谓自古言数者，至康节方说到理上。"曰："是如此。如扬子云亦略见到理上，只是不似康节精。"广。

○　天包乎地，天之气（只）〔又〕行乎地之中，故横渠云："地对天不过。"方子。

○　地却是有空阙处。天却四方上下都周匝无空阙，逼塞满皆是天。地之四向底下却靠着那天在。天包了地，其气无不通。恁地看来，浑只是天了。气却从地中迸出，又见地广处。渊。

○ 论阴阳五行。曰："康节说得法密，横渠说得理透。邵伯温载伊川言曰：'向惟见周茂叔语及此，然不及先生之有条理也。'钦夫以为伊川未必有此语，盖伯温妄载。某则以为此语恐诚有之。"方子。

○ 天以气而依地之形，地以形而附天之气。天包乎地，地特天中之一物尔。天以气而运乎外，故地榷在中间隤然不动。使天之运有一息停，则地须陷下。道夫。

○ 天运不息，昼夜辊转，故地榷在中间。使天有一息之停，则地须陷下。惟天运转之急，故凝结得许多查滓在中间。地者，气之查滓也，所以道"轻清为天，重浊为地"。道夫。

○ 西北地至高，地之高处又不在天之中。义刚。

○ 通鉴说，有人适外国，夜熟一羊胛而天明。此是地之角尖处。日入地下而此处无所遮蔽，故常光明；及从东出而为晓，其所经遮蔽处亦不多耳。淳。

○ 问："康节论六合之外，恐无外否？"曰："理无内外，六合之形须有内外。日从东畔升，西畔沉，明日又从东畔升。这上面许多，下面亦许多，岂不是六合之内！历家算气，只算得到日月星辰运行处，上去更算不得。安得是无内外！"淳。

○ 可几问："大钧播物，还是一去便休也？还有去而复来之理？"曰："一去便休耳。岂有散而复聚之气！"道夫。

○ 人呼气时腹却胀，吸气时腹却厌。论来，呼而腹厌、吸而腹胀乃是。今若此者，盖呼气时，此一口气虽出，第二口气复生，故其腹胀；及吸气时，其所生之气又从里赶出，故其腹却厌。大凡人生至死，其气只管出，尽便死。如吸气时，非是吸外气而入，只是住得一霎时，第二气又出，若无得出时便死。老子曰："天地之间，其犹橐籥乎？动而不屈，虚而愈出。"橐籥只是今之鞴扇耳。广。

○ 阴阳五行之理须常看得在目前，则自然牢固矣。人杰。

○ 节问："前日先生答书云：'阴阳五行之为性，各是一气所禀，而性则一也。'两'性'字同否？"曰："一般。"又曰："同者理也，不同者气也。"又曰："他所以道'五行之生，各一其性'。"节复问："这个莫是木自是木，火自是火，而其理则一？"先生应而曰："且如这个光，也有在砚盖上底，也有在墨上底，其光则一也。"节。

○ 气之精英者为神。金木水火土非神，所以为金木水火土者是神。在人则为理，所以为仁义礼智信者是也。植。

○ 金木水火土虽曰"五行各一其性"，然一物又各具五行之理，不可不知。康节却细推出来。佪。

○ "天一自是生水，地二自是生火。生水只是合下便具得湿底意思。木便是生得一个软底，金便是生出得一个硬底。五行之说，正蒙中说得好。"又曰："木者，土之精华也。"又记曰："水火不出于土。正蒙一段说得最好，不胡乱下一字。"按正蒙说五行惟一条："木曰曲直，能既屈而反伸也。金曰从革，一从革而不能自反也。水火，气也，故炎上润下，与阴阳升降，土不得而制焉。木金（若）〔者〕土之华实也，其性有水火之杂，故木之为物，水渍则生，火然而不离也，盖得土之浮华于水火之交也。金之为物，得火之精于土之燥，得水之精于土之濡，故水火相待而不相害，烁之反流而不耗也，盖得土之精实于水火之际也。土也者，物之所以成始而成终也，地之质也，化之终也，水火之所以升降，物兼体而不遗者也。"

○ 问："五行之体质属土否？"曰："横渠 正蒙有一说好，只说金与木之体质属土，水与火却不属土。"问："火附木而生，莫亦属土否？"曰："火自是个虚空中物事。"问："只温热之气便是火否？"曰："然。"僩。〔胡泳。〕

○ 正蒙中一段说五行处甚好。闳祖。

○ 问五行相生之序。先生曰："正蒙中一段说得甚好，无一字闲，添减不得，可自检看。"铢。

○ 问："四时取火，何为季夏又取一番？"曰："土旺于未，故再取之。土寄旺四季，每季皆十八日是土。四个十八日计七十二日。其他四行分四时亦各得七十二日。五个七十二日，共辏成三百六十日也。"僩。

○ 土无定位，故今历象以四季之月十八日为土，分得七十二日。若说播五行于四时，以十干推之，亦得七十二日。方子。〔高同。〕

○ 天只有五行，不可问他因甚只有五行。渊。

○ 阴以阳为质，阳以阴为质。水内明而外暗，火内暗而外明。横渠曰"阴阳之精，互藏其宅"，正此意也。道夫。

○ 火中有黑，阳中阴也。水外黑洞洞地而中却明者，阴中之阳也。故水谓之阳，火谓之阴，亦得。<u>伯羽</u>。

○ 日火外影，金水内影。<u>道夫</u>。

○ 清明内影，浊明外影；清明金水，浊明火日。<u>佃</u>。

○ 天有春夏秋冬，地有金木水火，人有仁义礼智，皆以四者（利）〔相〕为用也。<u>季札</u>。

○ 春为感，夏为应；秋为感，冬为应。若统论，春夏为感，秋冬为应。明岁春（秋）〔夏〕又为感。<u>可学</u>。

朱子语类卷第二
理气下

天地下

　　○　天秉阳，垂日星；地秉阴，窍于山川。播五行于四时，和而后月生也。阴阳变化，一时撒出，非今日生此，明日生彼，但论其先后之序，则当如此耳。横渠云："神为不测，故缓辞不足以尽神；化为难知，故急辞不足以体化。"因说雷斧，举横渠云："其来也，几微易间；其究也，广大坚固。"闳祖。

　　○　正蒙中"地纯阴，天浮阳"一段，说日月五星甚密。闳祖。按正蒙云："地纯阴凝聚于中，天浮阳（转）〔运〕旋于外，此天地之常体也。恒星不动，纯系乎天，与浮阳运旋而不穷者也。日月五星逆天而行者，并（系）〔包〕乎地者也。地在气中，虽顺天左旋，其所系象象随之，少迟则反移徙而右，其间有缓急不齐者，七政之性殊也。月阴精，反乎阳者也，故其右行最速。日为阳精，然其质本阴，故其右行虽缓，亦不纯系乎天，如恒星之不动。金水附日，前后进退而行者，其理精深，存乎物感而已矣。镇星地类，然根本五行，虽其行最缓，亦不纯系乎地也。火者亦阴质，为阳萃焉，然其气（此）〔比〕日而微，故其迟倍日。惟木乃岁一盛一衰，故岁历一辰。辰者，日月一交之次，有岁之象也。"

○ 论五峰说极星。"有三个极星不动，殊不可晓。若以天运譬如轮盘，则极星只是中间带子，恐所以不动。若是三个不动，则不可转矣。"又言："虽形器之事，若未见得尽，亦不可轻立议论，须是下学工夫。虽天文地理，亦须看得他破，方可议之。"又曰："明仲尝畏五峰议论精确，五峰亦尝不有其兄，尝欲焚其论语解并读史管见。以今观之，殊不然。如论语、管见中虽有粗处，亦多明白。至五峰议论，反以好高之过，得一说便说，其实与这物事都不相（平）〔干〕涉，便说得无着落。〔五峰辨疑孟之说，周遮全不分晓。若是恁地分疏孟子，划地沉沦，不能得出世。〕"螀。

○ 居甫问："上蔡谓北极为天之机也，以其居中，故谓之北极；以其周建于十二辰之舍，故谓之北辰。不知然否？"曰："以其居中不动，众星环向，为天极轴。天形如鸡子旋转，极如一物横亘在中。两头秤定，一头在北上，是为北极；一头在南下，是为南极。"又问太一。曰："太一是帝座，即北极也。以星辰位言之，谓之太一；以其所居之处言之，谓之北极。太一如人主，北极如帝都也。"道夫。

○ （王子）〔季〕通（当）〔尝〕设一问云："极星只在天中，而东西南北皆取正于极，而极星皆在其（上）〔北〕，何也？"某无以答。后思之，只是极星便是北，而天则无定位。义刚。

○ "周髀法谓极当天中，日月绕天而行，远而不可见者为尽。此说不是。"问："论语或问中云'南极低入地三十六度，北极高出地三十六度'，如何？"曰："圆径七十二度，极正居（某）〔其中〕。尧典疏义甚详。"德明。

○ 纬星是阴中之阳，经星是阳中之阴。盖五星皆是地上木火土金水之气上结而成，却受日光。经星却是阳气之余凝结者，疑得也受日光，但经星则闪烁开阖，其光不定。纬星则不然，纵有芒角，其本体之光亦自不动，细视之可见。佃。

○ "东有启明，西有长庚。"庚，续也。启明，金星；长庚，水星。金在日西，故日将出则东见；水在日东，故日将没则西见。〔泳。〕

○ 莫要说水星。盖水星贴着日行，故半月日见。泳。

○ 范某，蜀公族人。入宜州见鲁直，又见张怀素，甚爱之。一夜与之观星，曰："荧惑如贯索，东南必有狱。"范以告，得官。汤东野资之入京，亦得官。可学。

○ 天文有半边在上面，须有半边在下面。渊。

○ 如何见得天有三百六十度？甚么人去量来？只是天行得过处为度。天之过处，便是日之退处。日月会为辰。㽦。

○ 有一常见不隐者为天之盖，有一常隐不见者为天之底。㽦。

○ 分野之说始见于春秋时，而详于汉志。然今左传所载大火辰星之说，又却只因其国之先曾主二星之祀而已，而是时又未有所谓赵魏韩者。然后来占星者又却多验，殊不可晓。广。

○ 董叔重问星图。曰："星图甚多，只是难得似。圆图说得顶好。天弯，纸却平。方图又却两头放小不得。"又曰："那个物事两头小，中心涨。"又曰："三百六十五度四分度之一，想见只是说赤道。两头小，必无三百六十五度四分之一。"节。

○ 胡叔器问："天有几道?"先生曰："据历家说有五道,而今且将黄赤道说。赤道正在天之中,如合子缝模样。黄道是横过在那赤道之间。"义刚。

○ 问同度同道。曰："天有黄道,有赤道。天正如一圆匣相似,赤道是那匣子相合缝处,在天之中。黄道一半在赤道之内,一半在赤道之外,东西两处与赤道相交。度,却是将天横分为许多度数。会时是日月在那黄道赤道十字路头相交处厮撞着。望时是月与日正相向。如一个在子,一个在午,皆同一度。谓如月在毕十一度,日亦在毕(下)〔十〕一度。虽同此一度,却南北相向。日所以蚀于朔者,月常在下,日常在上,既是相会,被月在下面遮了日,故日蚀。望(将)〔时〕月蚀,固是阴敢与阳敌,然历家又谓之暗虚。盖火日外影,其中实暗,到望时恰当着其中暗处,故月蚀。"㑖。

○ 日之行,月退一度;月之行,日退十三度。人杰。

○ 天行,一日差一度。行只是如此,却定。月行,迟十三度有奇。泳。

○ 天道左旋,日月星并左旋。星不是贴天。天是阴阳之气在上面,下人看,见星随天去耳。〔㝢。〕

○ 天道左旋,日月亦只左旋,但天行健,一日一夜而周,常差过一度。日月违天而退,日是一日退一度,月则退十三度有奇。德明。

○ 先生曰："窃恐所谓日月右转者不是如此。天行至健，一日一夜一周，天必差过一度。日一日一夜周恰好，月却不及十三度有奇。只是天行极速，日稍迟一度，月又迟十三度有奇耳。"因举<u>陈元滂</u>云："只以在员地上走，一人过急一步，一人差不及一步，又一人甚缓，差数步也。"天行只管差过，故历法亦只管差。<u>尧</u>时昏旦星中于午，<u>月令</u>差于未。<u>汉晋</u>以来又差，今比<u>尧舜</u>时似差及四分之一。古时冬至日在牵牛，今却在斗。<u>德明</u>。

○ 天道与日月五星皆是左旋。天道日一周天而常过一度。日亦日一周天，起度端，终度端，故比天道常不及一度。月行不及十三度四分度之一。今人却云月行速，日行迟。此错说也，但历家以右旋为说，取其易见日月之度耳。<u>至</u>。

○ 天左旋，日月亦左旋，但天行过一度，日只在此，当卯而卯，当午而午。某看得如此，后来得<u>礼记</u>说，暗与之合。<u>泳</u>。

○ <u>礼记</u>："日穷于次，月穷于纪，星回于天，数将几终。"注："言日月星辰运行，于此皆周匝于故处也。"<u>泳</u>。按月令季冬之月云："是月也，日穷于次，月穷于纪，星回于天，数将几终。"注云："言日月（是）〔星〕辰运行，于此月皆周匝于故处也。次，舍也，纪，会也。"正义云："'日穷于次'者，谓去年季冬，日次于玄枵。从此以来，每月移次他辰，至此月穷尽，还次玄枵，故云'日穷于次'。'月穷于纪'者，纪犹会也。去年季冬，月与日相会于玄枵。自此以来，月与日相会在于他辰，至此月穷尽，还复会于玄枵，故云'月穷于纪'。'星回于天'者，谓二十八宿随天而行。每日虽（用）〔周〕天一匝，早晚不同，至于此（日）〔月〕复其故处，与去年季冬早晚相似，故云'星回于天'。'数将几终'者，几，近也。以去年季冬至今年季冬三百五十四日，未满三百六十五日，未得正终，唯近于终，故云'数将几终'。"

○　天左旋，日月星辰亦左旋，但天运一日一周天，又行过一度。日一日一周天，不及此一度。至岁终，天运复周，方与日会。礼记"星回于天"，正义有此说。刘叔文疑之。方子。

○　义刚归有日。先生曰："公这数日也莫要闲。"义刚言："伯靖在此数日，因与之理会天度。"问："伯靖之说如何？"义刚言："伯靖以为天是一日一周，日则不及一度，非天过一度也。"先生曰："此说不是。若以为天是一日一周，则四时中星如何解不同？更是如此，则日日一般，却如何纪岁？把甚么时节做定限？若以为天不过而日不及一度，则趱来趱去，将次午时便打三更矣。"因取礼记月令疏，指其中说"早晚不同"及"更行一度"两处，曰："此说得甚分明。其他历书都不如此说。盖非不晓，但是说滑了口后信口说，习而不察，更不去子细检点。而今若就天里看时，只是行得三百六十五度四分度之一。若把天外来说，则是一日过了一度。季通尝有言：'论日月则在天里，论天则在太虚空里。若去太虚空里观那天，自是日月衮得不在旧时〔处〕了。'"先生至此，以手画轮子，曰："谓如今日在这一处，明日自是又衮动者些子，又不在旧时处了。"又曰："天无体，只二十八宿便是天体。日月皆从角起，天亦从角起。日则一日运一周，依旧只在那角上。天则一周了，又过角些子。日月累上去，则一年便与日会。"次日，仲默附至天说曰："天体至圆，周围三百六十五度四分度之一，绕地左旋，常一日一周而过一度。日丽天而少迟，故日行一日，亦绕地一周，而在天为不及一度。积三百六十五日九百四十分日之二百三十五而与天会，是一岁日行之数也。月丽天而尤迟，一日常不及天十三度十九分度之七。积二十九日九百四十分日之四百九十九而与日（兂）〔会〕。十二会，得全日三百四十八，余分之积又五千九百八十八。如日法，九百四十而一，得六，不尽三百四十八。通计得日三百五十四，九百四十分日之三百四十八，是一岁月行之数也。岁有十二月，月有三十日。三百六十日者，一岁之常数也。故日与天会，而多五日九百四十分日之二百三十五者，为气盈。月与日会，而少五日九百四十分日之五百九十二者，为朔虚。合气盈朔虚而（余）〔闰〕生焉。故一岁〔闰〕率则十日九百四十分日之八百二十七。三岁一闰则三十二日九百四十分日之六百单一，五岁再闰则五十四日九百四十分日之三百五。十有九岁七闰则气朔分齐，是为一章也。"先生以此示义刚，曰："此说也分明。"仍取其书与义刚看，其中有曰："此说比前似无病。"先生笑曰："其自信亦不轻。"义刚。

○ 淳问："天道左旋，自西而东，日月右行则如何？"先生曰："横渠说日月皆是左旋，说得好。盖天行甚健，一日一夜周三百六十五度四分度之一，又进过一度。日行速健次于天，一日一夜周三百六十五度四分度之一，正恰好。比天进一度，则日为退一度。一日天进二度，则日为退二度。积至三百六十五日四分日之一，则天所进过之度又恰周得本数，而日所退之度亦恰退尽本数，遂与天会而成一年。月行迟，一日夜三百六十五度四分度之一行不尽，比天为退了十三度有奇。进数为顺天而左，退数为逆天而右。历家以进数难算，只以退数算之，故谓之右行，且曰'日行迟，月行速'。然则日行却得其正，故扬子太玄首便说日。云云。按太玄经首云："驯乎玄，浑行无穷正象天。"注："浑，浑天之仪浑沦而行，昼夜不休，正取象于天也。"又云："经则有南有北，纬则有西有东。巡乘六甲，与斗相逢。历以继岁，而百谷时雍。"注言："日行乘六甲，周而复始，以成岁事。日右斗左，故相逢也。"向来久不晓此，因读月令'日穷于次'疏中有天行过一度之说，推之乃知其然。又如书'齐七政'疏中二三百字，说得天之大体亦好。后汉历志亦说得好。"黄本云："前汉历志说道理处少，不及东汉志较详。"淳问："月令疏'地冬上腾，夏下降'，是否？"曰："未便理会到此。且看大纲识得后，此处用度算方知。"淳。义刚同。

○ 南极（上）〔在〕下七十二度，常隐不见。唐书说，有人至海上，见南极下有数大星甚明。此亦在七十二度之内。淳。义刚录同。

○　问："经星左旋，纬星与日月右旋，是否？"曰："今诸家是如此说。横渠说天左旋，日月亦左旋。看来横渠之说极是。只恐人不晓，所以诗传只载旧说。"或曰："此亦易见。如以一大轮（外在）〔在外〕，一小轮载日月在内，大轮转急，小轮转慢。虽都是左转，只有急有慢，便觉日月似右转了。"曰："然。但如此则历家'逆'字皆着改做'顺'字，'退'字皆着改做'进'字。"〔侗。〕

○　天最健，一日一周而过一度。日之健次于天，一日恰好行三百六十五度四分度之一，但比天为退一度。月比日大故缓，比天为退十三度有奇，但历家只算所退之度，却云日行一度，月行十三度有奇。此乃截法，故有日月五星右行之说，其实非右行也。横渠曰："天左旋，处其中者顺之，少迟则反右矣。"此说最好。书疏"玑衡"，礼疏"星回于天"，汉志"天体"，沈括浑仪议，皆可参考。闳祖。按横渠此条见正蒙。

○　又问天道左旋，日月星辰右转。答曰："自疏家有此说，人皆守定。某看天上日月星不曾右转，只是随天转。天行健，这个物事极是转得速。且如今日日与月、星都在这度上，明日旋一转，天却过了一度；日迟些，便欠了一度；月又迟些，又欠了十三度。如岁星须一转争了三十度。要看历数子细，只是尚书'璇玑玉衡'疏载王蕃浑天说一段极精密，可检看，便是说一个现成天地了。月常光，但初二三日照只照得那一边，过几日渐渐移得正，到十五日月与日正相望。到得月中天时节，日光在地下，迸从四边出，与月相照，地在中间，自遮不过。今月中有影，云是莎罗树者，乃是地形未可知。"贺孙。按尚书（正）〔要〕义曰："王蕃浑天说曰：'天之形状如鸟卵，天包地外，犹卵之里黄，圆如弹丸，故曰浑天。言其形体浑浑然也。'其术以为天半覆地上，半在地下。其天居地上，见有一

百八十二度半强，地下亦然。北极出地上三十六度，南极入地亦三十六度，而嵩高
正当天之中极，南五十五度当嵩高之上，又其南十二度为夏至之日道，又其南二十
四度为春秋分之日道，又其南二十四度为冬至之日道。南下去地三十一度而已是夏
至日，此去极六十七度，春秋分去极九十一度，冬至去极一百五十度。此其大率也。
其南北极持其两端，其天与日月星宿斜而回转。此必古者有其法，遭秦而灭云。"

○　程子言日升降于三万里，是言黄赤道之间相去三万里。天日月
星皆是左旋，只有迟速。天行较急，一日一夜绕地一周三百六十五度四
分度之一，而又进过一度。日行稍迟，一日一夜绕地恰一周，而于天为
退一度。至一年，方与天相值在恰好处，是谓一年一周天。月（得）
〔行〕又迟，一日一夜绕地不能匝，而于天常退十三度十九分度之七。
至二十九日半强，恰与天相值在恰好处，是谓一月一周天。月只是受日
光。月质常圆，不曾阙，如圆球，只有一面受日光。望日，日在酉，月
在卯，正相对，受光为盛。天积气，上面劲，只中间空，为日月来往。
地在天中，不甚大，四边空。有时月在天中央，日在地中央，则光从四
旁上受于月。其中昏暗，便是地影。望以后，日与月行便差，背面一
畔，相去渐渐远，其受光面不正。至朔，行又相遇，日与月正紧相合，
日便蚀，无光。月或从上过，或从下过，亦不受光。星亦是受日光，但
小耳。北辰中央一星甚小，谢氏谓"天之机"亦略有意，但不似"天之
枢"较切。淳。

○　日月升降三万里之中，此是主黄道相去远近而言。若天之高则
里数又煞远。或曰八万四千里，未可知也。立八尺之表，以候尺有五寸
之景，寸当千里，则尺有五寸恰当三万里之半。日去表有远近，故景之
长短为可验也。历家言天左旋，日月星辰右行，非也。其实天左旋，日
月星辰亦皆左旋，但天之行疾如日，天一日一周，更挽过一度，日一日
一周，恰无赢缩，以月受日光为可见。月之望，正是日在地中，月在天

中，所以日光到月，四伴更无亏欠，唯中心有少黡翳处，是地有影蔽者尔。及日月各在东西，则日光到月者止及其半，故为上弦；又减其半，则为下弦。逐夜增减，皆以此推。地在天中，不为甚大，只将日月行度折算可知。天包乎地，其气极紧。试登极高处验之，可见形气相（摧）〔催〕，紧束而成体，但中间气稍宽，所以容得许多品物。若一例如此气紧，则人与物皆消磨矣。谓日月只是气到寅上则寅上自光，气到卯上则卯上自光者，亦未必然。既曰日月，则自是各有一物，方始各有一名。星光亦受于日，但其体微尔。五星之色各异，观其色则金木水火之名可辨。众星光芒闪烁，五星独不如此。众星亦皆左旋，唯北辰不动，在北极五星之旁一小星是也。盖此星独居天轴，四面如轮盘，环绕旋转，此独为天之枢纽是也。日月薄蚀，只是二者交会处，二者紧合，所以其光掩没，在朔则为日食，在望则为月蚀，所谓"纾前缩后，近一远三"。如自东而西，渐次相近，或日行月之旁，月行日之旁，不相掩者皆不蚀。唯月行日外而掩日于内，则为日蚀；日行月外而掩月于内，则为月蚀。所蚀分数，亦推其所掩之多少而已。谟。

○ 问"弦望"之义。曰："上弦是月盈及一半，如弓之上弦；下弦是月亏了一半，如弓之下弦。"又问："是四分取半否？"曰："如二分二至，也是四分取半。"因说："历家谓'纾前缩后，近一远三'。以天之围言之，上弦与下弦时，月日相看皆四分天之一。"僴。

○ 问："月本无光，受日而有光。季通云：'日在地中，月行天上。所以光者，以日气从地四旁周围空处进出，故月受其光。'"先生曰："（恐）〔若〕不如此，月何缘受得日光？方合朔时，日在上，月在下，则月面向天者有光，向地者无光，故人不见。及至望时，月面向人者有光，向天者亦有光，故见其圆满。若至弦时，所谓'近一远三'，只合有许多光。"又云："月常有一半光。月似水，日照之则水面光倒射壁上，乃月照也。"问："星受日光否？"曰："星恐自有光。"德明。

　　○　月受日光，常为日所蔽，惟望日在中，则人见其明。历家云："日行一岁一周天，月一月一周天。"此下论日月多未晓，故录不成文。可学。

　　○　邵康节谓："日，太阳也；月，（少）〔太〕阴也；星，〔少〕阳也；辰，（太）〔少〕阴也。（星）辰，非星也。"又曰："'辰弗集于房。'房者，舍也。故十二辰亦谓之十二舍。上'辰'字谓日月也，所谓三辰。北斗去辰争十二来度。日蚀是日月会合处，月合在日之下，或反在上，故蚀。月蚀是日月正相照。伊川谓'月不受日光'，意亦相近。盖'阴盛亢阳'而不少让阳故也。"又曰："日月会合，故初一、初二月全无光。初三渐开，方微有弦上光，是哉生明也。开后渐益光，至望则相对，故圆。此后复渐相近，至晦则复合，故暗。月之所以亏盈者，此也。"伯羽。

　　○　问："自古以日月之蚀为灾异。如今历家却自预先算得，是如何？"曰："只大约可算，亦自有不合处。有历家以为当食而不食者，有以为不当食而食者。"木之。

　　○　日月交蚀。暗虚。道夫。

　　○　历家之说，谓日光以望时遥夺月光，故月食；日月交会，日为月掩，则日食。然圣人不言月食日，而以"有食"为文者，阙于所不见。闳祖。

　　○　日景，看周礼疏与诗疏。闳祖。

○ "土圭之法，立八尺之表，以尺五寸之圭横于地下，日中则景蔽于圭，此乃地中为然，如浚仪是也。今又不知浚仪果为地中否？"问："何故以八尺为表？"曰："此须用勾股法算之。南北无定中，必以日中为中，北极则万古不易者也。北方地形尖斜，日长而夜短。骨里幹国煮羊胛骨熟，日已出矣。至铁勒则又北矣。极北之地，人甚少。所传有二千里松木，禁人斫伐。此外龙蛇交杂，不可去。女真起处有鸭绿江。传云天下有三处大水：曰黄河，曰长江，并鸭绿是也。若以浚仪与颍川为中，则今之襄汉淮西等处为近中。"人杰。

○ 或问周礼："以土圭之法测土深，正日景以求地中。日南则景（长）〔短〕，多暑；日北则景（短）〔长〕，多寒；日东则景夕，多风；日西则景朝，多阴。"郑注云："日南，谓立表处太南，近日也；日北，谓立表处太北，远日也；景夕，谓日映景乃中，立表处太东，近日也；景朝，谓日未中而景已中，立表处太西，远日也。"曰："'景夕多风，景朝多阴'，此二句郑注不可晓，疑说倒了。看来景夕者，景晚也，谓日未中而景已中。盖立表近南则取日近，午前景短而午后景长也。景朝者，谓日已过午而景犹未中。盖立表近北则取日远，午前长而午后短也。"问"多风"、"多阴"之说。曰："今近东之地自是多风。如海边诸郡风极多，每如期而至。如春必东风，夏必南风，不如此间之无定。盖土地旷阔，无高山之限，故风各以方至。某旧在漳泉验之，早间则风已生，到午而盛，午后则风力渐微，至晚则更无一点风色，未尝少差。盖风随阳气生，日方升则阳气生，至午则阳气盛，午后则阳气微，故风亦随而盛衰。如西北边多阴，非特山高障蔽之故，自是阳气到彼处衰谢。盖日到彼方午，则彼已甚晚，不久则落，故西边不甚见日。古语云：'蜀之日，越之雪。'言见日少也。所以蜀有'漏天'，古语云'巫峡多漏天'，老杜云'鼓角漏天东'，言其地常雨，如天漏然。以此观之，天地亦不甚阔。以日月所照，及寒暑风阴观之，可以验矣。"用之问："天竺国去处又却极阔？"曰："以昆仑山言之，天竺直昆仑之正南，所以土地阔，而其所生亦多异人。水经云昆仑取嵩高五万里，看来不会如此远。盖中国至于阗二万里，于阗去昆仑无缘更有三万里。文昌杂录记于阗遣使来贡献，使者自言其国之西千三百余里即昆仑山。今中国在昆仑之东南，而天竺诸国在其正南。水经又云黄河自昆仑东北流入中国，如此，则昆仑当在西南上，或又云西北，不知如何。恐河流曲折多，入中国后方见其东北〔流〕尔。佛经所说阿耨山，即昆仑也，云山顶有阿耨大池，池水分流四面去，为四大水，入中国者为黄河，入东海；其三面各入南、西、北海，如弱水、黑水之类。大抵地之形如馒头，其拈尖处则昆仑也。"问："佛家'天地四洲'之说，果有之否？"曰："佛经有之。中国为南潬部洲，天竺诸国皆在南潬部内。东弗于逮，西瞿耶尼，北郁单越，亦如邹衍所说'赤县'之类。四洲统名'娑婆世界'。如是世界凡有几所，而娑婆世界独居其中。其形正圆，故所生人物亦独圆，正象其地形，盖得天地之中气。其他世界则形皆偏侧尖阙，而环处娑婆世界之外，缘不得天地之正气，故所生人物亦多不正。此说便是'盖天'之说。横渠亦主盖天，不知如何。但其言日初生时先照娑婆世界，故其气和，其他世界则日之所照或正或戾，故气不和。只他说便自可破。彼言日之所照必经历诸世界了，然后入地，则一日之中须历照四处，方得周匝。今才照得娑婆一处，即已曛黑；若更照其他三处，经多少时节！如此，则夜须极长。何故今中国昼夜有均停时，而冬夏漏刻长短相去亦不甚远？其说于是否通矣。"僴。

○ 周礼注云："土圭一寸折一千里，天地四游升降不过三万里。土圭之影尺有五寸，折一万五千里，以其在地之中，故南、北、东、西相去各三万里。"问："何谓'四游'？"曰："谓地之四游升降不过三万里，非谓天地中间相去止三万里也。春游过东三万里，夏游过南三万里，秋游过西三万里，冬游过北三万里。今历家算数如此，以土圭测之皆合。"僩曰:"譬以大盆盛水,而以虚器浮其中,四边定四方。若器浮过东三寸,以一寸折万里,则去西三寸,亦如地之浮于水上,蹉过东方三万里,则远去西方三万里矣。南北亦然。然则冬夏昼夜长短,非日晷出没之所为,乃地之游转四方而然尔。"曰:"然。"用之曰:"人如何测得如此?恐无此理。"曰:"虽不可知,然历家推算,其数皆合,恐有此理。"僩。

○ 伊川云:"测景以三万里为准,若有穷。然有至一边已及一万五千里者,而天地之运盖(始)〔如〕初也。"此言盖误。所谓"升降一万五千里中"者,谓冬夏日行南陆北陆之间,相去一万五千里耳,非谓周天只三万里。闳祖。

○ "大司徒以土圭求地中,今人都不识土圭,郑康成解亦误。圭,只是量表影底,尽长一尺五寸,以玉为之。夏至后立表,视表影长短,以玉圭量之。若表影恰长一尺五寸,此便是地之中。暑长则表影短,暑短则表影长。冬至后,表影长一丈三尺余。今之地中与古已不同。汉时阳城是地之中,本朝岳台是地之中,岳台在浚仪,属开封府。已自差许多。"问:"地何故有差?"曰:"想是天运有差,地随天转而差。今坐于此,但知地之不动耳,安知天运于外,而地不随之以转耶?天运之差,如古今昏旦中星之不同是也。"又问:"历所以数差,古今岂无人考得精者?"曰:"便是无人考得精细而不易,所以数差。若考得精密,有个定数,永不会差。伊川说康节历不会差。"或问:"康节何以不造历?"曰:"他安肯为此?古人历法疏阔而差少,今历愈密而愈差。"因以两手量卓边云:"且如这许多阔,分作四段,被他界限阔便有差。不过只在一段界限之内,纵使极差出第二三段,亦只在此四界之内,所以容易推测。便有差,容易见。今之历法于这四界内分作八界,于这八界内又分作十六界,界限愈密则差数愈远。何故?以界限密而逾越多也。其差则一,而古今历法疏密不同故尔。看来都只是不曾推得定，只是移来凑合天之运行，所以当年合得不差，明后年便差。元不曾推得天运定，只是旋将历去合那天之行，不及则添些，过则减些以合之，所以一二年又差。如唐一行大衍历，当时最谓精密，只一二年后便差。只有季通说得好，当初造历，便合并天运所蹉之度都算在里。几年后蹉几分，几年后蹉几度，将这蹉数都算做正数，直推到尽头，如此庶几历可以正而不差。今人都不曾得个大统正，只管说天之运行有差，造历以求合乎天而历愈差。元不知天如何会有差，自是天之运行合当如此。此说极是，不知当初因甚不曾算在里。但尧舜以来历，至汉都丧失了，不可考。缘如今是这大总纪不正，所以都无是处。季通算得康节历，康节历十二万九千六百分，大故密。今历家所用只是万分历，万分历已自是多了，他如何肯用十二万分？只是今之历家又说季通底用不得，不知如何。"又曰："一行大衍历比以前历，他只是做得个头势大，敷衍得阔，其实差数只一般。正如百贯钱修一料药，与十文钱修一料药，其不能治病一也。"㤼。

○　霜只是露结成，雪只是雨结成。古人说露是星月之气，不然。今高山顶上虽晴亦无露。露只是自下蒸上。人言极西高山上亦无雨雪。广。

○　"高山无霜露，却有雪。某尝登云谷，晨起穿林薄中并无露水沾衣，但见烟雾在下，茫然如大洋海。众山仅露峰尖，烟云环绕往来，如移山动，天下之奇观也。"或问："高山无霜露，其理如何？"曰："上面气渐清，风渐紧，虽微有雾气，都吹散了，所以不结。若雪，则只是雨遇寒而凝，故高寒处雪先结也。道家有高处几万里刚风之说，便是那里气清紧。低处则气浊，故缓散。想得高山更上去，立人不住了，那里气又紧故也。离骚有九天之说，注家妄解，云有九天。据某观之，只是九重。盖天运行有许多重数。以手画图案，自内绕出至外，其数九。里面重数较软，至外面则渐硬。想到第九重，只成硬壳相似，那里转得又愈紧矣。"侗。

○ 雪花所以必六出者，盖只是霰下，被猛风拍开，故成六出。如人掷一团烂泥于地，泥必溅开成棱瓣也。又，六者阴数，太阴玄精石亦六棱，盖天地自然之数。侗。

○ 木之问龙行雨之说。曰："龙，水物也。其出而与阳气交蒸，故能成雨。但寻常雨自是阴阳气蒸郁而成，非必龙之为也。'密云不雨，尚往也'，盖止是下气上升，所以未能雨。必是上气蔽盖无发泄处，方能有雨。横渠 正蒙论风雷云雨之说最分晓。"木之。

○ 风只如天相似，不住旋转。今此处无风，盖或旋在那边，或旋在上面，都不可知。如夏多南风，冬多北风，此亦可见。广。

○ 雷如今之爆杖，盖郁积之极而迸散者也。方子。

○ 十月雷鸣。先生曰："恐发动了阳气。所以大雪为丰年之兆者，雪非丰年，盖为凝结得阳气在地，来年发达，生长万物。"敬仲。

○ 因说雷，曰"虽只是气，但有气便有形。如蝃蝀本只是薄雨为日所照成影，然（尚）〔亦〕有形，能吸水汲酒。人家有此，或为妖，或为祥。"义刚。

○ 古今历家只推算得个阴阳消长界分耳。人杰。

○ 太史公历书是说太初，然却是颛顼四分历。刘歆作三统历。唐一行大衍历最详备。五代王朴司天考亦简严。然一行、王朴之历皆止用之二三年即差。王朴历是七百二十加去，季通所用却依康节三百六十数。人杰。

○ 月令比尧之历象已不同，今之历象又与月令不同。人杰。

○ 今之造历者无定法，只是赶趁天之行度以求合，或过则损，不及则益〔，所以多差〕。因言古之钟律纽算，寸分毫厘丝忽皆有定法，如合符契，皆自然而然，莫知所起。古之圣人，其思之如是之巧，然皆非私意撰为之也。意古之历书亦必有一定之法，而今亡矣。三代而下，造历者纷纷，莫有定议，愈精愈密而愈多差，由不得古人一定之法也。季通尝言："天之运无常，日月星辰积气皆动物也。其行度疾速，或过、不及，自是不齐。使我之法能运乎天，而不为天之所运，则其疏密迟速，或过、不及之间不出乎我，此历象之大数。纵有差忒，皆可推而不失矣。何者？以我法之有定而律彼之无定，自无差也。"季通言非是。天运无定，乃其行度如此。其行之差处亦是常度，但后之造历者，其为数窄狭而不足以包之尔。僩。

○ 问："历法何以推月之大小？"曰："只是以每月二十九日半，九百四十分日之二十九计之，观其合朔为如何。如前月大则后月初二日月生明，前月小则后月初三日月生明。"人杰。

○ 中气只在本月。若趱得中气在月尽，后月便当置闰。人杰。

○ 五子六甲，二五为干，二六为支。人杰。

○ 或说历四废日。曰："只是言相胜者，春是庚辛日，秋是甲乙日。温公潜虚亦是此意。"人杰。

○ 或问："季通历法未是?"曰："这都未理会〔得〕。而今须是也会布算，也学得似他了，把去推测，方见得他是与不是。而今某自不曾理会得，如何说得他是与不是。这也是康节说恁地。若错时，也是康节错了。只是觉得自古以来，无一个人考得到这处。然也只在史记、汉书上，自是人不去考。司马迁、班固、刘向父子、杜佑说都一同，不解都不是。"贺孙。

○ 历法，季通说当先论天行，次及七政。此亦未善。要当先论大虚，以见三百六十五度四分度之一，一一定位。然后论天行，以见天度加损虚度之岁分。岁分既定，然后七政乃可齐耳。道夫。

○ 沈存中欲以节气定晦朔，不知交节之时适在亥，此日当如何分。方子。

○ 子升问："人言房中历与中国历差一日，是否?"曰："只如子正四刻方属今日，子（自初）〔初自〕属昨日。今人才交子时，便唤做今日。如此亦便差一日。"木之。

○ 先生尝言："数家有小大阳九。"道夫问："果尔，则有国有家者何贵乎修治?"曰："在我者过得他一二分，便足以胜之。"道夫。

○〔浑〕天仪可取，盖天不可用。试令主盖天者做一样子，如何做? 只似个雨伞，不知如何与地相附着。若浑天，须做得个浑天来。贺孙。

○ 陈得一统元历，绍兴七八年间作。又云：“蜀中暗用纪元历，以'统元'为名。”文蔚。

○ 卫朴善算，作莲花漏，其形如秤。东坡诋之。文蔚。

○ 或问南北对境图。先生云：“天下大川有二，止河与江。如淮亦小，只是中间起。房混同江却是大川。”李德之问：“薛常州九域图如何？”先生曰：“其书细碎，不是著书手段。'予决九川，距四海'了，却逐旋爬疏小江水，令至川。此是大形势。”盖卿。

○ 问：“周公定豫州为天地之中，东西南北各五千里。今北边无极，而南方交趾便际海，道理长短复殊，何以云各五千里？”曰：“此但以中国地段四方相去言之，未说到极边与际海处。南边虽近海，然地形则未尽。如海外岛夷诸国则地犹连属，彼处海犹有底，至海无底处。地刑方，盖周公以土圭测天地之中，则豫州为中而南北东西际天各远许多。至于北远而南近，则地形有偏尔，所谓'地不满东南'也。禹贡言东西南北各二千五百里，不知周公何以言五千里。今视中国，四方相去无五千里，想他周公且恁大说教好看。如尧舜所都冀州之地，去北方甚近。是时中国土地甚狭，想只是略相羁縻。至夏商已后，渐渐开辟。如三苗只在今洞庭彭蠡湖湘之间。彼时中国已不能到，三苗所以也负固不服。”后来又（否）〔见〕先生说：“昆仑取中国五万里，此为天地之中。中国在东南，未必有五万里。尝见佛经说昆仑山顶有阿耨大池，水流四面去，其东南入中国者为黄河，其三方流为弱水、黑水之类。”又曰：“自古无人穷至北海，想北海只挨着天壳边过。缘北边地长，其于北海不甚阔。地之下与地之四边皆海水周流，地浮水上与天接，天包水与地。”问：“天有形质否？”曰：“无。只是气旋转得紧，如急风然，至上面极高处转得愈紧。若转缓慢，则地便脱坠矣。”问：“星辰有形质否？”曰：“无。只是气之精英

凝聚者。"或云:"如灯光否?"曰:"然。"〔僩。〕

○　人言北方土地高燥,恐梅月亦蒸湿。何以言之?月令云"是月也,土润溽暑"、"天气下降,地气上腾"。想得春夏间天转稍慢,故气候缓散昏昏然,而南方为尤甚。至秋冬则天转益急,故气候清明,宇宙澄旷,所以说天高气清,以其转急而气紧也。僩。

○　或问:"天下之山西北最高?"曰:"然。自关中一支生下函谷,以至嵩少,东尽太山,此是一支。又自嶓冢汉水之北生下一支,至扬州而尽。江南诸山则又自岷山分一支,以尽乎两浙、闽、广也。"僩。

○　先生谓张倅云:"向于某人家看华夷图,因指某人云:'此水将有入淮之势。'其人曰:'今其势也如此。'"先生因言,河本东流入海,后来北流。当〔时〕亦有填河之议,今乃向南流矣。〔力行。〕

○　"某说道:'后来黄河必与淮河相并。'伯恭说:'今已如此。'问他:'如何见得?'伯恭说:'见薛某说。'"又曰:"元丰间河北流,自后中原多事;后来南流,虏人亦多事。近来又北流,见归正人说。"〔或录云:"因看刘枢家中原图,黄河却自西南贯梁山泊,迤逦入淮来。神宗时,河北流,故虏人盛;今却南来,故其势亦衰。"〕又曰:"神宗时行淤田策,行得甚力。差官去监那个水,也是肥。只是未蒙其利,先有冲颓庐舍之患。"潘子善问:"如何可治河决之患?"曰:"汉人之策,令两旁不立城邑,不置民居,存留些地步与他,不与他争,放教他宽,教他水散漫,或流从这边,或流从那边,不似而今作堤去(扞)〔圩〕他。元帝时,募善治河决者。当时集众议,以此说为善。"又问:"河决了,中心平处却低,如何?"曰:"不会低,他自择一个低处去。"又问:"雍州是九州那里高?"曰:"那里无甚水。"又曰:"禹贡亦不可考其次第，那如经量门簿？所谓门簿者，载此一都有田若干，有山若干。"苨。

○ 御河是太行之水，出来甚清。周世宗去取三关，是从御河里去，三四十日取了三关。又曰："御河之水清见底。后来黄河水冲来，浊了。"曰："河北流，是禹之故道。"又曰："不是禹之故道，近禹之故道。"苨。

○ 苨问："先生前日言水随山行，何以验之？"曰："外面底水在山下，中间底水在山脊上行。"因以指为喻，曰："外面底水在指缝中行，中间底水在指头上行。"又曰："山下有水。今浚井底人亦看山脉。"苨。

○ 安邑在河中府，济水发源在此。侗。

○ 闽中之山多自北来，水皆东南流。江浙之山多自南来，水多北流，故江浙冬寒夏热。侗。

○ 上党即今潞州，春秋赤狄潞氏即其地也。以其地极高，与天为党，故曰上党。上党，太行山之极高处。平阳晋州蒲坂，山之尽头，尧舜之所都也。河东河北诸州，如太原晋阳等处，皆在山之两边窠中。山极高伊川云："太行千里一块石。"阔。山后是忻代诸州。太山却是太行之虎山。又问："平阳蒲坂，自尧舜后何故无人建都？"曰："其地（硗）〔墝〕瘠不生物，人民朴陋俭啬，故惟尧舜能都之。后世侈（太）〔泰〕，如何都得？"侗。

○ "海那岸便与天接。"或疑百川赴海而海不溢。曰："盖是干了。有人见海边作旋涡吸水下去者。"直卿云："程子大炉鞴之说好。"方子。

○ 海水未尝溢者，<u>庄周</u>所谓"沃焦土"是也。<u>德明</u>。

○ 潮之迟速大小自有常。旧见<u>明州</u>人说，月加子午则潮长，自有此理。<u>沈存中</u>笔谈说亦如此。<u>德〔明〕</u>。

○ <u>陆子静</u>谓潮是子午月长，<u>沈存中</u>续笔谈之说亦如此，谓月在地子午之方，初一卯，十五酉。<u>方子</u>。

朱子语类卷第三
鬼神

○　因说及鬼神，曰："鬼神事自是第二着，那个无形影是难理会底，未消去理会，且就日用紧切处做工夫。子曰：'未能事人，焉能事鬼！未知生，焉知死！'此说尽了。此便是合理会底理会得，将间鬼神自有见处。若合理会底不理会，只管去理会没紧要底，将间都没理会了。"淳。按以下并在天鬼神。

○　道夫问祭义云："'其气发扬于上，为昭明、焄蒿、凄怆，此百物之精也，神之著也。'如何？"曰："神气属阳，故谓之人；精魄属阴，故谓之鬼。然方其生也，而阴之理已附其中矣。"又曰："今且未要理会到鬼神处。大凡理只在人心，此心一定，则万理毕见，亦非能自见也。心苟定矣，试一察之，则是非非自然别得（耳）。〔且〕如恻隐、羞恶、辞逊、是非，固是良心。苟不存养，则发不中节，颠倒错乱，便是私心。"又问："既加存养，则未发之际不知如何？"曰："未发之际便是中，便是'敬以直内'，便是心之本体。"又问："于未发之际欲加识别，使四者各有着落，如何？"曰："如何识别也？只存得这物事在这里，便恁地涵养将去。既熟，则其发见（肯）〔自〕不差。所以伊川道：'德无常师，主善为师；善无常主，协于克一。'须是协一方得。"问："'善'字不知主何而言？"曰："这只主良心。"道夫。

○　天下大底事自有个大底根本，小底事亦自有个紧切处。若见得，天下亦无甚事。如鬼神之事，圣贤说得甚分明，只将礼熟读便见。二程初不说无鬼神，但无而今世俗所谓鬼神耳。古来圣人所制皆是（察）〔祭〕，也是得天地之理如此。去伪。

○ "明则有礼乐，幽则有鬼神。"礼乐是可见底，鬼神是不可见底。礼是收缩节约底，便是鬼；乐是发扬底，便是神。故云"人者鬼神之会"，说得自好。又云"至爱则存，至确则著"，亦说得好。赐。

○ （鬼神，屈神也。）〔神伸也，鬼屈也。〕如风雨雷电初发时，神也；及至风止雨过，雷住电息，则鬼也。僩。

○ 有是实理而后有是物，鬼神之德所以为物之体而不可遗也。升卿。

○ 问："横渠谓：'鬼神者，往来屈伸之意，故天曰神，地曰示，人曰鬼。''示'字之义如何？"曰："说文'示'字，以有所示为义，故'示'字从'示'。天之气生而不息，故曰神；地之气显然示人，故曰示。向尝见三舍时举子易义中有云：'一而大谓之天，二而小谓之地。''二而小'即'示'字也，恐是字说。"又曰："'天曰神，地曰示'者，盖其气未尝或息也。人鬼则其气有所归矣。"广。

○ 或问"鬼神者，造化之迹"。曰："风雨霜露，四时代谢。"又问："此是迹，可得而见。又曰'视之不可得见，听之不可得闻'，何也？"曰："说道无，又有；说道有，又无。物之生成，非鬼神而何？然又去那里见得鬼神？至于'洋洋乎如在其上'是又有也。'其气发扬于上为昭明、焄蒿、凄怆'，犹今时恶气中人，（便）〔使〕得人恐惧凄怆，此百物之精爽也。"贺孙。

○ <u>萧增光</u>问"鬼神造化之迹"。先生曰:"如日月星辰风雷皆造化之迹,天地之间只是此一气耳。来者为神,往者为鬼。譬如一身,生者为神,死者为鬼,皆一气耳。"<u>雉</u>、

○ 问:"先生说'鬼神自有界分',如何?"<u>陈</u>云:"胡问鬼神界分。"曰:"如日为神,夜为鬼;生为神,死为鬼,岂不是界分?"此五字,<u>陈</u>云:"便是非。"按,<u>淳</u>同。

○ <u>胡叔器</u>问:"先生前说'日为神,夜为鬼,所以鬼夜出',如何?"先生曰:"间有然者,亦不尽皆然。夜属阴,且如妖鸟皆阴类,皆是夜鸣。"<u>义刚</u>。〔<u>淳</u>同。〕

○ 问"以功用谓之鬼神,以妙用谓之神"。曰:"鬼神者,有屈伸往来之迹。如寒来暑往,日往月来,春生夏长,秋收冬藏,皆鬼神之功用,此皆可见也。忽然而来,忽然而往,方如此又如彼,使人不可测知,鬼神之妙用也。"<u>僩</u>。

○ <u>錇</u>问"以功用谓之鬼神,以妙用谓之神"。曰:"功用只是论发见者,鬼神只是往来屈伸。如'鬼神者,造化之迹','鬼神者,二气之良能',二说皆妙。其发见而见于功用者谓之鬼神,至于不测者便谓之神。所谓'神也者,妙万物而为言',妙处即是神,只是总阴阳说。若分别之,则鬼是阴,神是阳。大率往为阴,来为阳;屈为阴,伸为阳。无有一物无往来屈伸之义,便皆鬼神着见者也。"又问:"'鬼神之为德也,其盛矣乎?'是此鬼神否?"曰:"是。"又问:"'齐明盛服,以承祭祀',却是如何?"曰:"亦只是此往来屈伸之义。古人到祭祀处,便是招呼得来。如天地山川先祖皆不可以形求,却是以此诚意求之。"又问:"祖先已死,以何而来?"曰:"只是以我之气承接其气,便是有来底道

理。古人于祭祀处极重，直是便要求而得之。商人求诸阳，便先作乐发散，此以阳气去求之；周人求诸阴，便焚燎郁鬯，以阴静去求之。所谓'体物而不可遗'者，盖此理于人初不相离，万物皆然。若究其极，只是阴阳造化而已。"畫。

○ 功用之谓鬼神，妙用谓之神。功用是有迹底，妙用是无迹底。妙用是其所以然者。义刚。

○ 胡叔器问："'功用谓之鬼神，妙用谓之神'，如何？"先生曰："功用兼精粗而言，是说造化。妙用以其精者言，其妙不可测。天地是体，鬼神是用。鬼神是阴阳二气往来屈伸。天地间如消底是鬼，息底是神；生底是神，死底是鬼。以四时言之，春夏便为神，秋冬便为鬼。又如昼便是神，夜便是鬼。以气息言之，呼为神，吸为鬼。'昭明、焄蒿、凄怆，此百物之精也，神之著也。'如鬼神之露光处是昭明，其气蒸上处是焄蒿，使人精神竦动处是凄怆。如武帝致李夫人'其风肃然'是也。"又问："草木土石有魄而无魂否？"先生曰："易言'精气为物'。若以精气言，则是有精气者，方有魂魄。陈本无"易言"以下二十一字，止云："此不可以魂魄论。"但出底气便是魂，精便是魄。譬如烧香，烧得出来便是魄，那成烟后香底便是魂。陈本止云："浆便是魄，烟便是魂。"魂者，魄之光焰；魄者，魂之根蒂。"陈安卿曰："体与魂有分别，如耳目是体，聪明便是魄。"先生曰："是。魂者气之神，魄者体之神。淮南子注谓：'魂，阳神也；魄，阴神也。'此语说得好。"安卿曰："心之精爽，是为魂魄"。先生曰："只是此意。"又问："'人生始化曰魄'，如何是始化？"先生曰："是胎中初略略成形时。"又问"哉生魄"。先生曰："是月十六日初生那黑处。扬子言：'月未望而生魄于西，既望则终魄于东。'他错说了。后来四子费尽气力去解，转不分明。温公又于正文改一字解，也说不出。"义刚。按陈淳录大同，但下两条别录，今各附于下，云：

叔器问："功用谓之鬼神，妙用谓之神。"先生曰："功用兼精粗而言，是说造化。妙用以其精者言，其妙不可测。天地是体也，鬼神是用也。鬼神只是阴阳二气往来屈伸，如春夏是神，秋冬是鬼；昼是神，夜是鬼，所以鬼夜出。（息底是神，消底是鬼；生是神，死是鬼；鼻息呼是神，吸是出；）息底是神，消底是鬼；生是神，死是鬼；鼻息呼是神，吸是鬼；语是神，（点）〔默〕是鬼。'昭明、焄蒿、凄怆，此百物之精也，神之（者）〔著〕也。'如鬼神之露光处是昭明，其气然上处是焄蒿，使人精神闪处，如汉武帝致李夫人'其风飒然'，是凄怆。"问："鬼夜出，如何？"先生曰："间有然者，亦不能皆然。夜属阴，夭鸟阴类，亦多夜鸣。"

○ 问："南轩'鬼神，一言以蔽之，曰诚而已'，此语如何？"曰："'诚'是实然之理，鬼神亦只是实理。若无这理亦便无鬼神，无万物，都无所该载了。'鬼神之为德'者，诚也。德只是就鬼神言，其情状皆是实理而已。侯氏以德别为一物，便不是。"曰："章句谓'性情功效'，何也？"曰："此与'情状'字只一般。"曰："横渠谓'二气之良能'，何为'良能'？"曰："屈伸往来，是二气自然能如此。"曰："伸是神，屈是鬼否？"先生以手圈卓上而直指其中，曰："这道理圆，只就中分别恁地。气之方来皆属阳，是神；气之反皆属阴，是鬼。"又曰："日自午以前是神，午以后是鬼。月自初三以后是神，十六以后是鬼。"童伯羽曰："日月对言之，日是神，月是鬼否？"曰："亦是。草木方发生来是神，雕残衰落是鬼。人自少至壮是神，衰老是鬼。鼻息呼是神，吸是鬼。"淳举程说所谓"天尊地卑，乾坤定矣。鼓之以雷霆，润之以风雨"。先生曰："天地造化皆是鬼神。古人所以祭风伯雨师。"曰："风雷鼓动是神，收敛处是鬼否？"曰："是。魄属鬼，气属神。析木烟出是气，滋润底是魄。人之语言动作是气，属神；精血是魄，属鬼。发用处皆属阳，是神；气定处皆属阴，是魄。知识处是神，记事处是魄。人初生时气多魄少，后来魄渐盛；到老魄又少，所以耳聋目昏，精力不强，记事不定。某今觉阳有余而阴不足，事多记不得。小儿无记性亦是魄不足，性不定亦是魄不足。"又曰："夫子答宰我鬼神说处甚好，'气者，神之盛也；魄者，鬼之盛也。'人死时魂气归于天，（魄气）〔精魄〕归于地，所以古人祭祀，燎以求诸阳，灌以求诸阴。"曰："'其气发扬于上为昭明、焄蒿、凄怆，此百物之精也，神之著也'，何谓也?"曰："人气本腾上，这下面尽则只管腾上去。如火之烟，这下面薪尽，则烟只管腾上去。"曰："终久必消了?"曰："是。"淳。

○　或问鬼神，答曰："鬼神只是气。屈伸往来者，气也。天地间无非气。人之气与天地之气常相接，无间断，人自不见。人心才动，必达于气，便与这屈伸往来者相感通。如卜筮之类皆是心自有此物，只说你心上事，才动必应也。"铢。

○　鬼神不过阴阳消长而已。亭毒化育，风雨晦冥，皆是。在人则精是魄，魄者鬼之盛也；气者是魂，魂者神之盛也。精气聚而为物，何物而无鬼神！"游魂为变"，魂游则魄之降可知。鬼神只是消长。〔升卿。〕

○　论鬼神。以二气言，则鬼者阴之灵也，神者阳之灵也。以一气言，则至而伸者为神，反而归者为鬼。一气即阴阳运行之气，"至则皆至，去则皆去"之谓也。二气谓阴阳对峙，各有所属。如气之呼吸者为魂，魂即神也，而属乎阳；耳目鼻口之类为魄，魄即鬼也，而属乎阴。"精气为物"，精与气合而生者也；"游魂为变"，则气散而其魄降矣。谟。

○　雨风露雷，日月昼夜，此鬼神之迹也，此是白日公平正直之鬼神。若所谓"有（叹）〔啸〕于梁"，"触于胸"，此则所谓不正邪暗，或有或无，或去或来，或聚或散者。又有所谓祷之而应，祈之而获，此亦所谓鬼神，同一理也。世间万事皆此理，但精粗小大之不同尔。又曰：

"以功用谓之鬼神，即此便见。"道夫。

○ 因说鬼怪，先生曰："'木之精夔魍魉。'夔只一脚。魍魉，古有此语，若果有，必是此物。"淳。

○ 气聚则生，气散则死。泳。以下并在人鬼神。

○ 问："死生有无之说，人多惑之。今日不合僭言及此，亦欲一言是正。"先生曰："不须如此疑，且作无主张。"力行因问："识环记井之事古复有此，何也？"先生曰："此（有）〔又〕别有说话。"力行。

○ "鬼神者，造化之迹。"神者伸也，以其伸也；鬼者归也，以其归也。人自方生，而天地之气只管增添在身上，渐渐大，渐渐长成。极至了，便渐渐衰耗，渐渐散。言鬼神，自有迹者而言之；言神，只言其妙而不可测识。贺孙。

○ 问："人死时是当初禀得许多气，气尽则无否？"曰："是。"曰："如此，则与天地造化不相干。"曰："死生有命，当初禀得气时便定了，便是天地造化。只有许多气，能保之亦可延。且如我与人俱有十分，俱已用出二分。我才用出二分便收回，及收回二分时，那人已用出四分了，所以我便能少延。此即老氏作福意。老氏惟见此理，一向自私其身。"淳。

○ 问："鬼神生死，虽知得是一理，然未见得端的，敢问先生。"曰："'精气为物，游魂为变'，便是生死底道理。"未达。先生曰："精气凝则人，散则为鬼。"又问："精气凝时，此理便在气上否？"先生曰："天道流行，发育万物，虽是一齐都有，必竟是理为主，人得之以生。然气则有清浊，清者为气，浊者为质；清者属阳，浊者属阴。知觉运动，阳之为也；骨肉皮毛血气，阴之为也。气曰魂，体曰魄。"又问："左氏所谓'心之精爽，是谓魂魄'，其说是否?"先生曰："高诱注淮南子曰：'魂是阳之神，魄是阴之神。'所谓神者，以其主乎形气也。人所以生，精气聚也。人只禀得许多气，须有个尽时，医家所谓'阴阳不升降'是也。人病将死，热气上出，下体渐冷。热气上出，所谓魂升；下体渐冷，所谓魄降。魂归于天，魄降于地，而人死矣。"明作。

○ 问"其气发扬于上为昭明、焄蒿、凄怆"。先生曰："'昭明'是光耀底，'焄蒿'是衮上底，'凄怆'是（廪）〔凛〕然底。今或有人死，气盛者亦如此。"赐。

○ 曾见人说，有人死，其室中皆温暖，便是气之散。礼记云："其气发扬于上为昭明、焄蒿、凄怆，此百物之精也。"昭明是精光，焄蒿是暖气，凄怆是惨栗者。如汉书李少君〔招〕魂，云"其气肃然"。

○ 〔安卿〕问："礼记'魂气归于天'，与横渠'反原'之说何以别?"先生曰："'魂气归于天'是消散了，正如火烟，腾上去何处归?只是消散了，论理大概固如此。然亦有死而未遽散者，亦有冤恨而未散者。然亦不皆如此，亦有冤死而魂即散者。"胡叔器问："圣人之死如何?"先生曰："圣人安死，便即消散。"淳。按黄义刚录同。

○ 问："有人死而气不散者，何也?"曰："他是不伏死。如自（形）〔刑〕自害者皆是未伏死，又更聚得这精神。安于死者便自无，何曾见尧舜做鬼来!"

○ 陈才卿问鬼神云："来而伸者为神，往而屈者为鬼。凡阴阳魂魄，人之呼吸，皆然，不独死者为鬼，生者为神。故横渠云：'神祇者归之始，归往者来之终。'"先生曰："此二句正俗语骂鬼云'你是已死我，我是未死你。'楚辞中说'终古'亦是此义。""去终古之所居兮，今逍遥而来东。羌灵魂之欲归兮，何须臾而忘（处）反。"用之云："既屈之中，恐又自有屈伸。"先生曰："祭祀致得鬼神来格，便是就既屈之气又能伸也。"㑦问："魂气则能既屈而伸，若祭祀来格是也。若魄既死，恐不能复伸矣。"先生曰："也能伸，盖他来则俱来。如祭祀报魂报魄，求之四方上下，便是皆有感格之理。"用之问："'游魂为变'，圣愚皆一否？"先生曰："然。"㑦问："'天神地祇人鬼'，地何以曰'祇'？"先生曰："'祇'字只是'示'字。盖天（重）〔垂〕三辰以著象，如日月星辰是也。地亦显山川草木以示人，所以曰'地示'。"用之云："人之祷天地山川，是以我之有感彼之有。子孙之祭先祖，是以我之有感他之无。"先生曰："神祇之气（当）〔常〕屈伸而不已，人鬼之气则消散而无余矣。其消散亦有久速之异。人有不伏其死者，所以既死而此气不散，为妖为怪。如人之凶死，及僧道人，既死多不散。僧道务养精神，所以凝聚不散。若圣贤则安于死，岂有不散而为神怪者乎！如黄帝尧舜，不闻其既死而为灵怪也。尝见辅汉卿说：'某人死，其气温温然，熏蒸满室，数日不散。'是他气盛，所以死而如此。刘元城死时，风雷轰于正寝，云雾晦冥，少顷辨色，而公已端坐薨矣。他是什么样气魄！"用之曰："莫是元城忠诚，感动天地之气否？"先生曰："只是元城之气自散尔。他养得此气刚大，所以散时如此。祭义云：'其气发扬于上为昭明、焄蒿、凄怆，此百物之精也。'此数句说尽了。人死时，其魂气发扬于上。昭明是人死时自有一般光景，焄蒿即前所云'温温之气'也，凄怆是一般肃然之气，令人惨怆，如汉武帝时神君'来则风肃然'者是也。此皆万物之精，既死而散也。"㑦。

○ 贺孙问："'游魂为变'，间有为妖孽者，是如何得未散？"曰：

"'游'字是渐渐散。若是为妖孽者,多是不得其死,其气未散,故郁结而成妖孽。若是尪羸病死底人,这气消耗尽了方死,岂复更郁结成妖孽!然不得其死者,久之亦散。如今打面做糊,中间自有成小块核不散底,久之渐渐也自会散。又如'其取精多,其用物弘'。如伯有者亦是卒未散也。横渠曰:'物之初生,气日至而滋息;物生既盈,气日反而游散。至之谓神,以其伸也;反之谓鬼,以其归也。'天下万物万事自古及今,只是个阴阳消息屈伸。横渠将屈伸说得贯通。上蔡说却似不说得循环意思。宰我曰:'吾闻鬼神之名,不知其所谓。'子曰:'气也者,神之盛也;魄也者,鬼之盛也。合鬼与神,教之至也。'注谓口鼻嘘吸为气,耳目聪明为魄。气属阳,魄属阴,而今有人说眼光落,这便是魄降。今人将死,有云魄落。若气,只升而散,故云'魄气归于天,形魄归于地'。道家修养有这说,与此大段相合。"贺孙。

○ 光祖问:"先生所答崧卿书云云。如伊川又云:'伯有为厉,别是一理。'又如何?"曰:"亦自有这般底。然亦多是不得其死,故强气未散。要之,久之亦不会不散。如漳州一件公事:妇杀夫,密埋之,后为祟,事才发觉,当时便不为祟。此事恐奏裁免死,遂于(中)〔申〕诸司状上特批了。后妇人斩,与妇人通者绞。以是知刑狱里面这般事,若不与决罪偿命,则死者之冤必不解。"又曰:"气久必散。人说神仙,一代说一项。汉世说甚安期生,至唐以来则不见说了。又说钟离权吕洞宾,而今又不见说了。看得来,他也只是养得分外寿考,然终久亦散了。"贺孙。

○ 问生死鬼神之理。先生曰:"天道流行,发育万物,有理而后有气。虽是一时都有,必竟以理为主,按本别本注此。人得之以有生。气之清者为气,知觉运动,阳之为也。气之浊者为质。形体,阴之为也。气曰魂,体曰魄。高诱淮南子注曰:'魂者,阳之神;魄者,阴之神。'所谓神者，以其主乎形气也。<u>李</u>本无"也"字，有"故曰"二字。人所以生，精气聚也。人只有许多气，须有个尽时；尽则魂气归于天、形魄归于地而死矣。人将死时热气上出，所谓魂升也；下体渐冷，所谓魄降也。此所以有生必有死，有始必有终也。夫聚散者，气也。若理，则只泊在气上，初不是凝结自为一物，但人分上所合当然者<u>李</u>无"然者"二字，作"怎地处"。便是理，不可以聚散言也。然人死虽终归于散，然亦未便散尽，故祭祀有感格之理。先祖虽<u>李</u>无"虽"字。世次远者，气之有无不可知。然奉祭祀者既是他子孙，必竟只是一气，所以有感通之理。然已散者不复聚，<u>释氏</u>却谓人死为鬼，鬼复为人，（知）〔如〕此则天地之间常只是许多人来来去去，更不由造化生生，必无是理也。至如<u>伯有</u>为厉，<u>伊川</u>谓别是一般道理。盖其人气未当尽而强死，自是能为厉。<u>李</u>本此下有云："因言有人在<u>淮</u>上早行，见无数人恍恍惚惚，旁午充斥。盖是昔者战场杀死之鬼，彼皆衔冤抱恨，固宜未散。<u>李</u>本又注云："别本'惚惚'下（者）〔有〕'若有若无'四字。"<u>子产</u>为之<u>李</u>本无"之"字，有"伯有"字。立后，使有所归，遂不为厉，亦可谓知鬼神之情状矣。人言古之战场往往有鬼，彼皆强死，衔冤抱恨，固宜未散也。"自"人言"以下至此<u>李</u>本却无。问："<u>伊川</u>言'鬼神造化之迹'，此岂亦造化之迹乎？"曰："若论正理，则树似上忽生出花叶，此便是造化之迹。又如雷霆风雨皆是也，但人所常见，故不之怪。忽闻鬼啸、鬼火之属，则便以为怪。<u>李</u>本曰下云："皆是也。若论正理，则如树上忽然生花，空中忽然有雷电风雨，此乃造化之迹，人所常见，故不之怪，忽闻鬼叫，则以为怪。"不知此亦造化之迹，但不是正理，故为怪异。如<u>家语</u>云：'山之怪曰夔魍魉，水之怪曰龙罔象，土之怪曰羵羊。'皆是气之杂揉乖戾所生，非理之所无也，专<u>李</u>作"以必"。为无则不可。如冬寒夏热，此理之正也。有时忽然夏寒冬热，岂可谓无此理哉！但既非理之常，便谓之怪。<u>孔子</u>所以不语，学者亦未须理会也。"因举以<u>南轩</u>先生不信鬼神而言。"学者"以下八字<u>李</u>作"非学者所当先也"。又按<u>林赐</u>录一条与此微有许略，今并附于下。云："问：'民受天地之中以生，中是气否？'先生曰：'中是理，理便是仁义礼智,曷尝有形象来!凡无形者谓之理,若气则谓之生也。清者是气,浊者是形。气是魂,谓之精;血是魄,谓之质。所谓"精气为物"须是此两个相交感,便能成物。"游魂为变",则所谓气至此已尽。魂升于天,魄降于地。阳者气也,归于天;阴者质也,魄也,降于地,谓之死也。知生则便知死,只是此理。夫子告子路,非(是)〔拒〕之,是先后节次如此也。'因说鬼神造化之迹,且如起风微雨,震雷花生,有始便有终也。又问:'人死则魂魄升降,日渐散(则)〔而〕不复聚矣。然人之祀祖先,却有所谓"来假来享",此理如何?'先生曰:'若是诚心感格,彼之魂气未便尽散,岂不来享?'又问:'且如周以后稷为始祖,以帝喾为所自出之帝,子孙相去未远,尚可感格。至于成康以后千有余年,岂复有未散者而来享之乎?'先生曰:'夫聚散者,气也。若理,则只泊在气上,初不是凝结为一物而为性也,但人分上所合当者便是理。气可聚散,理则不可以聚散言也。人死,气亦未便散得尽,故祭祖先有感格之理。若世次久远,气之有无不可知。然奉祭祀者既是他子孙,必竟只是这一气相传下来,若能极其诚敬,则亦有感通之理。释氏谓人死为鬼,鬼复为人,如此则天地之间只是许多人来来去去,更不由造化,生生都废,却无是理也。'曰:'然则羊叔子识环之事非邪?'先生曰:'史传此等事极多,要之不足信,便有也不是正理。'又问:'世之见鬼神者甚多,不审有无如何?'先生曰:'世间人见鬼神极多,岂可谓无,但非正理耳。如伯有为厉,伊川谓别是一理。盖其人气未当尽而强死,魂魄无所归,自是如此。昔有人在淮上夜行,见无数形象,似人非人,旁午充斥,出没于(雨)〔两〕水之间,久之,累累不绝。此人明知其鬼,不得已,跃跳之,冲之而过足下,却无碍。然亦无他。询之,此地乃昔人战场也。彼皆死于非命,衔冤抱恨,固宜未散。'又问:'"知鬼神之情状",何缘知得?'先生曰:'伯有为厉,子产为之立后,使有所归,遂不为厉,可谓"知鬼神之情状矣"。'又问:'伊川言:"鬼神者,造化之迹。"此岂亦造化之迹乎?'曰:'若论正理,如雷电风雨皆是也,但人常见,故不之怪。忽闻鬼叫则以为怪,不知此亦是造化之迹,但非理之正尔。'又问:'(此之)〔世人〕多为精怪迷惑,如何?'先生曰:'家语曰:"山之怪曰夔魍魉,水之怪曰龙罔象,土之怪曰羵羊。"皆是气之杂揉乖乱所生,专以为无则不可。如冬寒夏热,春荣秋枯,此理之正也。忽冬月间有一朵花,岂可谓无此理,但非正耳,故谓之怪。孔子所以不语,学者未须理会也。'坐间或云:'乡间有李三者,死而为厉,乡曲凡有祭祀佛事,必设此人一分。或设黄箓(天)〔大〕醮,不曾设他一分，斋食尽为所污。后因为人放爆杖，焚其所依之树，自是遂绝。'先生曰：'是他枉死，气未散，被爆杖惊散了。设醮请天地山川神祇，却被小鬼污却，以此见设醮无此理也。'"又曰："先知生方知死，先后之序。"〔明作录云："如起风做雨，震雷闪电，花生花结，非有神而何！自不察耳。才见说鬼事，便以为怪。世间自有个道理如此，不可谓无，特非造化之正耳。此为得阴阳不正之气，不须惊惑。所以夫子不语怪，以其明有此事，特不语耳。南轩说无，便不是。"〕

○ 问程子说"伯有为厉之事别是一理"。曰："非死生之常理也。"人杰。

○ 问："鬼神便是精神魂魄，如何？"曰："然。且就这一身看，自会笑语，有许多聪明知识，这是如何得恁地？虚空之中忽然有风有雨，忽然有雷有电，这是如何得恁地？这都是阴阳相感，都是鬼神。看得到这里，见一身只有个躯壳在这里，内外无非天地阴阳之气，所以夜来说道'天地之塞，吾其体；天地之帅，吾其性'，思量来只是一个道理。"又云："如鱼之在水，外面水便是肚里面水。鳜鱼肚里水与鲤鱼肚里水只一般。"仁父问："魂魄如何是阴阳？"曰："魂如火，魄如水。"贺孙。

○ 问"魄也者，鬼之盛也，鬼便是精之灵"，曰："人生在这里，自是一半是神，一半是鬼。若以对待言，一半是气，一半是精。以屈伸言，则来者为神，去者为鬼。"

○ 因言魂魄鬼神之说。曰："只今生人，便自一半是神，一半是鬼了，但未死以前，则神为主；已死之后，则鬼为主。纵横在这里。以屈伸往来之气言之，则来者为神，去者为鬼；以人身言之，则气为神，而精为鬼。然其屈伸往来也各以渐。"云云。僩。〔饶录云："若以对待言，一

半是气，一半是精。"〕

○　先儒言："口鼻之嘘吸为魂，耳目之聪明为魄。"也只说将大概，(都)〔却〕更有个母子，这便是坎离水火。暖气便是魂，冷气便是魄。魂便是气之神，魄便是精之神。会思量计度底便是魂，会记当去底便是魄。又曰："见于目而明、耳而聪者，是魄之用。老氏云'载营魄'，营是晶荧之义，魄是一个晶光坚凝物事。释氏之地水火风，其说云，人之死也，风火先散，则不能为祟。盖魂先散而魄尚存，只是消磨未尽，少间自塌了。若地水先散而风火尚迟，则能为祟，盖魂气犹存尔。"又曰："无魂则魄不能以自存。今人多思虑役役，魂都与魄相离了。老氏便只要守得相合，所谓'致虚极，守静笃'，全然守在这里，不得动。"又曰："专气致柔，不是'守'字，却是'专'字。便只是专在此，全不放出，气便细。若放些子出便粗了。"

○　又曰："魂散则魄便自沉了，今人说虎死则眼光入地便是如此。"

○　苌弘死三年而(魂)化为碧。此所谓魄也，如虎威之类。弘以忠死，故其气凝结如此。广。

○　死而气散、泯然无迹者是其常，道理恁地。有托生者，是偶然聚得气不散，又怎生去凑着那生气，便再生，然非其常也。伊川云："左传伯有之为厉，又别是一理。"〔非死生之常理也。人杰录略。〕

○　"鬼神凭依言语，乃是依凭人之精神以发"。问："伊川记金山事如何？"曰："此乃婢子想出。"曰："今人家多有怪者。"曰："此乃魑魅魍魉之为。建州有一士人，行遇一人，只有一脚，问某人家安在。与之同行，见一脚者入某人家。数日，其家果死一子。"可学。

○ 郑说："有人寤寐间见鬼通刺甚验者。"先生曰："如此，则是不有不无底纸笔。"淳。

○ 论及巫人治鬼，而鬼亦效巫人所为以敌之者。先生曰："后世人心奸诈之甚，感得奸诈之气，做得鬼也奸巧。"淳。按黄义刚录同。

○ 厚之问："人死为禽兽，恐无此理。然亲见永春人家有子，耳上有猪毛及猪皮，如何？"曰："此不足怪。向见籍溪（借）〔供〕事一兵，胸前有猪毛，睡时作猪鸣。此只是禀得猪气。"可学。

○ 林一之问："万物皆有鬼神，何故只于祭祀言之？"曰："以人具是理，故于人言。"又问："体物何以引'干事'？"曰："体干是主宰。"〔按，"体物"是与物为体，"干事"是与事为干，皆倒文。〕可学。以下并祭祀祖考。

○ 问："性即是理，不可以聚散言。聚而生、散而死者，气而已。所谓精神魂魄，有知有觉者，气也。故聚则有，散则无。若理则亘古今常存，不复有聚散消长也。"曰："只是这个天地阴阳之气，人与万物皆得之。气聚则为人，散则为鬼。然其气虽已散，这个天地阴阳之理生生而不穷。祖考之精神魂魄虽已散，而子孙之精神魂魄自有些小相属，故祭祀之礼尽其诚敬，便可以致得祖考之魂魄。这个自是难说，看既散后一似都无了。能尽其诚敬便有感格，亦缘是理常只在这里也。"贺孙。

○ 问："子孙祭祀尽其诚意以聚祖考精神，不知是合他魂魄？只是感格其魂气？"曰："焫萧祭脂所以报气，灌用郁鬯所以招魂，便是合他，所谓'合鬼与神，教之至也'。"又问曰："不知常常恁地？只是祭祀时恁地？"曰："但有子孙之气在则他便在，然不是祭祀时如何得他聚！"

○ "'至之谓神，以其伸也；反之谓鬼，以其归也。'人死便是归，'祖考来格'便是伸。"死时便都散了。〔僩。〕

○ 祭祀之感格，或求之阴，或求之阳，各从其类，来则俱来。然非有一物积于空虚之中，以待子孙之求也，但主祭祀者既是他一气之流转，则尽其诚敬感格之时，此气固寓此也。僩。

○ 汪德辅问曰："'祖考精神便是自家精神'，故斋戒祭祀，则祖考专来格。若祭旁亲及子，亦是一气，犹可推也。至于祭妻及外亲，则其精神非亲之精神矣，岂于此但以心感之而不以气乎？"先生曰："但所祭者，其精神魂魄无不感通，盖本从一源中流出，初无间隔，虽天地山川鬼神亦然也。"处谦。

○ 人死，虽是魂魄各自飞散，要之魄又较定。须是招魂来复这魄，要他相合。复，不独是要他活，是要聚他魂魄，不教便散了。圣人教人子孙常常祭祀，也是要去聚得他。

○ 蔡行夫问事鬼神。先生曰："古人交神明之道，无些子不相接处。古人立尸，便是接鬼神之意。"时举。

○ 或问鬼神说。先生曰："且类聚前辈说鬼神处看，要须自理会得。且如祭天地祖考，直是求之溟漠。然祖考却去人未久，求之似易。"先生又笑曰："如此说，又是作怪了也。"祖道。

○ 胡叔器问："上蔡说鬼神云'道有便有，道无便无'，初看此二句与'有其诚则有其神，无其诚则无其神'一般，而先生前夜言上蔡之语未稳，如何？"先生曰："'有其诚则有其神，无其诚则无其神'，便是合有底，我若诚则有之，不诚则无。这'道有便有，道无便无'，便是合有底当有，合无底当无。上蔡而今都说得粗了，这合当道：合有底，从而有之，则有；那合无底，自是无了，便从而无之。今却只说'道有便有，道无便无'，则不可。"义刚。

○ 鬼神，上蔡说得好。只觉得"阴阳交而有神"之说，与后"神"字有些不同。只是他大纲说得极好，如曰："可者使人格之，不使人致死之。"可者是合当祭，如祖宗父母，这须着尽诚感格之，不要人便做死人看待他。"不可者使人远之，不使人致生之。"不可者是不当祭，如闲神野鬼，圣人便要人远之，不要人做生人看待他。可者格之，须要得他来；不可者远之，我不管他，便都无事了。"精气为物，游魂为变。"天地阴阳之气交合便成人物，到得魂气归于天，体魄降于地，是为鬼，便是变了。说魂则魄可见。贺孙。

○ 问："鬼神恐有两样：天地之间二气氤氲，无非鬼神，祭祀交感，是以有感；有人死为鬼，祭祀交感，是又感无。"先生曰："是。所以道天神人鬼，神便是气之伸，此是常在底；鬼便是气之屈，便是已散了底。然以精神去合他，又合得在。"问："不交感时常在否？"曰："若不感而常有，则是馁鬼矣。"又曰："先辈说魂魄多不同。左传说魄先魂而有，看来也是。以赋形之初言之，必是先有此体象，方有阳气来附他。"

○ 问："圣人凡言鬼神，皆只是以理之屈伸者言也。鬼者屈也，神者伸也，屈者往也，伸者来也，屈伸往来之谓也。至言鬼神祸福吉凶等事，此亦只是以理言。盖人与鬼神天地同此一理，而理则无有不善。人能顺理则吉，逆理则凶，其于祸福亦然。此岂谓天地鬼神一一下降于人哉？且如书称'天道福善祸淫'，易言'鬼神害盈而福谦'，亦只是这个意思。盖盈者，逆理者也，自当得害；谦者，顺理者也，自应获福。自是道理合如此，安有所谓鬼神降之哉？某常读礼记祭义：'宰我曰："吾闻鬼神之名，不知其所谓。"孔子曰："神也者，气之盛也；鬼也者，魄之盛也。"'又曰：'众生必死，死必归土，是之谓魄。骨肉毙于下，阴为野土。其气扬于上，为昭明、焄蒿、凄怆，百物之精，神之著也。'魄既归土，此则不问。其曰气，曰精，曰昭明，又似有物矣。既只是理，则安得有所谓气与昭明？又似有物矣。及观礼运祭祀则曰：'以嘉魂魄，是谓合莫。'注谓：'莫，无也。'又曰：'上通无莫。'此说又似与祭义不合。何也？"答曰："如子所论，是无鬼神也。鬼神固是以理言，然亦不可谓无气。所以先王祭祀，或以燔燎，或以郁鬯。以其有气，故以类求之尔。至如祸福吉凶之事，则子言是也。"谟。

○　周因问："何故天曰神，地曰祇，人曰鬼？"先生曰："此又别。气之清明者为神，如日月星辰之类是也，此变化不可测。'祇'本'示'字，以有迹之可示，山河草木是也，比天象又差著。至人，则死为鬼矣。"又问："既曰往为鬼，何故谓'祖考来格'？"先生曰："此以感而言。所谓来格，亦略有些神底意思。以我之精神感彼之精神，盖谓此也。祭祀之礼全是如此。且'天子祭天地，诸侯祭山川，大夫祭五祀'，皆是自家精神抵当得他过，方能感召得他来。如诸侯祭天地、大夫祭山川，便没意思了。"雉。

○　陈厚之问："鬼神中有谓祖宗是天地间一个统气，因子孙祭（淳）〔享〕而聚散？"先生曰："他这说便是上蔡所谓道'要有时便有，若要无时便无'，是皆由乎人矣。鬼神是（个）〔本〕有个物事。祖宗亦只是同此一气，但有个总脑处。子孙这身在，祖宗之气便在此。他是有个血脉_{陈本无此二字}贯通，所以'神不歆非类，民不祀非族'，只为这气不相关。如'天子祭天地，诸侯祭山川，大夫祭五祀'，虽不是我祖宗，然天子者天下之主，诸侯者山川之主，大夫者五祀之主。我主得他，便是他气又总绕在我身上，如此自"我主"止，_{陈本皆无。}便有个相关处。"义刚。按陈淳录同而略。

〇　问："人之死也，不知魂魄便散否？"曰："固是散。"又问："子孙之祀祭，却有感格者，如何？"曰："毕竟子孙是祖先之气。他气虽散，他根却在这里；尽其诚敬，则亦能呼召得他气聚在此。如（小）〔水〕波样，后水非前水，后波非前波，然却通只是一（小）〔水〕波。子孙之气与祖考之气亦是如此。他那个当下自散了，然他根却在这里。根既在此，又却能引聚得他那气在此。此事难说，只要人自看得。"儞问："下（底）〔武〕诗'三后在天'，先生解云'在天，言其既没而其精神上合于天'，此是如何？"曰："便是又有此理。"用之云："恐只是此理上合于天耳。"曰："既有此理，便有此气。"或曰："想是圣人禀得清明纯粹之气，故其死也，其气上合于天。"曰："也是如此。这事又微妙难说，要人自看得。世间道理有正当易见者，又有变化无常不可窥测者，如此方看得这个道理活。又如云：'文王陟降，在帝左右。'如今若说文王真个在上帝之左右，真个有个上帝如世间所塑之像，固不可。然圣人如此说，便是有此理。如周公金縢中'乃立坛墠'一节，分明是对鬼。'若尔三王有丕子之责于天，以旦代某之身'此一段，先儒都解错了，只有晁以道说得好。他解'丕子之责'如史传中'责其侍子'之'责'。盖云上帝责三王之侍子。侍子，指武王也。上帝责其来服事左右，故周公乞代其死，云：'以旦代某之身。予仁若考，能多才多艺，能事鬼神。乃玄孙不若旦多材多艺，不能事鬼神，用能定尔子孙于下地，四方之民罔不祗畏。'言三王若有侍子之责于天，则不如以我代之。

我多才多艺，能事上帝。武王不若我多才多艺，不能事鬼神，不如且留他在世上，定你之子孙与四方之民。文意如此。伊川却疑周公不应自说多才多艺，不是如此，他止是要代武王之死尔。"用之问："先生答廖子晦书云：'气之已散者，既化而无有矣，而根于理而日生者，则固浩然而无穷也。故上蔡谓"我之精神，即祖考之精神"，盖谓此也。'"问："根于理而日生者浩然而无穷，此是说天地气化之气否？"曰："此气只一般。周礼所谓'天神、地示、人鬼'，虽有三样，其实只一般。若说有子孙底引得他气来，则不成无子孙他气便绝无了！他血气虽不流传，他那个亦自浩然日生无穷。如礼书，诸侯因国之祭，祭其国之无主后者。如齐太公封于齐，便用祭甚爽鸠氏、季萴、逄伯陵、蒲姑氏之属。盖他先主此国来，礼合祭他。然圣人制礼，惟继其国者则合祭之，非在其国者，便不当祭。便是理合如此。道理合如此，便有此气。如（晋侯）〔卫成公〕梦康叔云'相夺予飨'，盖（晋）〔卫〕后都帝丘，夏后相亦都帝丘，则都其国，自合当祭。不祭者，宜其如此。又如晋侯梦黄熊入寝门，以为鲧之神，亦是此类。不成说有子孙底方有感格之理！便使其无子孙，其气亦未尝亡也。如今祭勾芒，他更是远。然既合当祭他，便有些〔池作"此"。〕气。要之，通天地人只是这一气，所以说：'洋洋然如在其上，如在其左右！'虚空偪塞无非此理，自要人看得活，难以言晓也。所以明道答人鬼神之问云："要与贤说无，何故圣人却说有？要与贤说有，贤又来问某讨说。'只说到这里，要人自看得。孔子曰：'未能事人，焉能事鬼！'而今且去理会紧要道理，少间看得道理通时自然晓得。上蔡所说已是煞分晓。"㽦。

○　问："祭天地山川而用牲币酒醴者，只是表吾心之诚耶？抑真有气来格也？"曰："若道无，抑来享时自家祭甚底？肃然在上，令人奉承敬畏是甚物？若道真有云车拥定而来，又妄诞。"淳。按此以下并说祭祀神示。

○　淳问：“鬼神以祭祀而言。天地山川之（厉）〔属〕，分明是一气流通，而兼以理言之。人之先祖则大概以理为主，而亦兼以气魄言之。若上古圣贤，则只是专以理言之否？”曰：“有是理必有是气，不可分说，都是理，都是气，那个不是理？那个不是气？”淳问：“上古圣贤所谓气者，只是天地间公共之气。若祖考精神否？”曰：“祖考亦只是此公共之气。此身在天地间，便是理与气凝聚底。天子统摄天地，负荷天地间事，与天地相关，此心便与天地相通。不可道他是虚气，与我不相干。如诸侯不当祭天地，与天地不相关，便不能以相通。圣贤道在万世，功在万世。今行圣贤之道，传圣贤之心，便是负荷这物事，此气便与他相通。如释奠列许多笾豆，设许多礼仪，不是无此姑谩为之耳！人家子孙负荷祖宗许多基业，此心便与祖考之心相通。祭义所谓‘春禘秋尝’者，亦以春阳来则神亦来，秋阳退则神亦退，故于是时而设祭耳。初间圣人亦只是略为礼以达吾之诚意，后来遂加详密。”淳。

○　又问：“‘昭明、焄蒿、凄怆’之义如何？”曰：“此言鬼神之气所以感触人者。昭明乃光景之属；焄蒿，气之感触人者；凄怆，如汉书所谓‘神君至，其风飒然’之意。”广问：“或问中取郑氏说云：‘口鼻之嘘吸者为魂，耳目之精明者为魄。’先生谓：‘此盖指血气之类言之。口鼻之嘘吸是以气言之，耳目之精明是以血言之。’目之精明以血言，可也。耳之精明何故亦以血言？”曰：“医家以耳属肾，精血盛则听聪，精血耗则耳聩矣。气为魂，血为魄，故‘骨肉归于地，阴为野土’，‘若夫魂气则无不之也’。”广云：“是以易中说‘游魂为变’。”曰：“易中又却只说一边。‘精气为物’，精气聚则成物也，精气散则气为魂、精为魄。魂升为神，魄降为鬼。易只说那升者。”广云：“如徂落之义，则是兼言之。”曰：“然。”广云：“今愚民于村落杜撰立一神祠，合聚以祈祷之，其神便灵，诚有此理？”曰：“可知众心之所辐凑处便自旺，故便有一个虚底道理。所以祭神多用血肉者，盖要得借他之生气耳。闻蜀中灌口庙一年尝杀数万头羊，州府亦赖此一项税羊钱用。又如古人衅钟、衅龟之意，皆是如此。"广云："人心聚处便有神，故古人'郊则天神格，庙则人鬼享'，亦是此理。"曰："固是。但古人之意正，故其神亦正；后世人心先不正了，故所感无由得正。"因言："古人祭山川，只是设坛位以祭之。祭时便有，祭了便无，故不亵渎。后世却先立个庙貌如此，所以反致惑乱人心，幸求非望，无所不至。"因泛言今日淫祠之非礼，与释氏之所以能服鬼神之类。曰："人心苟正，表里洞达，无纤毫私意，可以对越上帝，则鬼神焉得不服？故曰：'思虑未起，鬼神莫知。'又曰：'一心定而鬼神服。'"广。

○ 说鬼神，举明道先生有无之说，因断之曰："有。若是无时，古人不如是求。'七日戒，三日斋'，或'求诸阳'，或'求诸阴'，须是见得有。如天子祭天地，定是有个天、有个地；诸侯祭境内名山、大川，定是有个名山、大川；大夫祭五祀，定是有个门、行、户、灶、中霤。今庙宇有灵底，亦是山川之气会聚处。久之，被人掘凿损坏，于是不复有灵，亦是这些气子过了。"贺孙。

○ 问："鬼者，阴之灵；神者，阳之灵。司命、中霤、灶与门、行，人之所用者。有动有静，有作有止，故亦有阴阳鬼神之理，古人所以祀之。然否？"先生曰："有此物便有此鬼神，盖莫非阴阳之所为也。五祀之神若细分之，则户、灶属阳，门、行属阴，中霤兼统阴阳。就一事之中又自有阴阳也。"处谦。

○ 或言鬼神之异。先生曰："世间亦有此等事，无足怪。"叶味道举似前日"魂气归天，体魄降地；人之出入气即魂也，魄即精之鬼，故气曰阳，魄曰阴，人之死则气散于空中"之说，问曰："人死气散是无踪影，亦无鬼神。今人祭祀，从何而求之？"先生曰："如子祭祖先，以气类而求。以我之气感召，便是父祖之气，故想〔饶本作"祭"。〕之如在，此感通之理也。"味道又问："子之于祖先，故是如此，若是祭其他鬼神，则如之何？有来享之意否？"先生曰："子之于祖先固有显然不易之理，若祭其他，亦祭其所当祭。'祭如在，祭神如神在。'如天子则祭天，是其当祭，亦其气类，乌得而不来歆乎！诸侯祭社稷，故今祭社亦是从气类而祭，乌得而不来歆乎！今祭孔子必于学，其气类亦可想。"长孺因说，祭孔子不当以塑像，只当用木主。先生曰："向日南康白鹿洞欲塑孔子像于殿祭之。某谓不必，但置一空殿，临时设席祭之。不然，只塑孔子坐于地下，则可用笾、豆、簋、簠。今塑像高高在上，而设器皿于地，甚无义理。"愚。

○ 又曰："（个）〔商〕人求诸阳，故尚声；周人求诸阴，故尚臭，灌用郁鬯。然周人亦求诸阳，如大司乐言'圜钟为宫，则天神可得而礼'。可见古人察得义理精微，用得乐，便（是）〔与〕他相感格。〔夔孙录云："大抵天人无间。如云'圣人之道，洋洋乎发育万物，峻极于天'。圣人能全体得，所以以参天地、赞化育。只是有此理。以粗底言，如荀子"云云。〕此乃降神之乐。如舞云门乃是献神之乐。荀子谓'伯牙鼓琴而六马仰秣，瓠巴鼓瑟而流鱼出听'。粗者亦有此理。又如虞美人草，闻人歌虞美人词与吴词则自动。〔夔孙录云："闻唱虞美人词则自拍。亦不特是虞美人词，凡吴调者皆然。以手近之，亦能如此。"〕草木亦如此。"又曰："今有人新立底神庙，缘众人心邪向他，他便盛。如狄仁杰废了许多庙，亦不能为害，只缘他见得无这物事了。上蔡云：'可者欲人致生之，故其鬼神；不可者欲人致死之，故其鬼不神。'"先生每见人说世俗神庙可怪事，必问其处形势如何。〔赐。夔孙少异。〕

○ 或问："世有庙食之神，绵历数百年，又何理也？"先生曰："浸久亦能散。昔守南康，缘久旱，不免遍祷于神。忽到一庙，但有三间弊屋，狼藉之甚。彼人言，三五十年前其灵如响，因有人来，而帷中有神与之言者。昔之灵如彼，今之灵如此，亦自可见。"处谦。

○ "焄蒿是鬼神精气交感处，注家一处说升腾。凄怆则汉武郊祀所谓'其风肃然'。"或问："今人聚数百人去祭庙，必有些影响，是如何？"曰："众心辐凑处，这些便热。"又问："'郊焉而天神假，庙焉而人鬼享'，如何？"曰："古时祭祀都是正，无许多邪诞。古人只临时为坛以祭，此心发处，则彼以气感，才了便散。今人不合做许多神像，只兀兀在这里坐，又有许多夫妻子母之属。如今神道必有一名，或谓之'张太保'，或谓之'李太保'，甚可笑！"自修。〔贺孙同。〕

○ 风俗尚鬼，如新安等处，朝夕如在鬼窟。某一番归乡里，其地有所谓五通庙，最灵怪。众人捧拥，谓祸福立见。居民才出门，便带纸片入庙，祈祝而后行。士人之过者，必以名纸称"门生某人谒庙"。某初还，被宗人煎迫令去，不往。是夜会族人，往官司打酒，有灰，乍饮，遂动脏腑终夜。次日，又偶有一蛇在阶旁。众人哄然，以为不谒庙之故。某告以"脏腑是食物不着，关他甚事！莫枉了五通"。中有某人是向学之人，亦来劝往，云："亦是从众。"某告以"从众何为？不意公亦有此语！某幸归此，去祖墓甚近。若能为祸福，请即葬某于祖墓之旁，甚便"。又云："人做州郡须去淫祠，若系敕额者，则未可轻去。"贺孙。

○ 论鬼神之事，谓："蜀中灌口二郎庙，当初是李冰因开离堆有功，立庙。今来现许多灵怪，乃是他第二儿子出来。初间封为王，后来（真）〔徽〕宗好道，谓他是甚么真君，遂改封为真君。向张魏公用兵祷于其庙，云夜梦神语云：'我向来封为王，有血食之奉，故威福用得行。今号为"真君"，虽尊，凡祭我以素食，无血食之养，故无威福之灵。

今须复我封为王，当有威灵。'魏公遂乞复其封。不知魏公是有此梦，还复一时用兵托为此说。今逐年人户赛祭，数万来头羊，庙前积骨如山，州府亦得此一项税钱。利路则有梓潼神，极灵。今二个神似乎割据了两川。大抵鬼神用生物祭者，皆是假此生气为灵。古人衅钟、衅龟，皆此意。"汉卿云："季通说：'有人射虎，见虎后数人随着，乃是为虎伤死之人，生气未散，故结成此形。'"先生曰："仰山庙极壮大，亦是占得山川之秀。仰山寺在庙后，却幽静。庙基在山边。此山亦小，但是来远。到此溪边上，外面群山皆来朝。寺基亦好，大抵僧家寺基多是好处。往往佛法入中国，他们自会寻讨。今深山穷谷好处只得做僧寺，若人家居必不可。"因言："僧家虚诞。向过雪峰，见一老云：'法堂上一木球，才施主来做功德便会热。'某向他道：'和尚得恁不脱洒，只要恋着这木球要热做甚！'"因言："路当可向年十岁，道人授以符印，父兄知之，取而焚之。后来又自有。"汉卿云："后来也疏脱。"先生曰："人只了得每日与鬼做头底，是何如此？无心得则鬼神服。若是此心洞然，无些子私累，鬼神如何不服！"贺孙。按陈淳录同而略。

○　论及请紫姑神吟诗之事。先生曰："亦有请得正身出见，而其家小女子见者，不知此是何物。且如衢州有一个人事一个神，只陈本自"不知"以下无，但云"亦有人"。录所问事目于纸，而封之祠前。少间开封，而纸中自有答语者。这个陈本无此二字。不知是如何。"义刚。按此条与陈淳录同而略。

○　问："道理有正则有邪，有是则有非。鬼神之事亦然。世间有不正之鬼神，谓其无此理则不可。"先生曰："老子谓'以道莅天下者，其鬼不神'。若是王道修明，则此等不正之气都消铄了。"人杰。〔方录云："老子云：'以道治世，则其鬼不神。'此有理。行正当事人，自不作怪。弃常则妖兴。"〕

朱子语类卷第四

性理一

人物之性气禀之性

○ 黄敬之有书，先生示人杰。人杰云："其说名义处，或中或否。盖彼未有实功，说得不济事。"先生曰："也须要理会。若实下工夫，亦须先理会名义，都要着落。彼谓'易者心之妙用，太极者性之本体'，其说有病。如伊川所谓'其体则谓之易，其理则谓之道，其用则谓之神'，方说得的当。然伊川所谓'体'字，与'实'字相似，乃是该体、用而言。如阴阳动静之类，毕竟是阴为体，阳为用，静而动，动而静，是所以为易之体也。"人杰云："向见先生云，体是形体，却是着形气说，不如说该体、用者为备耳。"先生曰："若作形气说，然却只说得一边。惟说作该体、用乃为全备，却统得下面'其理则谓之道，其用则谓之神'两句。"人杰。

○ 这几个字，自古圣贤上下数千年，呼唤得都一般。必竟是圣学传授不断，故能如此。至春秋时，此个道理其传犹未泯。如刘定公论人受天地之中以生，郑子产论伯有为厉事，其穷理煞精。广。

○ 只这数个字，自古圣贤呼唤得一般，是道学传授之本。

○ 天之生物也，一物与一无妄。<u>大雅</u>。

○ 天下无无性之物。盖有此物则有此性，无此物则无此性。<u>若海</u>。

○ 或问："人物之性一源，何以有异？"曰："人之性论明暗，物之性只是偏塞。暗者可使之明，已偏塞者不可使之通也。横渠言，凡物莫不有是性，由通蔽开塞，所以有人物之别。而卒谓塞者牢不可开，厚者可以开而开之也难，薄者开之也易是也。"又问："人之习为不善，其溺已深者，终不可复反矣。"曰："势极重者不可反，亦在乎识之浅深与其用力之多寡耳。"<u>大雅</u>。

○ 人物之生，天赋之以此理，未尝不同，但人物之禀受自有异耳。如一江水，你将杓去取，只得一杓；将碗去取，只得一碗；至于一桶、一缸，各自随器量不同，故理亦随以异。<u>佃</u>。

○ 物物运动蠢然，若与人无异，而人之仁义礼智之粹然者，物则无也。〔当时所记，改"人之"之字为性字，姑两存之。〕<u>芝</u>。

○ 问："性具仁义礼智？"曰："此犹是说'成之者性'。上面更有'一阴一阳……继之者善'。只一阴一阳之道，未知做人做物，已具是四者。虽寻常昆虫之类皆有之，只偏而不全，浊气间隔。"<u>德明</u>。

○ 问："五行均得太极否？"曰："均。"问："人具五行，物只得一行？"曰："物亦具有五行，只是得五行之偏者耳。"<u>可学</u>。

○ 先生答黄商伯书有云："论万物之一原，则理同而气异；观万物之异体，则气（得）〔犹〕相近，而理绝不同。"问："'理同而气异'，此一句是说方付与万物之初，以其天命流行，只是一般，故理同；以其二五之气有清浊纯驳，故气异。下句是就万物已得之后说，以其虽有清浊之不同，而同此二五之气，故气相近；以其昏明开塞之甚远，故理绝不同。中庸是论其方付之初，集注是看其已得之后。"曰："气相近，如知寒暖，识饥饱，好生恶死，趋利避害，人与物都一般。理不同，如蜂蚁之君臣，只是他义上有一点子明；虎狼之父子，只是他仁上有一点子明；其他更推不去。恰似镜子，其他处（郁时）〔都暗〕了，中间只有一两点子光。大凡物事禀得一边重，便占了其他底。如慈爱底人少断制，断制之人多残忍。盖仁多便遮了义，义多便遮了那仁。"问："所以妇人临事多怕，亦是气偏了?"曰："妇人之仁，只流从爱上去。"僩。

○　问："人物皆禀天地之理以为性，皆受天地之气以为形。若人品之不同，固是气有昏明厚薄之异。若在物言之，不知是所禀之理便有不全耶？亦是缘气禀之昏蔽故如此耶?"曰："惟其所受之气只有许多，故其理亦只有许多。如犬马，他这形气如此，故只会得如此事。"又问："物物具一太极，则是理无不全也。"曰："谓之全亦可，谓之偏亦可。以理言之则无不全，以气言之则不能无偏。故吕与叔谓物之性有近人之性者，如猫相乳之类。温公集中载他家一猫，又更差异也。人之性有近物之性者。如世上昏愚之人也。"广。

○　性如日光，人物所受之不同，如隙窍之受光有大小也。

○　人物被形质局定了，也是难得开广。如蝼蚁如此小，他便只知得君臣之分而已。僩。

○　问："气质有昏浊不同，则天命之性有偏全否?"曰："非有偏全。谓如日月之光，若在露地则尽见之，若在蔀屋之下有所蔽（寒）

〔塞〕，有见有不见。昏浊者是气昏浊了，故自蔽（寒）〔塞〕，如在蔀屋
之下。然在人则蔽（寒）〔塞〕有可通之理；至于禽兽亦是此性，只被
他形体所拘，生得蔽隔之甚，无可通处。至于虎狼之仁、豺獭之祭、蜂
蚁之义，却只通这些子，譬如一隙之光。至于猕猴，形状类人，便最灵
于他物，只不会说话而已。到得夷狄，便在人与禽兽之间，所以终难
改。"鲎。

○ 敬之问"人之所以异于禽兽者几希"。答曰："人与万物都一般
者，理也；所以不同者，心也。人心虚灵，包得许多道理过，无有不
通，虽间有气禀昏底，亦可克治使得明。万物之心，便包许多道理不
过，虽其间有禀得气稍正者，亦止有一两路明。如禽兽中有父子相爱、
雌雄有别之类，只有一两路明，其他道理便都不通，便推不去。人之心
便虚明，便推得去。就大本论之，其理则一，才禀于气，便有不同。"
贺孙问："'几希'二字，不是说善恶之间，乃是指这些好底说，故下云
'庶民去之，君子存之'。"曰："人之所以异于禽兽者，只这些子。"贺
孙。〔时举录云："人物之所同者，理也；所不同者，心也。人心虚灵，无所不明；
禽兽便昏了，只有一两路子明。人之虚灵皆推得去，禽兽便推不去。人若以私欲蔽
了这个虚灵，便是禽兽。人与禽兽只争这些子，所以谓之'几希'。"〕

○ 虎之遇药箭而死也直去不回。虎是刚劲之物，便死得也公
正。侗。

○ 有飞蚁争集于烛而死。指而示诸生曰："此飞而亡者，便是属
阴，便是'成之者性'。庄子谓：'一受其形，不亡以待尽。'"道夫。

○ 问："人与物以气禀之偏全而不同，不知草木如何？"曰："草
木之气（文）〔又〕别，他都无知了。"广。

○ 一草一木，皆天地和平之气。<u>人杰</u>。

○ "天下之物，至微至细者，亦皆有心，只是有无知觉处尔。且如一草一木，向阳处便生，向阴处便（惟）〔憔〕悴，他有个好恶在里。至大而天地，生出许多万物，运转流通，不停一息，四时昼夜，恰似有个物事积踏恁地去。天地自有个无心之心。<u>复卦</u>一阳生于下，这便是生物之心。又如所谓'惟皇上帝降衷于下民'，'天道福善祸淫'，这便自分明有个人在里主宰相似。心是他本领，情是他个意思。"又问："如何见天地之情？"曰："人正大，便也见得天地之情正大。天地只是正大，未尝有些子邪处，未尝有些子小处。"又曰："且如今言药性热，药何尝有性，只是他所（主）〔生〕恁地。"<u>道夫</u>。

○ <u>徐子融</u>名<u>昭然</u>，<u>铅山</u>人，以书问先生云："枯槁之中，有性有气，故附子热，大黄寒，<u>子融</u>谓此性是气质之性？"<u>陈才卿</u>亦<u>铅山</u>人，谓即是本然之性。曰："<u>子融</u>认知觉为性，故以此为气质之性。性即是理。有性即有气，是他禀得许多气，故亦只有许多理。"<u>才卿</u>谓有性无仁。曰："此说亦是，是他元不曾禀得此道理，惟人则得其全。如动物，则又近人之性矣。故<u>吕氏</u>云：'物有近人之性，人有近物之性。'盖人亦有昏愚之甚者。然动物虽有知觉，才死，则其形骸便腐坏；植物虽无知觉，然其质却坚久难坏。"<u>广</u>。

○ 问："枯槁之物亦有性是如何？"曰："（性）是他合下有此理，故云天下无性外之物。"因行街，云："阶砖便有砖之理。"因坐，云："竹倚便有竹倚之理。枯槁之物谓之无生意则可，谓之无生理则不可。如朽木无所用，止可付之爨灶，是无生意矣。然烧甚么木，则是甚么气，亦各不同。这是理元如此。"<u>贺孙</u>。

○ 问："物有夏秋间生者。"曰："生得较迟，他又自有个小四时。"方子。

○ 问："动物有知，植物无知，何也？"曰："动物有血气，故能知。植物虽不可言知，然一般生意亦可默见。若戕贼之，便枯悴不复悦怿，亦似有知者。尝观一般花树，朝日照曜之时，欣欣向荣，有这生意，皮包不住，自迸出来；若枯戕老叶，便觉憔悴，盖气行已过也。"问："此处见得仁意否？"云："只看戕贼之便雕悴，亦是义底意思。"因举邵康节云，"植物向下，头向下。'本乎地者亲下'，故浊；动物向上，人头向上。'本乎天者亲上'，故清。猕猴之类能如人立，故特灵怪，如鸟兽头多横生，故有知、无知相半。"德明。〔铢录云："'本乎天者亲上'，凡动物首向上，是亲乎上，人类是也。'本乎地者亲下'，凡植物本向下，是亲乎下，草木是也。禽兽首多横，所以无智。此康节说。"〕

○ （纪叟）〔纯叟〕言："枇杷具四时之气：秋结菩蕾，冬花，春实，夏熟。才熟后，又结菩蕾。"先生顾谓余曰："如此看去。""去"字疑是"生"字。恐只是"去"字。"去"字绝句，意谓生理循环也。德明。

○ 冬间花难谢。如水仙，至脆弱，亦耐久。如梅花、蜡梅皆然。至春花则易谢。若夏间花则尤甚矣。如葵、榴、荷花，只开得一日。必竟冬时其气贞固，故难谢谢。若春夏间（不）〔才〕发便发尽了，故不能久。又云："大凡花头大者易谢，果实亦然。如梨树，极易得衰，将死时须猛结一年实了死，此亦是气将脱也。"广。

○ 节问："〔曾〕见答（李）〔余〕方叔书，以为枯槁有理。不知枯槁瓦砾，如何有理？"答曰："且如大黄附子亦是枯槁，然大黄不可为附子，附子不可为大黄。"节。

○ 节问:"枯槁有理否?"曰:"才有物便有理。天不曾生个笔,人把兔毫来做笔,才有笔便有理。"节又问:"笔上如何分仁义?"曰:"小小底,不消恁仁义。"节。

○ 问:"理是人物同得于天者,如物之无情者亦有理否?"曰:"固是有理,如舟只可行之于水,车只可行之于陆。"祖道。

○ 问:"命之不齐,恐不是真有为之赋予如此。只是二气五行经纬错综,来得参差,而人之受之,随其所值,用各不齐。然其所以然,亦非人力所与,故亦谓之天所命,不审是否?"曰:"只是从大原中流出来,模样若恁地,不是真有为之赋予者。那里得个闲人在上面分付这个。诗书所说,便似有个人在上恁地,如'帝乃震怒'之类。然这个亦只是理如此。天下莫尊于理,故以帝名之。'惟皇上帝降衷于下民',降,便有主宰意。"淳。

○ 问:"'大哉乾元! 万物资始。乾道变化,各正性命。'万物盈乎两间,生生不穷,日往则月来,寒往则暑来,风雷之所以鼓动,山川之所以流峙,皆是苍苍在上者实有以主其造化之权如此邪? 抑只是太极为万化枢纽,万物自然如此?"曰:"此与前只一意。"淳。

○ 陈淳问:"'命'字有专以理言者,有专以气言者。"曰:"也都相离不得。盖天非气,无以命于人;人非气,无以受天所命。"道夫。

○ 语厚之:"昨晚说'造化为性',不是。造化已是形而下,所以造化(则)〔之〕理是形而上。"蜚卿问:"'纯亦不已',是理是气?"曰:"是理。'天命之谓性'亦是理。天命,如君之命令;性,如受职于君;气,如有能守职者,有不能守职者。"其问:"'天命之谓性',只是主理言。才说命，则气亦在其间矣。非气，则何以为人物？理何所受？"曰："极是，极是。子思且就总会处言，此处最好看。"可学。

○　因看蓥等说性，曰："论性，要须先识得个'性'是个甚么样物事。〔必大录此下云："性毕竟无形影，只是心中所有底道理是也。"〕程氏'性即理也'，此说最好。今且以'理'言之，毕竟却无形影，只道是一个道理。在人却有之，便做得详多事出来。譬如论药性，性寒、性热之类，药上亦无讨处。只是服了后，却做得冷做得热。性便只是仁义礼智。孟氏说'仁义礼智根于心'，如曰'恻隐之心'，便是心上说情。"又曰："邵尧夫说：'性者，道之形体；心者，性之郛郭。'此说甚好。盖道无形体，只性便是道之形体。然若无个心，却将性在甚处。须是有个心，便收拾得这性，发用出来。盖仁义礼智，便是实理。吾儒以性为实，释氏以性为空。若是指性来做心说则不可。今人往往以心来说性，须是先识得方可说。〔必大录云："若指有知觉者为性，只是说得'心'字。"〕如有天命之性便有气质，〔若以天命之性为根于心，则气质之性又安顿在何处。〕谓如'人心惟危，道心惟微'，都是心，不成（道心只）〔只道心〕是心，人心不是心（得）。"又曰："喜怒哀乐未发之时，只是浑然，所谓气质之性亦皆在其中。至于喜怒哀乐，却只是情。"又曰："只管说出语言理会得。只见事多，却不如都不理会得底。"又曰："然亦不可（合）〔含〕糊，亦要理会得个名义着落。"蓥。〔人杰、必大录小异。〕

○　"'天命之谓性'，〔命〕便是诰劄之类，性便是合当做底职事。如主簿销注，县尉巡捕。心，便是官人；气质，便是官人习尚，或宽或猛；情，便是当厅处断事，如县尉捉得贼，便是情发用处。性只是仁义礼智，所谓天命之与气质亦相衮同。才有天命，便有气质，不能相离，若阙一便生物不得。既有天命，须是有此气，方能（气）〔承〕当得此理。若无此气，则此理如何顿放！〔必大录此下云："有气质之性，无天命之性，亦做人不得；有天命之性，无气质之性，亦做人不得。"〕但气亦有偏处，有昏明厚薄之不同。然仁义礼智亦无阙一之理，但如只恻隐多便流为姑息柔懦，若只羞恶多便有羞恶其所不当羞恶者。且如言光：必有镜，然后有光；必有水，然后有光。光便是性，镜、水便是气质。若无镜与水，则光亦散矣。谓如五色，若顿在黑处便黑了，入在红里便都红了。却看你禀得气如何。然此理却只是善。既是此理，如何得恶！所谓恶者，却是气也。孟子之论尽是说性，只说不善是陷溺，却是说人事。后来事却似'论性不论气'，有些不备。却得程氏说得气质来接一接，便接得有首尾，一齐圆备了。"又曰："'才'在气质之下。如退之说三品等，皆是论气质之性，说得尽好。只是不合不说破个气质之性，却只将做性说时，便不可。如三品之说，便（合）〔分〕将来，何止三品？虽千百可也。若荀、扬，则是'论气而不论性'，故不明。既不论性，便却将此理来昏了。"又曰："舜论'宽而栗'等及皋陶论九德，皆是论（反）〔及〕气质之意。"伯丰曰："（康）〔匡〕衡说治性，亦是气质。"螢谓："'宽而栗'等，〔'而'〕下一字便是工夫。"先生然之。或问："若是气质不善，可以变否？"曰："须是变化而反之。如'人十己千'，则'虽愚必明，虽柔必强'。"螢。

○　人之所以生，理与气合而已。天理固浩浩不穷，然非是气，则虽有是理而无所凑泊，故必二气交感，凝结生聚，然后是理有所附着。凡人之能言语动作、思虑营为，皆气也，而理存焉。故发而为孝弟忠信仁义礼智，皆理也。然而二气五行，交感万变，故人物之生，有精粗之不同。自一气而言之，则人物皆受是气而生；自精粗而言，则人得其气之正且通者，物得其气之偏且塞者。惟人得其正，故是理通而无所塞；物得其偏，故是理塞而无所知。且如人，头圆象天，足方象地，平正端直，以其受天地之正气，所以识道理，有知识。物受天地之偏气，所以禽兽横生，草木头生向下，尾反在上。物之间有知者，不过只通得一路，如乌之知孝、獭之知祭、犬但能守御、牛但能耕而已。人则无不知，无不能。人所以与物异者，所争者此耳。然就人之所禀而言，又有昏明清浊之异。故上知生知之资，是气清明纯粹，而无一毫昏浊，所以生知安行，不待学而能，如尧舜是也。其次则亚于生知，必学而后知，必行而后至。又其次者，资禀既偏，又有所蔽，须是痛加工夫，"人一己百，人十己千"，然后方能及亚于生知者。及进而不已，则成功一也。孟子曰："人之所以异于禽兽者几希。"人物之所以异，只是争些子。若更不能存得，则与禽兽无以异矣。某年十五六时，读中庸"人一己百，人十己千"一章，因见吕与叔解得此段痛快，读之未尝不竦然警厉奋发。人若有向学之志，须是如此做工夫方得。㑧。

○　天命之性，若无气质，却无安顿处。且如一勺之水，非有物盛之，则水无归着。程子云："论性不论气，不备；论气不论性，不明。二之则不是。"所以发明千古圣贤未尽之意，甚为有功。大抵此理有未分晓处，秦汉以来传记所载，只是说梦。韩退之略近似。千有余年，得程先生兄弟出来，此理益明。且如唐时刘知几之子云："注述六经之旨，世俗陶陶，知我者希。"不知其书如何说，想亦是担当不得。如果能晓得此理，如何不与大家知。贺孙。

○　问气质之性。曰："才说性时便有气质在里，若无气质则这性亦无安顿处。所以继之者只说得善，到成之者便是性。"銖。

○　性只是理，气质之性亦只是这里出。若不从这里出，有甚归着。如云"人心（性）〔惟〕危，道心惟微"，道心固是心，人心亦心也。横渠言："心统性情。"其说甚当，先儒所未到。人杰。

○　性非气质则无所寄，气非天性则无所成。道夫。

○　人所禀之气，虽皆是天地之正气，但衮来衮去便有昏明厚薄之异。盖气是有形之物，才是有形之物便自有美有恶也。广。

○　二气五行始何尝不正，只衮来衮去便有不正。如阳为刚躁、阴为重浊之类。士毅。

○　问："理无不善则气胡为有清浊之殊？"曰："才说着气，便自有寒有热，有香有臭。"儒用。

○　气升降无时止息，理只附气。惟气有昏浊，理亦随而间隔。德明。

○　〔杨尹叔问："伊川曰'语其才则有下愚之不移'，与孟子'非天之降才尔殊'语意似不同？"曰："孟子之说自是与程子之说小异。孟子只见得是性善，便把才都做善，不知有所谓气禀各不同。如后稷岐嶷、越椒知其必灭若敖，是气禀如此。若都把做善，又有此等处，须说到气禀方得。孟子已见得性善，只就大本处理会，更不思量这下面善恶所由起处，有所谓气禀各不同。后人看不出，所以惹得许多善恶混底说来相炒。程子说得较密。"因举"论性不论气，不备；论气不论性，不明。二之则不是"。"须如此兼性与气说，方尽此论。盖自濂溪太极言阴阳、五行有不齐处，二程因其说推出气质之性来。使程子生在周子之前，未必能发明到此。"又曰："才固是善。若能尽其才，可知是善是好。所以不能尽其才处，只缘是气禀恁地。"问："才与情何分别？情是才之动否？"曰："情是这里以手指心。发出，有个路脉曲折，随物恁地去。才是能主张运用做事底。同这一事，有人会发挥得，有不会发挥得；同这一物，有人会做得，有人不会做得，此可见其才。"〕〔又〕问："气出于天否？"曰："气出于天，理亦出于天。性是这个理，气则已属于形象。性之善只一般，气便有不齐处。”因指天曰：“且如清明舒豁时便是好底气，禀得这般气岂不好？到阴沉黯淡时便是不好底气，禀得这般气如何会好？必竟好底气常少，不好底气常多。且以一岁观之，能得几时好？不冬暖便夏寒，不愆阳便伏阴，要得氤氲、不寒不暖、恰好底天气，能几时有？所以为圣为贤者常少，昏昧愚（很）〔狠〕者常多。人之贵贱贫富寿夭之不齐，都是被此气衮乱了，便都没理会。有清而薄者，有浊而厚者。颜夭而跖寿，亦是被气衮乱没理会了。尧舜是禀得清明纯粹底气，又禀得极厚，所以为圣人，又居天子位，又做许多事业出来，又享上寿。孔子圣人，固亦是禀得清明纯粹，然当气之衰，禀得来薄，所以终身栖栖为旅人，又仅得中寿而止。到颜子又无与了。”淳。〔寓同。〕

○　问：“天地之性既善，则气禀之性如何不善？”曰：“理固无不善，才赋于气质，便有清浊、偏正、刚柔、缓急之不同。盖气强而理弱，理管摄他不得。如父子本是一气，子乃父所生；父贤而子不肖，父也管他不得。又如君臣同心一体，臣乃君所命；上欲行而下沮格，上之人亦不能一一去督责得他。”栖。

○　或问：“人禀天地五行之气，然父母所生，与是气相值而然否？”曰：“便是这气，便须从人身上过来。今之五行枝干推算人命，与夫地理家推择山林向背，皆是此理。然又有异处。如磁窑中器物，闻说千百件中或有一件红色大段好者，此是异禀。惟人亦然。瞽鲧之生舜禹，亦犹是也。”人杰。

○　问：“临漳士友录先生语，论气之清浊处甚详。”曰：“粗说是如此，然天地之气有多少般。”问：“尧舜生丹均，瞽叟生舜事，恐不全在人，亦天地之气？”曰：“此类不可晓。人气便是天地之气，然就人身上透过，如鱼在水，水入口出腮。但天地公共之气，人不得擅而有之。"德明。

○　气质之性，便只是这个天地之性，却从那里过。好底性如水，气质之性如杀些酱与盐，便是一般滋味。僩。

○　问："天理变易无穷。由一阴一阳，生生不穷。'继之者善'，全是天理，安得不善。孟子言性之本体，以为善者是也。二气相轧相取，相合相乖，有平易处，有倾侧处，自然有善有恶，故禀气形者有恶有善，何足怪！语其本则无不善也。"答曰："此却无过。"丁复之曰："先生解中庸大本谓'万善之所自出'，以某观之，天理大本固善矣。人欲亦不可谓无本，但小耳。"答曰："既谓之大本，只是理善而已。才说人欲，便是气也，亦安得无本，但大本中元无此耳。"大雅。

○　性如水，流于清渠则清，流入污渠则浊。气质之清者、正者，得之则全，人是也；气质之浊者、偏者，得之则昧，禽兽是也。气有清浊，则人得其清者，禽兽则得其浊者。人大体本清，故异于禽兽；亦有浊者，则去禽兽不远矣。节。

○　亚夫曰："性如日月，气浊者如云雾。"先生以为然。节。

○　问："人有常言，某人性如何，某物性如何，某物性执，某物性令。此是兼气质与所禀之理而言否？"曰："然。"僩。

○　问指屋柱云："此理也。曲直，性也；所以为曲直，命也。曲直是说气禀。"曰："然。"可学。

○ 天地间只是一个道理。性便是理。人之所以有善有不善，只缘气质之禀各有清浊。尽心是尽见得这道理，存心养性只是操之之意。心有善恶，性无不善，若论气质之性亦有不善。芟。

○ 性即理也。当然之理无有不善者，故孟子之言性，指性之本而言。然必有所依而立，故气质之禀不能无浅深厚薄之别。孔子曰"性相近也"，兼气质而言。砥。

○ 董卿问气质之性。曰："天命之性，非气质则无所寓。然人之气禀有清浊偏正之殊，故天命之正亦有浅深厚薄之异，要亦不可不谓之性。旧见病翁云：'伊川言气质之性，正犹佛书所谓"水中盐味，色里胶青"。'"又问："孟子言性，与伊川如何?"曰："不同。孟子是剔出言性之本，伊川是兼气质而言。要之，不可离也。所以程子云：'论性不论气，不备；论气不论性，不明。'而某于太极解亦云：'所谓太极者，不离乎阴阳而为言，亦不杂乎阴阳而为言。'"道夫。

○ "气禀所拘，只通得一路，极多样：或厚于此而薄于彼，或通于彼而塞于此。有人能尽通天下利害而不识义理，或工于百工技艺而不解读书。如虎豹只知有父子，蜂蚁只知君臣。惟人亦然，或知孝于亲而薄于他人。如唐明皇友爱诸弟，长枕大被，终身不变，然而为君则杀其臣，为父则杀其子，为夫则杀其妻，便是有所通，有所蔽。是他性中只通得一路，故于他处皆碍，也是气禀，也是利害昏了。"又问："以尧为父而有丹朱，以鲧为父而有禹，如何?"曰："这个又是气、五行交际运行之际有清浊，人适逢其会，所以如此。如算命家推五行阴阳交际之气，当其好者则质美，逢其恶者则不肖，又非人之气所能与也。"个。

○ 人性虽同，禀气不能无偏重。有得木气重者，则恻隐之心常多，而羞恶、辞逊、是非之心为其所（寒）〔塞〕而不发；有得金气重者，则羞恶之心常多，而恻隐、辞逊、是非之心为其所塞而不发。水火亦然。唯阴阳合德，五性全备，然后中正而为圣人也。<u>闳祖</u>。

○ 问："人有强弱，由气有刚柔，若人有技艺之类，如何？"曰："亦是气，如今人看五行亦推测得些小。"曰："如才不足人，明得理，可为否？"曰："若明得尽，岂不可为，所谓'克念作圣'是也，然极难。若只明得一二，如何做得。"曰："<u>温公</u>论（不）〔才〕德如何？"曰："他便（重）〔专〕把朴者为德。殊不知聪明、果敢、正直、中和，亦是才，亦是德。"<u>可学</u>。

○ 先生曰："人有敏于外而内不敏，又有敏于内而外不敏，如何？"曰："莫是禀气强弱？"曰："不然。<u>淮南子</u>曰：'金水内明，日火外明。'气偏于内故内明，气偏于外则外明。"<u>可学</u>。

○ "敬子谓：'性所发时，无有不善，虽气禀至恶者亦然。但方发之时，气一乘之，则有善有不善耳。'偰以为人心初发，有善有恶，所谓'几善恶'也。初发之时本善而流入于恶者，此固有之。然亦有气禀昏愚之极，而所发皆不善者，如<u>子越椒</u>之类是也。且以中人论之，其所发之不善者，固亦多矣。安得谓之无不善耶？"曰："不当如此说，如此说得不是。此只当以人品贤愚清浊论。有合下发得善底，也有合下发得不善底，也有发得善而为物欲所夺，流入于不善底。极多般样。今有一样人，虽无事在这里坐，他心里也只思量要做不好事，如蛇虺相似，只欲咬人。他有甚么发得善。<u>明道</u>说水处最好，皆水也，有流而至海，终无所污；有流而未远，固已渐浊；有流而甚远，方有所浊。有浊之多者，有浊之少者。只可如此说。"偰。

○ 问："气禀在于人身，既（后）〔复〕天理，气禀还去？只在身？"曰："天理明，则彼如何着得！"<u>可学</u>。

○ 气禀之偏难除。<u>释氏</u>云"如水中盐，（胶中青）〔色中胶〕"，取不出也。<u>闳祖</u>。

○ <u>病翁</u>爱说"水中盐味，色里胶清"。<u>敬仲</u>。

○ 先生言气质之性。曰："性譬之水，本皆清也。以净器盛之则清，不净之器盛之则臭，以污泥之器盛之则浊。本然之清未尝不在，但既臭浊，猝难得便清。故'虽愚必明，虽柔必强也'，煞用气力，然后能至。某尝谓原性一篇本好，但言三品处欠个'气'字，欠个来历处，却成天合下生出三般人相似。孟子'性善'似也少个'气'字。"<u>砥</u>。<u>童</u>
<u>伯羽</u>录同，而此后更有云："大抵孟子说话，也间或有些子不睹是处。只被他才高，当时无人抵得他。告子口更不曾得开。"

○ "理如宝珠，气如水。有是理而后有是气，有是气则必有理。但禀气之清者为圣为贤，如珠落在清冷水中；禀气之浊者为愚为暗，如珠落在昏浊水中。所谓'明明德'者，是就昏浊中揩拭此珠也。物亦是此理。又如珠落在污浊处，然其所禀亦间有些明处，就上面便自有不昧。如虎狼之父子，蜂蚁之君臣，豺獭之报本，雎鸠之有别，曰'仁兽'、曰'义兽'是也。"又曰："便虮虱饿时也吃人，捉时也解走。"
<u>儒用</u>。

○ 问："<u>季通</u>主张气质太过。"曰："形质也是重。且如水之气，如何似长江大河有许多洪流。金之气，如何似一块铁恁地硬。形质也是重，被他生坏了后，理终是拗不转来。"又曰："<u>孟子</u>言'人之所以异于

禽兽者几希，庶民去之，君子存之'，不知人何故与禽兽异。又言'犬之性犹牛之性，牛之性犹人之性欤'，不知人何故与牛犬异。此两处似欠中间一转语。须着说是形气不同，故性亦少异，始得。恐孟子见得人性同处，自是分晓直截，却于这些子未甚察。"又曰："陈了翁云：'气质之用狭，道学之力大。'与季通说底正相反。若论其至，不可只靠一边。如了翁之说，则何故自古只有许多圣贤？如季通之说，则人皆委之于生质，更不修为。须是看人功夫多少如何。若功夫未到则气质之性不得不重，若功夫至到则气质岂得不听命于义理也！须着如此说，方尽。"闳祖。

○ 或问："人之气有清明时，有昏塞时，如何？"先生曰："人当持其志，能持其志则气当自清矣。然孟子既说'持其志'，又说'无暴其气'，圣贤之言不偏于一类如此，盖恐人专于志而略于气故也。正如说'必有事焉'，又说'勿正心'；'勿忘'，又说'勿助长'，皆此意也。"问："伊川论持其志曰：'只这个也是私，然学者不恁地不得。'"先生云："此亦似涉于人为。然程子之意，恐人走作，故又救之，曰：'学者不恁地不得。'"因举程子云："学者为习所夺，气所胜，只可责志。"又问："既得后，须放开，不然却只是守。"曰："如'从心所欲，不逾矩'是也。然此理既熟，自是放出，但未能得如此耳。"人杰。

○ 孟子亦言气质之性，如"口之于味也"之类是也。芮。

○ 孟子未尝说气质之性。程氏所论性所以有功于名教者，以其发明气质之性也。以气质论，则凡言性不同者皆（水）〔冰〕释矣。退之言性亦好，但亦不知气质之性耳。人杰。

○ 问："退之原性'三品'之说是否？"曰："退之说性，只将仁义礼智来说，便是识见高处。如论三品亦是。但以某观，人之性岂独三品，须有百千万品。<u>退之</u>所论，却少了一'气'字。<u>程子</u>曰：'论性不论气，不备；论气不论性，不明。'此皆前所未发。如<u>夫子</u>言'性相近'，若无'习相远'一句，便说不行。如'人生而静'，静固是性，只着一'生'字，便是带着气质言了，但未尝明说着'气'字。惟<u>周子太极图</u>却有气质底意思，<u>程子</u>之论又自<u>太极图</u>中见出来也。"<u>晦夫</u>。

○ 又曰<u>孟子</u>言性只说得本（无）〔然〕底，论才亦然，是不尽备。夫下底<u>荀子</u>只见得不好底，<u>扬子</u>又见得半上半下底，<u>韩子</u>所言却是说得稍近。盖<u>荀扬</u>说既不是，<u>韩子</u>看来端（约）〔的〕见有如此不同，故有三品之说。然惜其言之不尽，少得一个"气"字耳。<u>程子</u>曰："论性不论气，不备；论气不论性，不明。"盖谓此也。<u>力行</u>。

○ <u>亚夫</u>问："气质之说起于何人？"曰："此起于<u>张程</u>。某以为极有功于圣门，有补于后学，读之使人深有感于<u>张程</u>。前此未曾有人说到此。如<u>韩退之原性</u>中说三品，说得也是，但不曾分明说是气质之性耳。性那里有三品来。<u>孟子</u>说性善，但说得本原处，下面却不曾说得气质之性，所以亦费分疏。诸子说性恶与善恶混，使<u>张程</u>之说早出，则这许多说语自不用纷争，故<u>张程</u>之说立则诸子之说泯矣。"因举<u>横渠</u>"形而后有气质之性，善反之则天地之性存焉，故气质之性，君子有弗性者焉"。又举<u>明道</u>云："'论性不论气，不备；论气不论性，不明。二之则不是。'且如只说个仁义礼智是性，世间却有生出来便无状底，是如何？只是气禀如此。若不论那气，这道理便不周匝，所以不备。若只论气禀，这个善，这个恶，却不论那一原处只是这个道理，又却不明。此自<u>孔子曾子子思孟子</u>理会得，后都无人说这道理。"<u>谦之</u>继问："天地之气，当其昏明驳杂之时，则其理亦随而昏明驳杂否？"曰："理却只恁地，只是气自如此。"又问："若气如此，理不如此，则是理与气相离矣。"曰："气虽是理之所生，然既生出，则理管他不得。如这理寓于气了，日用间运用都由这个气，只是气强理弱。譬如大礼赦文，一时将税都放了相似，有那村知县硬自捉缚须要他纳，缘被他近了，更自叫上面不应，便见得那气粗而理微。又如父子，若子不肖，父亦管他不得。圣人所以立教，正是要救这些子。"_{时举}。

○ 问："先生说：'命有两种：一种是贫富、贵贱、死生、寿夭，一种是清浊、偏正、智愚、贤不肖。一种属气，一种属理。'以僩观之，两种皆似属气。盖智愚、贤不肖、清浊、偏正亦气之所为也。"曰："固然。性则是命之理而已。"_僩。

○ 问："性分、命分何以别？"曰："性分是以理言之，命分是兼气言之。命分有多寡厚薄之不同，若性分则又都一般。此理圣愚贤否皆同。"_淳。〔寓录少异。〕

○ 履之说"子温而厉，威而不猛，恭而安"，因问："得清明之气为圣贤，昏浊之气为愚不肖；气之厚者为富贵，薄者为贫贱，此固然也。然圣人得天地清明中和之气，宜无所亏欠，而夫子反贫贱，何也？岂时运使然耶？抑其所禀亦有不足耶？"曰："便是禀得来有不足。他那清明也只管得做圣贤，却管不得那富贵。禀得那高底则贵，禀得厚底则富，禀得长底则寿。贫贱夭者反是。夫子虽得清明者以为圣人，然禀得那底低薄底，所以贫贱。颜子又不如孔子，又禀得那短底，所以又夭。"又问："一阴一阳宜若停匀，则贤不肖宜均。何故君子常少而小人常多？"曰："自是他那物事驳杂，如何得他齐。且以扑钱譬之：纯者常少，不纯者常多，自是他那气驳杂，或前或后，所以拗，不能得他恰好，如何得均平。且以一日言之：或阴或晴，或风或雨，或寒或热，或清爽，或鹘突，一日之间自有许多变，便可见矣。"又问："虽是驳杂，然毕竟不过只是一阴一阳二气而已，如何会恁地不齐？"曰："便是不如此。若只是两个单底阴阳则无不齐，缘是他那物事错揉万变，所以不能得他恰好。"又问："如此，则天地之生圣贤，又只是偶然，不是有意矣。"曰："天地那里说我特地要生个圣贤出来，也只是气数到那里恰相凑着，所以生出圣贤。及至生出，则若天之有意焉耳。"又问："<u>康节</u>云：'阳一而阴二，所以君子少而小人多。'此语是否？"曰："也说得来。那物事好底少而恶底多。且如面前事，也自是（少□□）〔好底事少恶底〕事多，其理只一般。"<u>佃</u>。

○ 问："'天命谓性'之'命'，与'死生有命'之'命'不同，何也？"曰："'死生有命'之'命'是带气言之，气便有禀得多少厚薄之不同。'天命谓性'之'命'是纯乎理言之。然天之所命必竟皆不离乎气，但<u>中庸</u>此句乃是以理言之。<u>孟子</u>谓'性也，有命焉'，此'性'是兼气禀食色言之。'命也，有性焉'，此'命'是带气言之。性善又是超出气说。<u>中庸</u>'率性'，率，循也。不是人去循之，<u>吕</u>说未是。<u>程子</u>谓：'通人物而言，马则为马之性，又不做牛底性；牛则为牛之性，又不做马之性。'物物各有个理，即此便是道。"问："总而言之，又只是一个理否？"曰："是。"<u>淳</u>。

○ 问："'子罕言命。'若仁义礼智与五常皆是天所命。如贵贱死生寿夭之命有不同，如何？"曰："都是天所命。禀得精英之气，便为圣、为贤，便是得理之全，得理之正。禀得清明者便英爽，禀得敦厚者便温和，禀得清高者便贵，禀得丰厚者便富，禀得久长者便寿，禀得衰颓薄浊者—一本作"衰落孤单者，便为贫为贱为夭"。便为愚、不肖，为贫、为贱、为夭。天有那气生一个人出来，便有许多物随他来。"又曰："天之所命固是均一，到气禀处便有不齐。看其禀得来如何。禀得厚，道理也备。尝谓命，譬如朝廷诰敕；心，譬如官人一般，差去做官；性，譬如职事，职事只一般，郡守便有郡守职事，县令便有县令职事。职事只一般，天生人，教人做许多道理，便是付人许多职事。〔别本云："道理只一般。"〕气禀，譬如俸给。贵如官高者，贱如官卑者，富如俸厚者，贫如俸薄者，寿如三两年一任又再任者，夭者如不得终任者。朝廷差人便有许多物一齐趋。一作"随"。后来横渠云：'形而后有气质之性，善反之则天地之性存焉，故气质之性，君子有弗性焉。'如禀得气清明者，这道理只在里面；禀得昏浊者，这道理也只在里面，只被昏浊遮蔽了。譬之水，清底里面纤毫皆见，浑底便见不得。孟子说性善，他只见得大本处，未说得气质之性细碎处。程子谓：'论性不论气，不备；论气不论性，不明。二之则不是。'孟子只论性，不论气，便不全备。论性不论气，这性说不尽；论气不论性，性之本领处又不透彻。荀扬韩诸人他虽是论性，其实只说得气。荀子只见得不好人底性，便说做恶。扬子见半善半恶底人，便说善恶混。韩子也见天下有许多般人，所以立为三品之说。就三子中，韩子说又较近。他以仁义礼智为性，以喜怒哀乐为情，只是中间过接处少个'气'字。'心一也，有指体而言者，有指用而言者'，伊川语与横渠'心统性情'说相似。"寓。〔淳录自"横渠"以下同。〕

○ 闻一问："'亡之，命矣夫！'此'命'字是就气禀上说？"曰："死生寿夭固是气之所禀，只看孟子说'性也，有命焉'处便分晓。"择之问："'不知命'与'知天命'之'命'如何？"曰："不同。'知天命'，谓知其理之所自来。譬之于水，人皆知其为水，圣人则知其发源处。如'不知命'处，却是说死生、寿夭、贫富、贵贱之命也。然孟子又说当'顺受其正'。若一切任其自然，而'立乎岩墙之下'，则又非其正也。"因言上古天地之气，其极清者生为圣人，君临天下，安享富贵，又皆享上寿。及至后世，多反其常。衰周生一孔子，终身不遇，寿止七十有余。其禀得清明者，多夭折；暴横者，多得志。旧看史传，见盗贼之为君长者，欲其速死，只是不死，为其全得寿考之气也。<u>人杰</u>。

○ 或问："'亡之，命矣夫！'此'命'是天理本然之命否？"曰："此只是气禀之命。富贵、死生、祸福、贵贱，皆禀之气而不可移易者。"<u>祖道</u>曰："'不知命无以为君子'与'五十而知天命'，两'命'字如何？"先生曰："'不知命'亦是气禀之命，'知天命'却是圣人知其性中四端之所自来。如人看水一般：常人但见为水流，圣人便知得水之发源处。"<u>祖道</u>。

○ <u>木之</u>问："<u>颜渊</u>不幸短命；<u>伯牛</u>死，曰'命矣'；<u>孔子</u>'得之不得曰有命'。如此之'命'与'天命之谓性'之'命'无分别否？"曰："命之正者出于理，命之变者出于气质。要之，皆天所付予。<u>孟子</u>曰：'莫之致而至者，命也。'但当自尽其道，则所值之命皆正命也。"因问："如今数家之学，如<u>邵康节</u>之说，谓皆一定而不可易，不知如何？"曰："也只是阴阳盛衰消长之理，大数可见，然圣贤不曾主此说。如今人说<u>康节</u>之数，谓他说一事一物皆有成败之时，都说得肤浅了。"<u>木之</u>。

○ <u>敬子</u>问自然之数。曰："有之。人禀得气厚者则福厚，气薄者则福薄。禀得气之华美者则富盛，衰飒者则卑贱，气长者则寿，气短者则夭折。此必然之理。"问："神仙之说有之乎？"曰："谁人说无？诚有此理。只是他那工夫大段难做，除非百事弃下，办得那般工夫方做得。"又曰："某见名寺中所画诸祖师人物皆魁伟雄杰，宜其杰然有立如此。所以<u>妙喜</u>赞某禅师有曰：'当初若非这个，定是做个渠魁。'观之信然。其气貌如此，则世之所谓富贵利达、声色货利如何笼络得他住！他视之亦无足以动其心者。"或问："若非佛氏收拾去，能从吾儒之教，不知如何？"曰："他又也未是那'无<u>文王</u>犹兴'底，只是也须做个特立独行底人，所为必有可观。若使有圣人收拾去，可知大段好。只是当时吾道黑淬淬地，只有<u>些</u>章句词章之学。他如龙如虎，这些艺解都束缚他不住，必决去无疑。也煞被他引去了好人，可畏可畏!"<u>偰</u>。

○　问："富贵有命，如后世鄙夫小人，当<u>尧舜</u>三代之世，如何得富贵?"曰："当<u>尧舜</u>三代之世不得富贵，在后世则得富贵，便是命。"曰："如此，则气禀不一定。"曰："以此气遇此时是他命好，不遇此时便是背，所谓资适逢世是也。如<u>长平</u>死者四十万，但遇<u>白起</u>便如此。只他相撞着便是命。"<u>可学</u>。

○　问："前日尝说鄙夫富贵事，今云富贵贫贱是前定，如何?"曰："恁地时节气亦自别，后世气运渐乖。如古封建，毕竟是好人在上。到<u>春秋</u>乃生许多逆贼。今儒者多叹息封建不行，然行着亦可虑。且如天子，必是天生圣哲为之。后世如<u>秦始皇</u>在上，乃大无道人;如<u>汉高祖</u>，乃崛起田野。此岂不是气运颠倒!"问："此是天命否?"曰："是。"<u>可学</u>。

朱子语类卷第五
性理二

性情心意等名义

○　问："天与命、性与理匹者之别：天则就其自然者言之，命则就其流行而赋于物者言之，性则就其全体而万物所得以为生者言之，理则就其事事物物各有其则者言之。到得合而言之则天即理也，命即性也，性即理也，是如此否？"曰："然。但如今人说，天非苍苍之谓。据某看来，亦舍不得这个苍苍底。"贺孙。

○　理者，天之体；命者，理之用。性是人之所受，情是性之用。鲁叔。

○　命犹诰敕，性犹职事，情犹设施，心则其人也。公谨。

○　天所赋为命，物所受为性。赋者，命也；所赋者，气也。受者，性也；所受者，气也。寓。

○　道即性，性即道，固只是一物。然须看因甚唤做性，因甚唤做道。淳。

○ 〔性即理也。〕在心唤做性，在事唤做理。偲。

○ 性者，理也。节。

○ 生之理谓性。节。

○ 性只是此理。节。

○ 性是天生成许多道理。节。

○ 性是许多理散在处为性。节。

○ 节问："性既无形，复言以理，理又不可见。"曰："父子有父子之理，君臣有君臣之理。"节。

○ 性是实理，仁义礼智皆具。德明。

○ 淳问："性固是理，然性之得名是就人生禀得言之否？"曰："'继之者善也，成之者性也。'这个理在天地间时只是善，无有不善者。生物得来方始名曰'性'，只是这个理。在天则曰'命'，在人则曰'性'。"淳。

○ 性是合当底。节。

○ 郑问："先生谓性是未发，善是已发，何也？"曰："才成个人影子，许多道理便都在那人上。其恻隐便是仁之善，羞恶便是义之善，到动极复静处依旧只是理。"曰："这善也是性中道理到此方见否？"曰：

"这般须就那地头看。'继之者善也，成之者性也。'在天地言，则善在先，性在后，是发出来方生人物。发出来是善，生人物便成个性。在人言，则性在先，善在后。"或举"孟子道性善"。曰："此则'性'字重，'善'字轻，非对言也。文字须活看。此且就此说，彼则就彼说，不可死看。牵此合彼，便处处有碍。"_{亶。}

○　器之问告子说性处甚详。曰："胡氏说善是赞美之辞，其源却自龟山，龟山语录可见。胡氏以此错了，故所作知言并一齐恁地说。其说本欲推高，反低了。盖说高无形影，其势遂向下去。前夜说韩子云：'何谓性？仁义礼智信。'此语自是，自是他已见大意，但下面便说差了。荀子但只见气之不好，而不知理之皆善。扬子是好许多思量安排：方要把孟子'性善'之说为是，又有不善之人；方要把荀子'性恶'之说为是，又自有好人，故说道'善恶混'。温公便主张扬子而非孟子。程先生发明出来，自今观之可谓尽矣。"_{贺孙。}

○　诸儒论性不同，非是于善恶上不明，乃"性"字安顿不着。_{砥。}

○　性不是卓然一物可见者。只是穷理、格物，性自在其中，不须求，故圣人罕言性。_{德明。}

○　致道谓"心为太极"，林正卿谓"心具太极"，致道举以为问。先生曰："这般处极细，难说。看来心有动静：其体则谓之易，其理则谓之道，其用则谓之神。"直卿退而发明曰："先生道理精熟，容易说出来，须至极。"贺孙问："'其体则谓之易'，体是如何？"曰："'体'不是'体用'之'体'，恰似说'体质'之'体'，犹云'其质则谓之易'。理即是性。这般所在当活看。如'心'字，各有地头说。如孟子云：'仁，人心也。'仁便是人心，这说心是合理说。如说'颜子其心三月不违仁'，是心为主而不违乎理，就地头看始得。"又云："先生太极图解云：'动静者，所乘之机也。'蔡季通聪明，看得这般处出，谓先生下此语最精。盖太极是理，形而上者；阴阳是气，形而下者。然理无形而气却是迹，气既有动静，则所载之理亦安得谓之无动静！"又举通书动静篇云："'动而无静，静而无动，物也；动而无动，静而无静，神也。动而无动，静而无静，非不动不静也。物则不通，神妙万物。'动静者，所乘之机也。"先生因云："某向来分别得这般所在。今心力短，便是这般所在都说不到。"因云："向要到云谷，自下上山，半涂大雨，通身皆湿，得到地头。因思着：'天地之塞，吾其体；天地之帅，吾其性。'时季通及某人同在那里。某因各人解此两句，自亦作两句解。后来看，也自说得着，所以迤逦便作西铭等解。"贺孙。

○ 问："灵处是心，抑是性？"曰："灵处只是心，不是（惟）〔性〕，性只是理。"淳。

○ 问："知觉是心之灵固如此，抑气之为邪？"曰："不专是气，是先有知觉之理。理未知觉，气聚成形，理与气合便能知觉。譬如这烛火，是因得这脂膏，便有许多光焰。"问："心之发处是气否？"曰："也只是知觉。"淳录。

○ 所知觉者是理。理不离知觉，知觉不离理。节。

○ 节问："心是知觉，性是理。心与理如何得贯通为一？"答曰："不须去贯通，本来贯通。""如何本来贯通？"答曰："理无心则无着处。"节。

○ 又发明"心"字，曰："一言以蔽之，曰'生'而已。'天地之大德曰生'，人受天地之气而生，故此心之仁则生矣。"

○ 所觉者，心之理也；能觉者，气之灵也。<u>节</u>。

○ 心者，气之精爽。<u>节</u>。

○ <u>节</u>问："先生前日以挥扇底是气，<u>节</u>后思之：心之所思，耳之所听，目之所视，手之持，足之履，似非气之所能到。气之所运必有以主之者。"答曰："气中自有个灵底物事。"<u>节</u>。

○ "心与理一，不是理在前面为一物。理便在心之中，心包蓄不住，随事而发。"因笑云："说到此，自好笑。恰似那寺中藏相似，除了经函，里面点灯，四方八面皆如此光明粲烂，但今人亦少能看得如此。"<u>广</u>。

○ <u>木之</u>问："心之为物，众理具足。所发之善固出于心，至所发不善皆气禀物欲之私，亦出于心否？"曰："固非心之本体，然亦是出于心也。"又问："此所谓人心否？"曰："是。"<u>子（知）〔升〕</u>因问："人心亦兼善恶否？"曰："亦兼说。"<u>木之</u>。

○ 或问："心有善恶否？"曰："心是动底物事，自然有善恶。且如恻隐是善也，见孺子入井而无恻隐之心便是恶矣。离着善，便是恶。然心之本体未尝不善，又却不可说恶全不是心。若不是心，是甚么做出来？古人学问便要穷理、知至，是下工夫消磨恶去，善自然渐次可复。操存是后面事，不是善恶时事。"又有问："明善、择善如何？"曰："能择，方能明。且如有五件好底物事，有五件不好底物事，将来便拣择，方解理会得好底。不择，如何解明？"<u>泳</u>。

○ 孔子不说心，只就事实上说。孟子却说心。节。

○ 论语不曾说心，只说实事。孟子说心，后来遂有求心之病。〔方子。〕

○ 问："五行在人为五脏，然心却具得五行之理，以心虚灵之故否？"曰："心属火，缘他是个光明发动底物，所以具得许多道理。"僩。

○ 问："人心形而上下如何？"曰："如肺肝五脏之心，却是实有一物。若今学者所论操舍存亡之心则自是神明不测，故五脏之心受病则可用药补之，这个心则非菖蒲、茯苓所可补也。"问："如此，则心之理乃是形而上否？"曰："心比性则微有迹，比气则自然又灵。"谟。

○ 问："先生尝言，心不是这一块。某窃谓满体皆心也，此特其枢纽耳。"曰："不然，此非心也，乃心之神明升降之舍。人有病心者，乃其舍不宁也。凡五脏皆然。心岂无运用，须常在躯壳之内。譬如此建阳知县，须要在衙里始管得这一县也。"某曰："然则程子言'心要在腔子里'，谓当在舍之内，而不当在舍之外耶？"曰："不必如此。若言心不可在脚上，又不可在手上，只得在这些子上也。"义刚。

○ 寤寐者，心之动静也。有思无思者，又动中之动静也；〔思有善恶，又动中动，阳明阴浊也。〕有梦无梦者，又静中之动静也。〔梦有邪正，又静中动，阳明阴浊也。〕但寤阳而寐阴，寤清而寐浊，寤有主而寐无主，故寂然感通之妙必于寤而言之。〔寤则虚灵知觉之体辉然呈露，如一阳复而万物生意皆可见；寐则虚灵知觉之体隐然潜伏，如纯坤月而万物生性不可窥。此答陈淳书而详。〕若海。

○ 性犹太极也，心犹阴阳也。太极只在阴阳之中，非能离阴阳也。然至论太极，则太极自是太极，阴阳自是阴阳。惟性与心亦然，所谓一而二，二而一也。韩子以仁义礼智言性，以喜怒哀乐言情，盖愈于诸子之言性。然至分三品，却只说得气，不曾说得性。砥。

○ 问："天之付与人物者为命，人物之受于天者为性，主于身者为心，有得于天而光明正大者为明德否？"答曰："心与性如何分别？明如何安顿？受与得又何以异？人与物与身又何间别？明德合是心，合是性？"大雅曰："性却实。以感应虚明言之，则心之意亦多。"曰："此两个说着一个则一个随到，元不可相（杂）〔离〕，亦自难与分别。舍心则无以见性，舍性又无以见心，故孟子言心性每每相随说。仁义礼智是性，又言'恻隐之心，羞恶之心，辞逊、是非之心'更细思量。"大雅。

○ （理）〔性〕便是心之所有之理，心便是理之所会之地。升卿。

○ 问心性。曰："性是理，心是包含该载敷施发用底。"夔孙。

○ 性本是无，却是实理。心似乎有影像，然其体却虚。方子。

○ 问心之动、性之动。曰："动处是心，动底是性。"寓。

○ 郑仲履问："先生昨日说性无不善，心固有不善，然本心则元无不善。"曰："固是本心元无不善，谁教你而今却不善了！今人外面做许多不善，却只说我本心之善自在，如何得！"盖卿。心以性为体，心将性做馅子模样。盖心之所以具是理者，以有性故也。

○ 心性不可将同仁说，这自不类。节。

○ 有这性便发出这情，因这情便见得这性。因今日有这情便见得本来有这性。方子。

○ 因说："外甥似舅，以其似母故也。"致道问："形似母，情性须别。"曰："情性也似。大抵形是个重浊底，占得地步较阔；情性是个轻清底，易得走作。"贺。

○ 先生诲力行曰："性不可言。所以言性善者，只看他恻隐、辞逊四端之善，则可以见其性之善，如见水之清则知源头必清矣。四端，情也，性则理也。发者，情也，其本则性也，如见影知形之意。"力行。

○ 心如水，情即动处，爱即流向去处。椿。

○ 问："仲舒以情为人之欲，如何？"曰："也未害。盖欲为善，欲为恶，皆人之情也。"道夫。

○ 心是具性情者。芝。

○ 性、情字皆从心，古人制字必是有意。方子。

○ 说得出，又名得出，方是见得分明。如心、性亦难说。尝曰："性者，心之理；情者，性之动；心者，性情之主。"德明。

○ "人只有个心，未动时谓之性，已动则为情，欲又是情上发出来底。心犹水也，性则水之净，情则水之流，欲则水之波澜。欲有好底，有不好底。如'我欲仁'之心，欲却是好底。"因问"可欲之谓善"。曰："'可欲'不是'情欲'之'欲'，只是可爱。"明（禅）作。

○　因论心性情之别。曰："在天为命，禀于人为性，既发为情。此其脉理甚实，仍更分明易晓。哐心乃虚明洞彻，统前后而为言耳。据性上说'寂然不动'处是心，亦得；据情上说'感而遂通'处是心，亦得。故孟子说'尽其心者，知其性也'，文义可见。性则具仁义礼智之端，实而易察。知此实理则心无不尽，尽亦只是尽晓得耳，如云尽晓得此心者由知其性也。"大雅。

○　景绍问心性之别。曰："性是心之道理，心是主宰于身者。至于四端便是情，是心之发见处。四者之萌虽出于心，而其所以然者，则是此性之理所在也。"道夫问："程子谓'满腔子是恻隐之心'，如何?"曰："腔子是人之躯壳。"因举云："昔上蔡见明道，举经史成千百言不错一字，颇以自矜。明道曰：'贤却记得许多，可谓玩物丧志矣。'上蔡见明道说，遂满面发赤，汗流浃背。明道曰：'只此便是恻隐之心。'公要见满腔子之说，但以是观之。"问："玩物之说主甚事?"曰："也只是'矜'字。"道夫。

○　吴伯丰论性有已发之性，有未发之性。曰："性才发便是情。情有善恶，性则全善也。若语及心，则又是一个包总性情底说语。大抵言性便须见得，见元受命于天，其所禀赋自有本根，非若心可以一概言也。却是汉儒如郑康成解'天命之谓性'，云'木神仁，金神义'等语，却有意思，非苟言者。学者要体会亲切。"又叹曰："若不用明破，只恁涵养，自有到处，亦自省力。若欲立言示训，则须契勘教子细，庶不悖于古人!"大雅。

○　履之问未发之前心性之别。曰："心有体用，（未发之前是心之体用）〔未发之前是心之体，已发之际乃心之用。〕如何指定说得! 盖主宰运用底便是心，性便是会恁地做底理。性则一定在这里，到主宰运用却在心。情只是几个路子，随这路子恁地做去底却又是心。"道夫。

○ 问："静是性，动是情？"曰："大抵都（正）〔主〕于心。'性'字从'心'从'生'，'情'字从'心'从'青'。性是有此理。且如'天命之谓性'，要须天命个心了，方是性。"辅汉卿问："心如个藏，四方八面都恁地光明皎洁，如佛家所谓六窗中有一猴，这边叫也应，那边叫也应。"曰："佛家说心处尽有好处，前辈云胜于杨墨。"贺孙。

○ 胡叔器问："先生见教，谓'动处是心，动底是性'。窃推此二句，只在'底''处'两字上。如谷种然，生处便是那谷，生底便是那里面些子。是如此否？"先生曰："若以谷譬之，则谷便是心，那为粟、为菽、为禾、为稻底便是性。康节所谓'心者，性之郛郭'也。〔包裹底是心，发出不同底是性，心是个没思量底，只会生。〕又如吃药，吃得会治病是药力，或凉、或寒、或热，便是药性，至于吃了有寒证、有热证便是情。"义刚。

○ 性不是有个物事，只是理所当然者便是性。孟子说"恻隐之心，仁之端也"，这一段心、性、情皆有，与横渠"心统性情"一句最好看。从周。

○ 旧看五峰说，只将心对性说，一个"情"字都无下落。后来看横渠"心统性情"之说，乃知此话大有功，始寻得个"情"字着落，与孟子说一般。孟子言："恻隐之心，仁之端也。"仁，性也；恻隐，情也。此是情上见得心。又曰"仁义礼智根于心"，此是性上见得心。盖心便是包得那性情，性是体，情是用。"心"字只一个字母，故"性""情"字皆从"心"。僩。

○ 或问心情性。曰："孟子说'恻隐之心，仁之端也'一段，极分晓。恻隐、羞恶、是非、辞逊是情之发，仁义礼智是性之体。性中只有仁义礼智，发之为恻隐、辞逊、是非，乃性之情也。如今人说性，多如佛老说，别有一般物事在那里，至玄至妙，一向说开去，便入虚无寂灭。吾儒论性却不然。程子云'性即理也'，此言极无病。孟子道'性善'，(言)〔善〕是性合有底道理。然亦要子细识得善处，不可但随人言话说了。若子细下工夫，子细寻究，自然见得。如今人全不曾理会，才见一庸人胡乱说便从他去。尝得项平甫书云：'陈君举门说："儒释只论其是处，不问其同异。"遂敬信其说。'此是甚说话！元来无所有底人，见人胡说话便惑将去。若果有学，如何谩得他！如举天下说生姜辣，待我吃得真个辣方敢信。胡五峰说性，多从东坡 子由门见识说去。"谦。

○ 问性、情、心、仁。先生言："横渠说得心最好。横渠言：'心，统性情者也。'孟子言：'恻隐之心，仁之端；羞恶之心，义之端；辞逊之心，礼之端；是非之心，智之端。'极说得性、情、心好。性无不善。心之所发为情，却或有不善。说不善非是心亦不得，却只是心之本体本无不善处，其流而为不善者，皆情之迁于物而然也。性是理之总名，仁义礼智皆性中一理之名。恻隐、羞恶、是非、辞逊是情之所发之名，此情之出于性而善者也。其端所发甚微，皆从此心出来，故曰：'心，统性情者也。'性不是别有一个物在心里。此心具此性情。心失其主却有时不善。如'我欲仁，斯仁至'，我欲不仁，斯失其仁矣。'回也三月不违仁'，言不违仁，是心有时乎违仁也。'出入无时，莫知其乡，惟心之谓欤'，存养主一，使之不走作乃善。大要全在致知，要致知只在穷理，理穷自然知至。如今要验学问工夫，只看所知至与不至尔，不是要逐件知过，因一事研磨一理，久久自然光明。如一镜然，今日磨些，明日磨些，不觉自光。若一些子光工夫又休歇，仍旧一旧镜，已光处会昏，未光处不复光矣。且如'仁'之一字，<u>上蔡</u>只说得知仁，<u>孔子</u>便说为仁。却是要做工夫去为仁，岂可说道知得了便休！如今学问流而为禅，<u>上蔡</u>为之首。今人自无实学，见得说这一般好，也投降；那一般好，也投降。许久<u>南轩</u>在此讲学，诸公全无实得处。胡乱有一人入<u>潭州</u>城里说，人便靡然从之。此是何道理！学问只理会个是与不是，不要添着许多无益说话。今人为学，多是为名，又去安排讨名，全不顾义理。<u>说苑</u>中载证父者以为直，及（如）〔加〕刑，又请代受以为孝。<u>孔子</u>曰：'父一也，而取二名！'此是宛转取名之弊。大抵学问只要心里见得分明，便从上面做去。如'杀身成仁'，'成仁'不是自家计较要成仁方死，只是见得此事生为不安，死为安，便自杀身。旁人见得，便说能成仁。此旁人之言，非我之心要如此。所谓'经德不回，非所以干禄；哭死而哀，非为生也'。若有一毫为人之心，便不是了。<u>南轩</u>云'为己之学，无所为而然'是也。"谦。

○ "<u>公都子</u>问性，首以情对，如曰'乃若其情，则可以为善矣'是也。次又以才对，如曰'若夫为不善，非才之罪'是也。继又以心对，如曰'恻隐羞恶'之类是也。其终又结之曰'或相（倍）〔倍〕蓰而无算者，不能尽其才者也'。所问者性，而所对者曰才、曰情、曰心，更无一语及性也。<u>明道</u>曰：'禀于天为性，感为情，动为心。'<u>伊川</u>则又曰：'自性之有形者谓之心，自性之动者谓之情。'如二先生之说，则情与心皆自夫一性之所发。彼问性而对以情与心，则不可谓不切所问者。然<u>明道</u>以动为心，<u>伊川</u>以动为情，兄弟之说自不相侔。不知今以动为心，以动为情是耶？或曰：'情对性言，静者为性，动者为情。'是说固然也。今若以动为情是，则<u>明道</u>何得却云'感为情，动为心'哉？<u>横渠</u>云：'心，统性情者也。'既是'心统性情'，<u>伊川</u>何得却云'自性之有形者谓之心，自性之有动者谓之情'耶？如<u>伊川</u>所言，却是性统心情者也。不知以心统性情为是耶，性统心情为是耶？此性、情、心三者未有至当之论也。至若伊川论才，则与孟子立意不同。孟子此章言才处，有曰'非才之罪也'，(故)〔又〕曰'不能尽其才者也'，又曰'非天之降才尔殊也'，又曰'以为未尝有才焉'。如孟子之意，未尝以才为不善，而伊川却说才有善有不善。其言曰：'气清则才善，气浊则才恶。'又曰：'气清则才清，气浊则才浊。'意者以气质为才也。以气质为才，则才固有善、不善分矣，而孟子却止以才为善者，何也？伊川又曰：'孟子言"非才之罪"者，盖公都子正问性善，孟子且答他正意，不暇一一辨之也。'审如是说，则孟子云'非天之降才尔殊'，与夫'以为未尝有才焉'者，岂皆答公都子之正问哉？其后伊川又引万章之问为证，谓(孟子)〔万章〕尝问象杀舜事，孟子且答他这下意，未暇与他辨完廪、浚井之非。夫完廪、浚井自是万章不能烛理，轻信。(如此篇论处)〔孟子且答正问，未暇与他言，此犹可言也。如此篇论才处〕尽是孟子自家说得如此，即非公都子之言，其曰未暇一一辨之，却是〔孟子自错了，未暇辨也，岂其然乎？〕孟子既要答他正意，亦岂容有一字之错？若曰错了一字，不惟启公都子之诘难，传之后世，岂不惑乱学者哉？此又'才'之一字，未有至当之论也。愿先生子细开发蒙昧。"答曰："近思录中一段云：'心，一也，有指体而言者。'注云：'"寂然不动"是也。''有指用而言者'，注云：'"感而遂通天下之故"是也。'夫'寂然不动'是性，'感而遂通'是情。故横渠云：'心，(包)〔统〕性情者也。'此说最为稳当。如前二程先生说话，恐是记录者误耳。如明道'感为情，动为心'，感与动如何分得？若伊川云：'自性而有形者谓之心。'某直理会他说不得！以此知是门人记录之误也。若孟子与伊川论才，则是。孟子所谓才，止是指本性而言。性之发用，无有不善处。如人之有才，事事做得出来。一性之中，万善完备，发将出来便是才也。"又云："恻隐、羞恶，是心也。能恻隐、羞恶者，才也。如伊川论才，却是指气质而言也。气质之性，古人虽不曾与人说着，考之经典，却有此意。如书云'人惟万物之灵，亶聪明，作元后'，与夫'天乃锡王勇智'之说，皆此意也。孔子谓'性相近也，习相远也'，孟子辨告子'生之谓性'，亦是说气质之性。近世被濂溪拈掇出来，而横渠、二程始有'气质之性'之说。此伊川论才所以云有善不善者，盖主此而言也。如韩愈所引越椒等事，若不着个气质说后，如何说得他通！韩愈论性比之荀扬最好。将性分三品，此亦是论气质之性，但欠一个'气'字耳。"漠。按金去伪录亦作"去伪问"而微有详略，今附于下："问：'明道先生曰"禀乎天为性，感为情，动为心"，伊川先生则又曰"自性之有形者谓之心，自性之有动者谓之情"，如二先生说，则情与心皆自夫一性之所发，彼问性而对以情与心，则不可谓不切所问者。然明道以动为心，伊川以动为情，兄弟之说自不相侔。不知今以动为心是耶，以动为情耶？或曰，"情对性言，静者为性，动者为情"，是说固然也。今若以动为情是，则明道何得却云"感为情，动为心"哉？横渠云"心统性情者也"，不知以心统性情为是邪？此性、情、心三者未有至当之论也。至若伊川论才则与孟子言意不同，孟子此篇言才处有四，如曰"非才之罪也"，又曰"不能尽其才者也"，又曰"非天之降才尔殊也"，又曰"以为未尝有才焉"。如孟子之意，未尝以才为不善，而伊川却说才有善不善，愿先生子细开说启发蒙昧。'曰：'近思录中一段云"心，一也，有指体而言者"，注云："'寂然不动'是也。""有指用而言者"，注云："'感而遂通天下之故'是也。"夫"寂然不动"是性，"感而遂通"是情，故横渠云"心统性情者也"，此说最为稳当。如前二程先生说话，恐是记录之者误耳。如明道云"感为情，动为心"，感与动如何分别得？若伊川"自性而有形者谓之心"，某直理会他不得，以此知是门人记录之误也。若孟子与伊川论才，则皆是。孟子所谓才止是指本性而言，性之发用无有不善处。如人之有才，事事做得出来，一性之中万善完备，发将出来便是才也。如恻隐、羞恶是心也，能恻隐、能羞恶者，才也。至伊川论才，却是指气质而言也。气质之性，古人虽不曾分明与人说，考之经典却有此意。如书言"人惟万物之灵，亶聪明，作元后"，与夫"天乃锡王勇智"之说，皆此意也。孔子谓"性相近也，习相远也"，孟子辨告子"生之谓性"，亦是说气质之性。近世被濂溪先生拈掇出来，而横渠、二程先生始有"气质之性"之说。此伊川论才，所以云有善有不善者，盖主此而言也。如韩愈所引越椒等事，若不着个气质说后，如何说得他通！韩愈论性比之荀扬尽好。将性分三品，此亦是论气质之性，但欠一个"气"字耳。'又问：'既是孟子指本性而言，则孟子谓才无不善，乃为至论。至伊川却云未暇与公都子一一与他辨者，何也？'曰：'此伊川一时被他门逼着，且如此说了。伊川如此等处亦多，不必泥也。'"

○　因言："心、性、情之分，自程子张子合下见得定了，便都不差。如程子诸门人传得他师见成底说，却一齐差却！"或曰："程子张子是他自见得，门人不过只听得他师见成说底说，所以后来一向差。"曰："只那听得早差了也！"〔偁。〕

○　心、意犹有痕迹。如性，则全无兆（朕）〔眹〕，只是许多道理在这里。砥。

○　寓问："意是心之运用处，是发处？"曰："运用是发了。"问："情亦是发处，何以别？"曰："情是性之发，情是发出恁地，意是主张要恁地。如爱那物是情，所以去爱那物是意。情如舟车，意如人去使那舟车一般。"寓。淳录同。

○　士毅问："意是心之所发，又说有心而后有意，则是发处依旧是心主之，到私意盛时心也随去。"曰："固然。"士毅。

○　李梦先问情、意之别。曰："情是会做底，意是去百般计较做底。意因有是情而后用。"义刚。〔夔孙录云："因是有情而居用其意。"〕

○　士毅问："情、意，如何体认？"曰："性、情则一。性是不动，情是动处，意则有主向。如好恶是情，'好好色，恶恶臭'便是意。"

○　未动而能动者，理也；未动而欲动者，意也。若海。

○ 性者，即天理也，万物禀而受之，无一理之不具。心者，一身之主宰；意者，心之所发；情者，心之所动；志者，心之所之，比于情、意尤重；气者，即吾之血气而充乎体者也，比于他则有形器而较粗者也。(人)〔又〕曰："舍心无以见性，舍性无以见心。"<u>榷</u>。

○ "心之所之谓之志，日之所之谓之时。'志'字从'之'从'心'，'旹'字从'之'从'日'，如云在午时，在寅时。制字之义由此。志是心之所之，一直去底。意又是志之经营往来底，是那志底脚。凡营为、谋度、往来，皆意也。所以<u>横渠</u>云：'志公而意私。'"问："情比意如何？"曰："情又是意底骨子。志与意都属情，'情'字较大，'性''情'字皆从'心'，所以说'心统性情'。心兼体用而言。性是心之理，情是心之用。"<u>偲</u>。

○ 又问意、志。先生云："<u>横渠</u>曰：'以"意""志"两字言，则志公而意私，志刚而意柔，志阳而意阴。'"<u>卓</u>。

○ 志是公然主张要做底事，意是私潜行间发处多。志如伐，意如侵。<u>升卿</u>。

○ <u>砥</u>问："情与才何别？"曰："情只是所发之路陌，才是会恁地去做底。且如恻隐，有恳切者，有不恳切者，是则才之有不同。"又问："如此，则才与心之用相类？"曰："才是心之力，是有气力去做底。心是管摄主宰者，此心之所以为大也。心，譬水也；性，水之理也。性所以立乎水之静，情所以行乎水之动，欲则水之流而至于滥也。才者，水之气力所以能流者。然其流有急有缓，则是才之不同。<u>伊川</u>谓'性禀于天，才禀于气'是也。只有性是一定，情与心与才便合着气了。心本未尝不同，随人生得来便别了。情则可以善，可以恶。"又曰："要见得分晓，但看明道云：'其体则谓之易，其理则谓之道，其用则谓之神。'易，心也；道，性也；神，情也。此天地之心、性、情也。"砥。

○ "性者，心之理；情者，心之动。才便是那情之会恁地者。情与才绝相近，但只是情是遇物而发，路陌曲折恁地去底便是，这才便是那会如此底耳。要之，千头万绪皆是从心上来。"又曰："仁、义、礼、智是心统性，恻隐、羞恶、辞逊、是非是心统情。"道夫。

○ 问："情与才何别？"曰："情是这里以手指心。动出，有个路脉曲折，随物恁地去。才是能主张运用做事底。同这一事，有人会发挥得，有人不会发挥得；同这一物，有人会做得，有不会做得。此可见其才。"淳。

○ 道夫问："性之所以无不善，以其出于天也；才之所以有善、不善，以其出于气也。要之，性出于天，气亦出于天，何故便至于此？"曰："性是形而上者，气是形而下者。形而上者全是天理，形而下者只是那渣滓。至于形，又是渣滓至浊者也。"道夫。

○ 问："能为善便是才。"曰："能为善而本善者是才。若云能为善便是才，则能为恶亦是才也。"人杰。

○ 论材气。曰："气是敢做底，才是能做底。"德明。

○ 问："'天命之谓性'，充体谓气，感触谓情，主宰谓心，立趋向谓志，有所思谓意，有所逐谓欲。"答云："此语或中或否，皆出臆度，要之未可遽论。且涵泳玩索，久之当自有见。"铢。

○ 尝见先生云："名义之语极难下。如说性则有天地之性，气质之性。说仁则伊川有专言之仁，偏言之仁。此等且要默识心通。"人杰。

○ 又问："知与思于人身最紧要。"曰："然。二者也只是一事。知如手相似，思是交这手去做事也，思所以用夫知也。"卓。知思附。

○ 问魂魄之说。曰："'魂者，阳之神；魄者，阴之神。'此是淮南子注。"恪。以下魂魄等附。

○ 魂，阳之神也，又云"气之神"。魄，阴之神也，又云"精之神"。僩。

○ 又曰："阴阳之始交，天一生水。物生始化曰魄。既生魄，暖者为魂。先有魄而后有魂，故魄常为主为干。"僩。

○ 人生初间是先有气，既成形，是魄在先。"形既生矣，神发知矣"，既有形后，方有精神知觉。子产曰："人生始化曰魄，既生魄，阳曰魂。"数句说得好。按此引左传昭七年郑子产为伯有立义一段，云："及子产适晋，赵景子问焉。曰：'伯有犹能为鬼乎？'子产曰：'能。人生始化曰魄，阳曰魂，用物精多则魂魄强，是以有精爽，至于神明。匹夫匹妇强死，其魂魄犹能冯依于人，以为淫厉。况良霄，我先君穆公之胄，子良之孙，子耳之子，故邑之卿，从政三世矣。郑虽无腆，抑谚曰"蕞尔国"，而三世执其政柄，其用物也弘矣，其取精也多矣。其族又大，所凭厚矣，而强死，能为鬼，不亦宜乎？'"淳。

○ 口鼻之呼吸是气，魂是气之神；耳目之聪明是精，魄是精之神。庚。

○ 释氏地、水、火、风，粗而言之：地便是体，水便是魄，火风便是魂。他便也是见得这魂魄。<u>夔</u>。

○ 魂属木，魄属金，所以说"三魂七魄"是金木之数也。<u>庚</u>。

○ 问魂魄。曰："气质是实底，魂魄是半虚半实底，鬼神是虚分数多、实分数少底。<u>林少蕴解书</u>'殂落'云'魂殂而魄落'，前此未有此说，觉得说得好。便是'魂归于天，魄降于地'底意。"又问："祭山川鬼神是有个物，故其神可致。如人死气散，如何致得？"曰："只是一气。如子孙有个气在此，毕竟是因何有此？其生有自来，盖自厥初生民气化之祖相传至此，只是一气。"又问："祭圣贤如何？"曰："有功德在人，人自当报之。古人祀五人帝，亦是如此。"<u>赐</u>。

○ 问魂魄。曰："魄是一点精气，交时便有这神。魂是发扬出来底，如气之出入息。魄是水，人之能（亲）〔视〕能听，心能强记底。有这魄，便有这神，不是外面入来。魄是精，魂是气；魄主静，魂主动。"又曰："草木之生自有个神，他自不能生。在人则心便是，所谓'形既生矣，神发知矣'是也。"又问（劳死魄）生魂死魄。曰："古人只说'三五而盈，三五而缺'。近时人方推得是他所以圆缺，乃是魄受光处。魄未尝无也。人有魄先衰底，有魂先衰底。如某近来觉重听多忘，是魄先衰。"又曰："一片底便是分做两片底，两片底便是分作五片底。做这万物、四时、五行，只是从那太极中来。太极只是一个气，迤逦分做两个：气里面动底是阳，静底是阴。又分做五气，又散为万物。"<u>植</u>。

○ 又曰："动者，魂也；静者，魄也。'动静'二字括尽魂魄。凡能运用作为皆魂也，魄则不能也。今人之所以能运动，都是魂使之尔。魂若去，魄则不能也。今魄之所以能运，体便死矣。月之黑晕便是魄，其光者乃日加之光耳，他本无光也，所以说'哉生魄''旁死魄'。庄子曰'日火外影，金水内影'，此便是魂魄之说。"僩。〔有脱误。〕

○　耳目之聪明为魄，魄是鬼。某自觉气盛则（魂）〔魄〕衰。童男童女死而魄未化。升卿。

○　又曰："人之能思虑计画者，魂之为也；能记忆辨别者，魄之为也。"僩。

○　"人有尽记得一生以来履历事者，此是智以藏往否？"曰："此是魄强，所以记得多。"德明。

○　直卿云："看来'神'字本不专说气，也可以就理上说。先生只就形而下者说。"曰："所以某就形而下说，毕竟就气处多，发出光彩便是神。"味道问："神如此说，心又在那里？"曰："神便在心里面为精，发出光彩为神。精属阴，神属阳。说到魂魄鬼神，又是就到大段粗处。"寓。

○　龙气盛，虎魄盛，故龙能到云，虎能啸风也。许氏必用方首论"虎睛定魄，龙齿安魂"，亦有理。广。

○　"精神在人身上如何分？"曰："神属外，精在里；神属气，精属魄。"可学。

○　问："真元外气如何？"曰："真元是生气在身上。"曰："外气入真元气否？"曰："虽吸入，又散出，自有界限。但论其理则相通。"可学。

朱子语类卷第六
性理三

仁义礼智等名义

○　道者，兼体用、该隐费而言也。_节。

○　问："道与理何别？"曰："道是统名，理是细目。"_{可学}。

○　道训路，大概说人所共由之路。理各有条理界瓣。因举<u>康节</u>云："夫道也者，道也。道无形，行之则见于事矣。如道之道，坦然使千亿万年行之，人知其归者也。"<u>闳祖</u>。

○　理是有条瓣逐一路子。以各有条谓之理，人所共由谓之道。_节。

○　理者，有条理之谓也。_节。

○　节问："何谓理？"答曰："理是有条理，有文路子当从那里去，自家也从那里去；文路子不从那里去，自家也不从那里去。须寻文路子在何处，只挨着理了行。"_节。

○ "理如一把线相似，有条理，如这竹篮子相似。"指其上行篾曰："一条子恁地去。"又别指一条曰："一条恁地去。又如竹木之文理相似，直是一般理，横是一般理。有心便有得许多理。"节。

○ 蔡季通云："理有流行，有对待。先有流行，后有对待。"曰："难说先有后有。"季通举太极说，以为理皆然，且执其说。人杰。

○ 理者有条理，仁义礼智皆有之。节。

○ 节问："既是一理，又谓五常，何也？"曰："谓之一理亦可，五理亦可。以一包之则一，分之则五。"问分为五之序。答曰："浑然不可分。"节。

○ 只是这个理，分做四段，又分做八段，又细碎分将去。四段者，意某为仁义礼智。当时因言文路子之说而及此。〔节。〕

○ 先生与人书中曰："至微之理，至（者）〔著〕之事，一以贯之。"节。

○ 理无事则无所依附。节。

○ 问："泛观天地间，'日往月来，寒往暑来'，'四时行，百物生'，这是道之用流行发见处。即此而总言之，其往来生化无一息间断处，便是道体否？"曰："此体、用说得是，但'总'字未当，'总'便成兼用说了。只就那骨处便是体。如水之或流，或止，或激成波浪，是用；即这水骨可流，可止，可激成波浪处便是体。如这身是体；目视，耳听，手足运动处便是用。如这手是体，指之运动提拨处便是用。"淳举论语集注曰："往者过，来者续，无一息之停，乃道体之本然处。"
曰："这说即是此意。"淳。

○ 人只是合当做底便是体，人做处便是用。譬如此扇子，有骨，
有柄，用纸糊，此则体也；人摇之则用也。如尺与秤相似，上有分寸星
铁则体也，将去秤量物事则用也。方子。

○ 体是这个道理，用是他用处。如耳听目视，自然如此，是
（理）〔体〕也；开眼看物，着耳听声便是用。江西人说个虚空底体，涉
事物便唤做用。芝。

○ 问："前夜说体、用无定所，是随处说如此。若合万事为一体、
用则如何？"曰："体、用也定。见在底便是体，后生来底便是用。此身
是体，动作处便是用。天是体，'万物资始'处便是用。地是体，'万物
资生'处便是用。就阳言，则阳是体，阴是用；就阴言，则阴是体，阳
是用。"淳。

○ 蕫卿问"敬为体，和为用"。曰："自心而言，则心为体，敬和
为用；以敬对和而言，则敬为体，和为用。大抵用无尽时，只管恁地移
将去。如两仪对太极而言，则太极为太极；四象对两仪，则两仪为太
极；八卦对四象，则四象又为太极。又如自南而视北，则北为北；自北
而视之，则北中又自有南北也。道理都如此。"又问："异用同体，不言
同出于一理，而曰出于一心，何耶？"曰："理也说得，而心较分明。"
道夫。

○ 节问："去岁闻先生曰：'只是一个道理，其分不同。'所谓分
者，莫只是理一而其用不同？如君之仁、臣之敬、子之孝、父之慈，与

国人交之信之类是也。"答曰："其体已略不同。君臣、父子、国人是体，仁敬、慈孝与信是用。"问："体、用皆异?"答曰："如这片板，只是一个道理。这一路子恁地去，那一路子恁地去。如一所屋，只是一个道理，有厅，有堂。如草木，只是一个道理，有桃，有李。如这众人，只是一个道理，有张三，有李四。李四不可为张三，张三不可为李四。如阴阳，西铭言'理一分殊'亦是如此。"又曰："分得愈见不（周）〔同〕，愈见得理大。"芟。

○　芟问："先生昔曰'礼是体'，今乃曰'礼者，天理之节文，人事之仪则'，似非体而是用。"答曰："公江西有般乡谈，才见分段子，便说道是用，不是体。如说尺时，无寸底是体，有寸底不是体，便是用。如秤，无星底是体，有星底不是体，便是用。且如扇子，有柄，有骨子，用纸糊，此便是体；人摇之便是用。"杨至之问体。先生曰："合当底是体。"芟。

○　孔子说仁，多说体；孟子说仁，多说用。如"克己复礼""恻隐之心"之类。闳祖。〔芟同。〕

○　又问适间说数段。"皆是要紧说话。仁是体，义是用，道是个总括处，推说仁义礼智只谓之理。"寓。

○　仁兼义言者，是言体；专言仁者，是兼体〔用〕而言。芟。

○　学者疑问中谓："就四德言之，仁却是动，智却是静。"曰："周子太极图中乃是如此说。"又曰："某前日答一朋友书云：'仁体刚而用柔，义体柔而用刚。'"人杰。

○　直卿曰："五常中说知有两般：就知识处看，用着知识者是知；就理上看，所以为是为非者亦知也。一属理，一属情。"曰："固是。道德皆有体有用。"寓。

○　问仁义礼智体用之别。曰："自阴阳上看下来，仁礼属阳，义智属阴；仁礼是用，义智是体。春夏是阳，秋冬是阴。只将仁义说，则'春作夏长'，仁也；'秋敛冬藏'，义也。若将仁义礼智说，则春，仁也；夏，礼也；秋，义也；冬，智也。仁礼是敷施出来底，义是肃杀果断底，智便是收藏底。如人肚藏有许多事，如何见得！其智愈大，其藏愈深。正如易中说：'立天之道曰阴与阳，立地之道曰柔与刚，立人之道曰仁与义。'解者多以仁为柔，以义为刚，〔非〕也。却是以仁为刚，义为柔。盖仁是个发出来了，便〔硬〕而强；义便是收敛向里底，外面见之便是柔。"僴。

○　忠是体，恕是用，只是一个物事。如口是体，说出话便是用。不可将口做一个物事，说话底又做一个物事。淳。

○　问诚是"五常之本"。曰："诚是通体地盘。"方子。

○　诚者，实有此理。〔节。〕

○　诚只是实。又云："诚是理。"〔一作"只是理"。〕去伪。

○　诚，实理也，亦诚悫也。由汉以来，专以诚悫言诚。至程子乃以实理言，然而后学又皆弃诚悫之说不观。中庸亦有言实理为诚处，亦有言诚悫为诚处，不可只以实为诚，而以诚悫为非诚也。砥。

○ 问性、诚。曰："性是实，诚是虚。性是理底名，诚是好处底名。性，譬如这个扇子相似；诚，譬则是这个扇子做得好。"又曰："胡五峰曰：'诚者，命之道乎！中者，性之道乎！仁者，心之道乎！'此语分得轻重。扇子虚实底处却好。某以为'道'字不若改做'德'字更亲切，'道'字却较疏。"植。

○ 问诚、敬之说多不同。曰："须逐处理会。中庸说诚处作中庸看，孟子说诚处作孟子看，将来自相发明。"赐。

○ 先生尝问在坐者："诚、敬如何分？"对者未有分晓之说。先生曰："诚是不敢（忘）〔妄〕底意思，敬是不敢放肆底意思。"过。

○ 妄诞欺诈为不诚，怠惰放肆为不敬，此诚、敬之别。銍。

○ "谨"字未如"敬"，"敬"又未如"诚"。程子曰："主一之谓敬，一者之谓诚。""敬"尚是着力。铢。

○ 问诚、信之别。曰："诚者是自然底实，信是人做底实，故曰'诚者，天之道'。这是圣人之信。若众人之信，只可唤做信，未可唤做诚。诚是自然无妄之谓。如水只是水，火只是火，仁彻底是仁，义彻底是义。"夔孙。

○ 胡叔器问："诚与信如何分？"曰："诚是个自然之实，信是个人所为之实。中庸说'诚者，天之道也'便是诚，若'诚之者，人之道也'便是信。信不足以尽诚，犹爱不足以尽仁。"可学。

○ "尽心之谓忠，一心之谓诚，存于中之谓孚，见诸事之谓信。"

问"中孚"之义，先生引<u>伊川</u>语。"孚"字从"爪"从"子"，取鸟抱卵之义。言人心之所存者，实有是物也。<u>侗</u>。

○ 问："仁与诚何别？"曰："仁自是仁，诚自是诚，何消合理会？理会这一件也看到极处，理会那一件也看到极处，便都自见得。"<u>淳</u>。

○ "一与中、与诚、浩然之气为一体事否？"曰："（二）〔一〕只是不杂，不可将做一事。中与诚、与浩然之气固是一事，然其分各别：诚是实有此理，中是状物之体段，浩然之气只是为气而言。"〔<u>去伪</u>。〕

○ 问："仁、义、礼、智、诚、中庸，（以）〔不〕知如何看？"曰："仁（议）〔义〕礼智乃未发之性，所谓诚。中庸皆已发之理。人之性本实，而释氏以性为空也。"<u>晦夫</u>。

○ 理一也，以其实有，故谓之诚。以其体言，则有仁义礼智之实；以其用言，则有恻隐、羞恶、恭敬、是非之实，故曰："五常百行非诚，非也。"盖其无实矣，又安得有是名乎？<u>植</u>。

○ 德者，得于天者。讲学而得之，得自家本分底物事。<u>苨</u>。

○ 存之于中谓理，得之于心为德，发见于行事为百行。心者，统性情而言也。<u>苨</u>。

○ 因有援引比类讲忠恕者。曰："今日〔浙〕中之学正坐此弊，多强将名义比类牵合而说。要〔之〕学者须是将许多名义如忠恕、仁义、孝弟之类各分析区处，如经纬相似，使一一有个着落。将来这个道理熟，自然有个合处。譬如大概兰<u>南康</u>而言，皆（长）〔是〕<u>南康</u>人也，却须去其间识得某人为谁，某人在甚处，然后谓之识<u>南康</u>人也。"<u>人杰</u>。

○ 在天只是阴阳五行，在人得之只是刚柔五常之德。<u>泳</u>。

○ 大而天地万物，小而起居食息，皆太极阴阳之理也。又曰："仁木，义金，礼火，智水，信土。"〔<u>祖道</u>。〕

○ 问："'木之神为仁，火之神为礼'，如何见得？"曰："'神'字犹云意思也。且如一枝柴，却如何见得他是仁？只是他意思却是仁。火那里见得是礼？却是他意思是礼。"<u>僩</u>。

○ 以仁属阳，以义属阴。仁主发动而言，义主收敛而言。若<u>扬子</u>云："于仁也柔，于义也刚。"又自是一义。便是这个物事不可一定名之，看他用处如何。<u>正淳</u>问："<u>集注</u>云：'刚者，勇之体；勇者，刚之发。'何也？"曰："<u>春秋传</u>云：'使勇而无刚者，尝寇而速去之。'勇只是发用于外者。"<u>榦</u>。

○ "仁礼属阳，属健；义知属阴，属顺。"问："义则截然有定分，有收敛底意思，自是属阴顺。不知智如何解？"曰："智更是截然，更是收敛。如知得是，知得非，知得便了，更无作用，不似仁、义、礼三者有作用。知只是知得了，便交付恻隐、羞恶、辞逊三者。他那个更收敛得快。"<u>僩</u>。

○ 仁礼属阳，义智属阴。<u>袁机仲</u>却说："义是刚底物，合属阳；仁是柔底物，合属阴。"殊不知舒畅发达便是那刚底意思，收敛藏缩便是那阴底意思。他只念得"于仁也柔，于义也刚"两句便如此说，殊不知正不如此。又云："以气之呼吸言之，则呼为阳，吸为阴，吸便是收敛底意。乡饮酒义云：'温厚之气盛于东南，此天地之仁气也；严凝之气盛于西北，此天地之义气也。'"恻。

○ 若说得本源，则不犯"仁"字。禅家曹洞有"五位法"，固可笑。以黑为正位，白为偏位。若说时，只是形容个黑白道理，更不得犯"黑""白"二字，皆是要从心中流出，不犯纸上语。从周。

○ 节问："先生以为一分为二，二分为四，四分为八，又细分将去。程子说'性中只有个仁义礼智四者而已'，只分到四便住，何也?"曰："周先生亦止分到五行住。若要细分，则如易样分。"节。

○ 尝言仁义礼智而以手指画扇中心，曰："只是一个道理，分为两个。"又横画一画，曰："两个分为四个。"又以手指逐一指所分为四个处，曰："一个是仁，一个是义，一个是礼，一个是智。这四个便是个种子，恻隐、羞恶、恭敬、是非，便是种子所生底苗。"节。

○ "今且要（诚）〔识〕得仁之意思是如何。圣贤说仁处最多，那边如彼说，这处如此说，文义各不同。看得个意思定了，将圣贤星散说体看，处处皆是这意思，初不相背，始得。集注说：'爱之理，心之德。'爱是恻隐，恻隐是情，其理则谓之仁。心之德，德又只是爱，谓之心之德却是爱之本柄。人之所以为人，其理则天地之理，其气则天地之气。理无迹，不可见，故于气观之。要识仁之意思，是一个浑然温和之气，其气则天地阳春之气，其理则天地生物之心。今只就人身己上看有这意思是如何。才有这意思便自恁地好，便不恁底干燥。将此意看圣贤许多说仁处，都只是这意。告颜子以'克己复礼'，克去己私以复于礼，自然都是这意思。这不是待人旋安排，自是合下都有这个浑全流行物事。此意思才无私意间隔，便自见得人与己一，物与己一，公道自流行。须是如此看。孔门弟子所问都只是问做工夫，若是仁之体段意思，也各各自理会得了。今却是这个未曾理会得，如何说要做工夫！且如程先生云'偏言则一事，专言则包四者'，云'四德之元，犹五常之仁'。恰似有一个小小底仁，有一个大大底仁。'偏言则一事'是小小底仁，只做得仁之一事；'专言则包四者'是大大底仁，又是包得礼义智底仁。若如此说，是有两样仁。不知仁只是一个，虽是偏言，那许多道理也都在里面；虽是专言，那许多道理也都在里面。"致道云："如春是生物之时，已包得夏长、秋成、冬藏意思在。"曰："春是生物之时，到夏秋冬也只是这气流注去，但春则是方始生荣意思，到夏便是结（里）〔裏〕定了，是这生意到后只渐老了。"贺孙曰："如温和之气固是见得仁。若就包四者意思看，便自然有节文，自然得宜，自然明辨。"答曰："然。"贺孙。

○　问仁。曰："将仁、义、礼、智四字求。"又问："仁是统体底否？"曰："且理会义礼智令分明，其空缺一处便是仁。"又曰："看公时一般气象如何，私时一般气象如何。"德明。

○　先生曰："'仁'字须兼义、礼、智看，方看得。仁者，仁之本体；礼者，仁之节文；义者，仁之断制；知者，仁之分别。犹春夏秋冬虽不同，而同出于春。春则生意之生也，夏则生意之长也，秋则生意之成也，冬则生意之藏也。自四而两，两而一，则统之有宗，会之有元，故曰'五行一阴阳，阴阳一太极'。"又曰："仁为四端之首，而智则能〔成始〕成终。犹元为四德之长，然元不生于元而生于贞。（尽）〔盖〕天地之化，不翕聚则不能发散。仁、智交际之间乃万化之机轴。此理循环不穷，吻合无间。"又曰："贞而不固则非贞。贞如板筑之有干，不贞则无以为元。"又曰："文言上四句说天德之自然，下四句说人事之当然。元者乃众善之长也，亨者乃嘉之会也。嘉会，犹言一齐好也。会犹齐

也，言万物至此通畅茂盛，一齐皆好也。利者义之和处也，贞者乃事之
桢干也。下文'体仁足以长人'，以仁为体而温厚慈爱之理由此发出也。
体犹所谓'公而以人体'之'体'。嘉会者，嘉其所会也。——以礼文
节之，使之无不中节乃嘉其所会也。'利物足以和义'，言义者事之宜
也，利物则合乎事之宜矣。此句乃翻转，'义'字愈明白，不利物则非
义矣。贞固以贞为骨子，则坚定不可（彩）〔移〕易。"铢。

○　仁、义、礼、智便是元、亨、利、贞。若春间不曾发生得，到
夏无缘得长，秋冬亦无可收藏。泳。

○　仁、义、礼、智，性之大目，皆是形而上者，岂可分也！人杰。

○　"仁、义、礼、智才去寻讨他时便动了，便不是本来底。"又
曰："心之所以会做许多，盖是得许多道理。"又曰："何以见得有此四
者？因其恻隐，知其有仁；因其羞恶，知其有义。"又曰："伊川谷种之
说最好。"又曰："冬饮汤是宜饮汤，夏饮水是宜饮水。冬饮水、夏饮汤
便不宜。人之所以羞恶者，是触着这宜。如两个物事样，触着宜便羞
恶。羞恶只是一事。"节。

○　晏亚夫问仁义礼智里面次序。先生指其掌曰："论轻重，则仁
礼春夏，义智秋冬。"节。

○　生底意思是仁，杀底意思是义，发见会通是礼，收藏不测是
智。节。

○　节问："仁义礼智，立名还有意义也无？"答曰："说仁便有慈
爱底意思，说义便有刚果底意思，也不可谓无意义。"节。

○ 或问："仁义礼智，性之四德。又添'信'字，谓之'五性'如何？"曰："信是诚实。此四者实有是仁，实有是义，（与）礼、智皆然。如五行之有土，非土则不足以载四者。又如土于四时各寄王十八日，或谓王于戊己。然季夏乃土之本宫，故尤王夏末。月令载'中央土'者，以此故也。"<u>人杰</u>。

○ （自）〔百〕行皆仁义礼智中出。<u>节</u>。

○ 前辈教人求仁，只说是渊深温粹，义理饱足。<u>銖</u>。

○ 说仁，只看孺子将入井时，尤好体认。<u>季札</u>。

○ （子）〔王〕元翰云："存得此心即便是仁。"先生深然之。<u>道夫</u>。

○ 或问"存得此心便是仁"。曰："且要存得此心，不为私欲所胜，遇事每每着精神照管，不可随物流去，须要紧紧守着。若常存得此心，应事接物，虽不中不远。思虑纷扰于中，都是不能存此心。此心不存，合视处也不知视，合听处也不知听。"或问："莫在于敬否？"曰："敬非别是一物事，常唤醒此心便是。人每日只如此（体）〔鹘〕鹘突突过了，心都不曾收拾得在这里面。"又曰："仁虽似有刚直意，毕竟本是个温和之物，但出来发用时有许多般，须是非、辞逊、断制三者，方成仁之事。及至事定，三者各退，仁仍旧温和，缘是他本性分如此。人但见有是非、节文、断制，却谓都是仁之本意，则非也。春本温和，故能生物，所以说仁如春。"〔<u>明作</u>。〕

○ <u>道夫</u>问："向者以书言仁，虽蒙赐书有进教之意，然仁道至大，而道夫所见只以存心为要，恐于此当更有恢广功夫。"曰："也且只得恁做去，久之自见利病。"顷之，复曰："这功夫忙不得。只常将上来思量，自能有见。横渠云：'盖欲学者存意之不忘，庶游心浸熟，有一日脱然如大寐之得醒耳。'"道夫。

○ 百行万善，固是都合着力，然如何件件去理会得！百行万善总于五常，五常又总于仁，所以孔孟只教人求仁。求仁只是"主敬""求放心"，若能如此，道理便在这里。从周。

○ 学者须是求仁。所谓求仁者，不放此心。圣人亦只教人求仁，盖仁义礼智四者，仁（是）〔足〕以包之。若是存得仁，自然头头做着，不用逐事安排，故曰"苟志于仁矣，无恶也"。今看大学亦要识此意，所谓"顾误天之明命"，"无他，求其放心而已"。铢。

○ 做一方便事，也是仁；不杀一虫，也是仁；"三月不违"，也是仁。节。

○ 耳之德聪，目之德明，心之德仁，且将这意去思量体认。泳。

○ 将爱之理在自家心上体，自体认思量，便见得仁。

○ 仁是个温和柔软底物事。老子说："柔弱者，生之徒；坚强者，死之徒。"见得自是。看石头上如何种物事出！"蔼乎若春阳之温，泛乎若醴酒之醇"，此是形容仁底思意。当来得于天者只是个仁，所以为心之全体。却自仁中分四界子：一界上是仁之仁，一界子是仁之义，一界子是仁之礼，一界子是仁之智。一个物事，四脚撑在里面，唯仁兼统之。心里只有此四物，万物万事皆自此出。

○ 天之春夏秋冬最分晓：春生，夏长，秋收，冬藏。虽分四时，然生生意（味）〔未〕尝不贯，纵霜雪之惨亦是生意。

○ 以"生"字说仁，生自是上一节事。当来天地生我底意，我而今须要自体认得。

○ 试自看一个物坚硬如顽石，成得甚物事！此便是不仁。

○ 试自看温和柔软时如何，此所以"孝弟为仁之本"。若如顽石，更下种不得，俗说"硬心肠"可以见。硬心肠，如何可以与他说话？

○ 恻隐、羞恶、辞逊、是非，都是两意：恻是初头子，隐是痛；羞是羞己之恶，恶是恶人之恶；辞在我，逊在彼；是、非自分明。

○ 才仁，便生出礼，所以仁配春，礼配夏；义是裁制，到得智便了，所以配秋、配冬。

○ 既认得仁如此分明，到得做工夫须是"克己复礼"；"出门如见大宾，使民如承大祭"，"己所不欲，勿施于人"，方是做工夫处。泳云："先生令思'仁'字，至（穷）〔第〕三夜方说前三条，以（从）〔后〕八条又连三四夜所说，故今依次第，不敢（夜）〔移〕动。"

○ 公不可谓之仁，但公而无私便是仁。敬不可谓之中，但敬而无失便是中。道夫。

○ 公是仁之方法，人身是仁之材料。铢。

○　无私以间之故曰<u>窦</u>本"_{故曰}"作"_则"。公，公则仁。譬如水，着<u>窦</u>本"着"作"若一"。些子碍便成两截，须是打并了<u>窦</u>本"了"作"他"。障塞，使<u>窦</u>本作"便"。滔滔地去。<u>铢</u>。

○　问"公者仁之理"。曰："'理'字未安，上下文却皆好。"<u>可学</u>。

○　公在前，恕在后，中间是仁。公了方能仁，私便不能仁。<u>可学</u>。

○　王景仁问仁。曰："无以为也。须是试去屏叠了私欲，然后子细体验本心之德是甚气象，无徒讲其文义而已也。"<u>处谦</u>。

○　做到私欲净尽，天理流行，便是仁。<u>道夫</u>。

○　<u>周明作</u>谓"私欲去则为仁"。曰："谓私欲去后仁之体见则可，谓私欲去后便为仁则不可。譬如日月之光，云雾蔽之，固是不见。若谓云雾去则便指为日月亦不可。如水亦然。沙石杂之间，非水之本然，然沙石去后自有所谓水者，不可便谓无沙无石〔为水也〕。"<u>雉</u>。

○　<u>余正叔</u>谓"无私欲是仁"。曰："谓之无私欲然后仁则可，谓无私便是仁则不可，盖无欲而后仁始见，如无所壅底而后水方行。"<u>方叔</u>曰："与天地万物为一体是仁。"曰："无私是仁之前事，与天地万物为一体是仁之后事。惟无私，然后与天地万物为一体。_{要在二者之间识得}（_{八字}）。毕竟仁是甚模样？欲晓得仁名义，须共'义'、'礼'、'智'三字看。欲真个见得仁底模样，须是从'克己复礼'做工夫去。_{今人说仁如糖，皆道是甜底；不曾吃着，不知甜是甚滋味。圣人都不说破，在学者以身体之而已矣}。"<u>闳祖</u>。

○ 上蔡说仁，只从知觉上说，不就为仁处说。圣人分明说"克己复礼为仁"，不曾说知觉底意。上蔡一变而张子韶，上蔡所不敢冲突者，张子韶出来尽冲突了。近来陆子静又冲突张子韶之上。

○ 仁固有知觉，唤知觉做仁却不得。闳祖。

○ 以名义言之，仁自是爱之体，觉自是智之用，本不相同，但仁包四德。苟仁矣，安有不觉者乎！道夫。

○ 问："上蔡以觉训仁，莫与佛氏说异？若张子韶之说，则与上蔡不同。"曰："子韶本无定论，只是迅笔便说，不必辨其是非。其云佛氏说觉，却只是说识痛痒。"曰："上蔡亦然。"又问："上蔡说觉，乃是觉其理。"曰："佛氏亦云觉理。"此一段说未尽，客至，起。可学。

○ 问："先生答湖湘学者书，以'爱'字言仁，如何？"曰："缘上蔡说得'觉'字太重，便相似说禅。"问："龟山却推'恻隐'二字。"曰："龟山言'万物与我为一'云云，说亦太宽。"问："此还是仁之体否？"曰："此不是仁之体，却是仁之量。仁者固能觉，谓觉为仁不可；仁者固能与物为一，谓万物为一为仁亦不可。譬如说屋，不论屋是木做柱，竹做壁，却只说屋如此大，容得许多物。如万物为一，只是说得仁之量。"因举禅语是说得量边事云云。德明。

○ 器之问韩文公"博爱之谓仁"。曰："程先生之说最分明，只是不子细看。要之，仁便是爱之体，爱便是仁之用。"

○ 湖南学者说仁，旧来都是架空说出一片。顷见王日休解孟子中有云："麒麟者，狮子也。"所谓仁者，本是恻隐温厚底物事，却被他们说得抬虚打险，瞠眉努眼，却似说麒麟做狮子，有吞伏百兽之状，盖自"知觉"之说起之。麒麟不食生肉，不践生草；狮子则一草不践，百兽闻之而脑裂。鳖。

○ 义是个毅然说话，如利刀着物。季札。

○ 义似一柄快刀相似。人杰。

○ 不可执定，随他理去。理如此，自家行之便是义。节。

○ 又曰："天下之物未尝无对，有阴便有阳，有仁便有义，有善便有恶，有语便有默，有动便有静，然又却只是一个道理。如人行出去是这脚，行归亦是这脚。譬如口中之气，嘘则为温，吸则为寒耳。"雉。

○ 仁义如阴阳，只是一气。阳是正长底气，阴是方消底气；仁便是方生底（意）〔义〕，义便是收回头底仁。要之，仁未能尽得道体，道则平铺地散在里，仁固未能尽得。然仁却是足以该道之体。若识得阳便识得阴，识得仁便识得义，识得一个便晓得其余个。道夫。

○ "寻常人施恩惠底心便发得易，当刑杀时此心便疑。可见仁属阳、属刚，义属阴、属柔。"直卿云："只将'舒''敛'二字看便见。喜则舒，怒则敛。"〔方子。〕

○ 又曰："仁义，其体亦有先后。"节。

○ 义之严肃，即是仁底收敛。淳。

○ "克己复礼为仁"，善善恶恶为义。道夫。

○ 问："义者仁之质？"曰："义有裁制割断意，是把定处便发出许多仁来。如非礼勿视听言动，便是把定处；'一日克己复礼，天下归仁'，便是流行处。"淳。

○ 礼者，节文也。礼数。节。

○ 熟底是仁，生底是恕；自然底是仁，勉强底是恕；无计较、无睹当底是仁，有计较、有睹当底是恕。〔道夫。〕

○ 或问："'恕则仁之施，爱则仁之用'，施与用如何分明？"曰："恕之所施，施其爱尔。不恕，则虽有爱而不能及人也。"铢。

○ 问："'恕则仁之施，爱则仁之用'，施与用何以别？"曰："施是从这里流出，用是就事说。'推己为恕'，是从己流出去及那物，爱是才调恁地。爱如水，恕如水之流。"淳。

○ 问："先生谓'爱如水，恕如水之流'，淳退而思，有所未合。窃谓仁如水，爱如水之润，恕如水之流，不审如何？"曰："说得好。昨日说过了。"淳。

○ 敬硬，恭软。节。

○ 恭主容，敬主事。有事则着心做，不易其心而为之，是敬。恭形于外，敬主于中。自诚身而言则恭较紧，自行事而言则敬为切。淳。

○ 因言"恭敬"二字如忠信，或云："敬，主于中者也；恭，发于外者也。"曰："凡言发于外，比似主于中者较大。盖必充积盛满而后发于外，则发于外者岂不如主于中者？然主于中者却是本，不可不知。"<u>卓</u>。

○ 又问："'恭敬'二字，以谓恭在外，功夫犹浅；敬在内，功夫大段细密。"曰："二字不可以深浅。'恭敬'，犹'忠信'。"<u>文蔚</u>谓："恭即是敬之发见。"先生默然良久，曰："本领虽在敬上，若论那大处，恭反大。如敬若不是里面积盛，无缘发出来做得恭。"<u>文蔚</u>。

○ 忠信者，真实而无虚伪也，无些欠缺，无些间断，朴实头做去，无停住也。敬者，收敛而不放纵也。<u>祖道</u>。

○ 因言勇而无刚。曰："刚与勇不同：勇只是敢为，刚有坚强之意。"〔<u>闳祖</u>。〕

朱子语类卷第七
学一

小学

○ 古者初年入小学，只是教之以事，如礼、乐、射、御、书、数及孝悌、忠信之事。自十六七入大学，然后教之以理，如致知、格物及所以为忠信孝弟者。道夫。

○ 古人自入小学时已自知许多事了，至入大学时只要做此工夫。今人全未曾知此。古人只去心上理会，至去治天下，皆自心中流出。今人只去事上理会。泳。

○ 古者小学已自养得小儿子这里，已自是圣贤坯璞了，但未有圣贤许多知见。及其长也，令入大学，使之格物、致知，长许多知见。苣。

○ 王问大学、小学之别。曰："小学是直理会那事；大学是穷究那理，因甚恁地。"寓。

○ 小学者，学其事；大学者，学其小学所学之事之所以。苣。

○ 问小学、大学之别。先生曰："小学是事，如事君、事父、事兄、处友等事，只是教他依此规矩做去。大学是发明此事理。"<u>铢</u>。

○ 古人便都从小学中学了，所以大来都不费力，如礼、乐、射、御、书、数，大纲都学了。及至长大，也不更大段学，便只理会穷理、致知工夫。而今是自（少）〔小〕失了，要补填，实是难，但须庄敬诚实，立其基本，逐事逐物理会道理。待此通透，意诚心正了，就切身处理会，旋旋去理会礼、乐、射、御、书、数。今则无所用乎御。如礼、乐、射、书、数，也是合当理会底，皆是切用。但不先就切身处会得道理，便教考究得些礼文制度，又干自家身己甚事！<u>贺孙</u>。

○ "古者小学已自暗养成了，到长来已自有圣贤坯模，只就上面加光饰。如今全失了小学工夫，只得教人且把敬为主，收敛身心，却方可下工夫。"又曰："古人小学教之以事，便自养得他心，不知不觉自好了。到得渐长，渐更历通达事物，将无所不能。今人既无本领，只去理会许多闲汨董，百方措置思索，反以害心。"<u>贺孙</u>。

○ 淳问："大学与小学不是截然为二。小学是学其事，大学是穷其理以尽其事否？"曰："只是一个事。小学是学事亲、学事长，且直理会那事。大学是就上面委曲详究那理，其所以事亲是如何，所以事长是如何。古人于小学存养已熟，根基已深厚，到大学只就上面点化出些精彩。古人自能食能言便已教了，一岁有一岁工夫，至二十时圣人资质已自有十分，<u>徐作"三分"。</u>大学只出治光彩。今都蹉过，不能转去做，只据而今当<u>去声</u>。地头立定脚做去，补填前日欠阙，栽种后来合做底。〔<u>寓作"根株"。</u>〕如二十岁觉悟，便从二十岁立定脚力做去；三十岁觉悟，便从三十岁立定脚力做去；纵待八九十岁觉悟，也当据见定劄住硬寨做去。"<u>淳</u>。<u>寓</u>同。

○ 器远前夜说"敬当不得小学"。某看来，小学却未当得敬。敬已是包得小学。敬是彻上彻下工夫。虽做得圣人田地，也只放下这敬不得。如尧舜也只终始是一个敬。如说"钦明文思"颂尧之德，四个字独将这个"敬"做擗初头。如说"恭己正南面而已"，如说"笃恭而天下平"，皆是。贺孙。

○ 陆子寿言："古者教小子弟，自能言能食即有教，以至洒扫应对之类皆有所习，故长大则易语。今人自小子即教做小字对，稍大即教作虚诞之文，皆坏其性质。某尝思欲做一小学规，使人自小教之便有法，如此亦须有益。"先生曰："只做禅苑清规样做亦自好。"大雅。

○ 天命非所以教小儿，教小儿只说个理义大概，只眼前事，或以洒扫应对之类作段子亦可。每尝疑曲礼"衣毋拨，足毋蹶；将上堂，声必扬；将入户，视必下"等叶韵处，皆是古人初教小儿语。列女传孟母又添两句曰："将入门，问孰存。"淳。义刚同。

○ 先生初令义刚训二三小子，见教曰："授书莫限长短，但文理断处便住。若文势未断者，虽多授数行亦不妨。盖儿时读书，终身改口不得。尝见人教儿读书限长短，后来长大后都念不转。如训诂则当依古注。"至是义刚又问曰："向来承教，谓小儿子读书，未须把近代解说底音训教之，却不知解与他时如何？若依古注，恐他不甚晓。"先生曰："解时却须正说始得，若大段小底又却只是粗义，自与古注不相背了。"义刚。

○ 小童添炭，拨开，火散乱。先生曰："可拂杀了，我不爱人恁地，此便是烧火不敬。所以圣人教小儿洒扫应对，件件要谨。某外家子侄未论其贤否如何，一出来便齐整，缘是他家长上元初教诲得如此。只一人外居，气习便不同。"<u>义刚</u>。<u>淳</u>同。

○ <u>淳</u>问："女子亦当有教。自<u>孝经</u>之外，如<u>论语</u>，只取其面前明白者教之，如何？"曰："亦可。如<u>曹大家女戒</u>、<u>温公家范</u>亦好。"<u>淳</u>。<u>义刚</u>同。

○ <u>和之</u>问小学所疑。先生曰："且看古之圣人教人之法如何。而今全无这个。且'天佑下民，作之君，作之师'，盖作之君便是作之师也。"<u>时举</u>。

○ 或问："某今看<u>大学</u>，如<u>小学</u>中有未晓处亦要理会。"先生曰："相兼看亦不妨。学者于文为度数，不可存个终理会不得之心。须立个大规模，都要理会得。至于其明其暗，则系乎人之才如何耳。"<u>人杰</u>。

○ 后生初学，且看<u>小学</u>之书，那个是做人底样子。<u>广</u>。

○ 先生下学，亲说<u>小学</u>。曰："前贤之言须是真个躬行佩服，方始有功，不可只如此说过，不济事。"<u>淳</u>。

○ 问："<u>小学</u>载乐一段，不知今人能用得否？"先生曰："姑使知之。古人自小即以乐教之，乃是人执手提诲。到得大来涵养已成，稍能自立便可。今人既无此，非志大有所立，因何得成立！"<u>可学子</u>。

○ 因论<u>小学</u>。曰："古者教必以乐，后世不复然。"某问："此是作乐使之听，或其自作？"先生曰："自作？若自理会不得，自作何益！古者国君备乐士，无故不去。琴瑟，日用之物，无时不列于前。"某问："<u>郑</u>人赂<u>晋</u>以女乐，乃有歌钟二肆，何故？"先生曰："所谓'郑声'，特其声异耳，其器则同。今之教坊乐乃胡乐。此等事，久则亡。<u>欧阳文忠</u><u>公集古录</u>载<u>寇莱公</u>好舞柘枝，有五十曲。<u>文忠</u>时其亡已多，举此可见。旧见升朝官以上，前导一物，用水晶为之，谓之'主斧'，今亦无之。"某云："今之籍妓，莫是女乐之遗否？"先生曰："不知当时女乐如何。"<u>通老</u>问"左手执籥，右手秉翟"。先生曰："所谓文舞也。"又问："古人舞不回旋？"曰："既谓之舞，安得不回旋？"某问："'<u>汉家周舞</u>'，注云：'此<u>舜</u>舞。'"先生曰："遭<u>秦</u>之暴，古帝王乐尽亡，惟<u>韶</u>乐独存，<u>舜</u>舞乃此舞也。"又问："<u>通老</u>太学祭<u>孔子</u>乐，渠云亦分堂上堂下，但无大钟。"先生曰："竟未知今之乐是何乐。"<u>可学</u>。

○ 问小学"舞<u>勺</u>舞<u>象</u>"。曰："<u>勺</u>是<u>周公</u>乐，<u>象</u>是<u>武王</u>乐。"曰："注'<u>勺</u>，籥也'是如何？"曰："而今也都见不得。"<u>淳</u>。

○ "<u>和之</u>所问<u>小学</u>'方物'之义乃是第二条，莫只且看到此，某意要识得下面许多事。"<u>和之</u>因问"五御"中"逐水曲"及"过君表"等处。先生既答，乃曰："而今便治礼记者，他也不看。盖是他将这个不干我事，无用处，便且卤莽读过了。"<u>和之</u>云："后当如先生所教，且将那头放轻。"先生曰："便放轻也不得，须是见得这头有滋味时，那头自轻。"<u>时举</u>。

○ 问："小学举<u>内则</u>篇'四十始仕，方物出谋、发虑'，先生注云：'方物出谋则谋不过物，方物发虑则虑不过物。'请问'不过物'之义？"先生曰："方物谋虑，大概只是随事随虑。"<u>植</u>。

○ 问："小学'恪，非以事亲'，注何以'恪'为'恭敬'？"曰："恭敬较宽，都包许多，解'恪'字亦未尽。'恪'是恭敬中朴实紧要处，今且如此解。若就恭敬说，则恭敬又别。恭主容，敬主事，如'居处恭，执事敬'之类。"淳问："恪非所以事亲，只为有严意否?"曰："太庄、太严了。"淳。

○ 弟子职"所受是极"，云受业去后须穷究道理到尽处也。"毋骄恃力"，如恃气力欲胡乱打人之类。盖自小便教之以德，教之以尚德不尚力之事。卓。

○ 弟子职一篇若不在管子中，亦亡矣。此或是他存得古人底亦未可知，或是自作亦未可知。窃疑是他作内政时，士之子常为士，因作此以教之。想他平日这样处都理会来，然自身又却在规矩准绳之外。义刚。

○ 问："小学实明伦篇何以无'朋友'一条?"曰："当时是众编类来，偶无此尔。"淳。

○ 元兴问："礼、乐、射、御、书、数，其中'书'是只学字法否?"先生曰："此类有数法：如'日'、'月'字是象其形也，'江'、'河'字是谐其声也，'考'、'老'字是假其类也。如此数法，若理会得，则天下之字皆可通矣。"时举。

朱子语类卷第八

学二

总论为学之方

○ 这道体〔饶本作"理"。〕浩浩无穷。

○ 道体用虽极精微，圣贤之言则甚明白。若海。

○ 圣人之道如饥食渴饮。人杰。

○ 圣人教人，大概只是说孝弟忠信日用常行底语。人能就上面做将去，则心之放者自收，性之昏者自著。如"心"、"性"等字，到子思孟子方说得详。夔孙。

○ 圣人教人有定本。舜"使契为司徒，教以人伦：父子有亲，君臣有义，夫妇有别，长幼有序，朋友有信"。夫子对颜渊曰："克己复礼为仁。""非礼勿视，非礼勿听，非礼勿言，非礼勿动。"皆是定本。人杰。

○ 圣贤所说工夫都只一般，只是一个"择善固执"。论语则说

"学而时习之"，孟子则说"明善诚身"，只是随他地头所说不同，下得字来各自精细。其实工夫只是一般。须是尽知其所以不同，方知其所谓同也。侃。

○　这个道理各自有地头，不可只就一面说。在这里时是恁地说，在那里时又如彼说，其宾主彼此之势各自不同。侃。

○　圣人之道有高远处，有平实处。道夫。

○　大道若大路然，岂难知哉！人病不由耳。道夫。

○　道未尝息而人自息之，非道亡也，幽厉不由也。〔道夫。〕

○　学者工夫但患不得其要，若是寻究得这个道理，便自然头头有个着落，贯通浃洽，各有条理。如或不然，则处处窒碍。学者常谈，多说持守未得其要，不知持守甚底。说广充，说体验，说涵养，皆是拣好底言语做个说话，必有实得力处方可。所谓要于本领上理会者，盖缘如此。谟。

○　为学须先立得个大腔当了，却旋去里面修治壁落教绵密。今人多是未曾知得个大规模，先去修治得一间半房，所以不济事。侃。

○　识得道理原头便是地盘。如人要起屋，须是先筑教基址坚牢，上面方可架屋。若自无好基址，空自今日买得多少木去起屋，少间只起在别人地上，自家身己自没顿放处。贺孙。

○　须就源头看教大底道理透，阔开基，广开址。如要造百间屋，须着有百间屋基；要造十间屋，须着有十间屋基。缘这道理本同，甲有许多，乙也有许多，丙也有许多。贺孙。

○ 今来朋友相聚都未见得大底道理，还且谩恁地逐段看，还要直截尽理会许多道理，教身上没些子亏欠。若只恁地逐段看，不理会大底道理，依前不济事。这大底道理如旷阔底基址，须是开垦得这个了，方始架造安排，有顿放处。见得大底道理，方有立脚安顿处。若不见得大底道理，如人无个居着，趁得百十钱归来也无顿放处，况得明珠至宝安顿在那里？自家一身都是许多道理。人人有许多道理。盖自天降衷，万理皆具，仁义礼智，君臣父子兄弟朋友夫妇，自家一身都担在这里。须是理会了，体认教一一周足，略欠阙些子不得；须是缓心，直要理会教尽；须是大作规模，阔开其基，广辟其地，少间到逐处，即看逐处都有顿放处。日用之间只在这许多道理里面转，吃饭也在上面，上床也在上面，下床也在上面，脱衣服也在上面，更无些子空阙处。<u>尧 舜 禹 汤</u>也只是这道理。如人刺绣花草，不要看他绣得好，须看他下针处。如人写字好，不要看他写得好，只看他把笔处。贺孙。

○ 学须要先理会那大底。理会得大底了，将来那里面小底自然通透。今人却是理会那大底不得，只去搜寻里面小小节目。植。

○ 或问："气质之偏如何救得？"曰："才说偏了，又着一个物事去救他偏，越见不平正了，越见讨头不见。要紧只是看教大底道理分明，偏处自见得。如暗室求物，把火来便照见。若只管去摸索，费尽心力，只是摸索不见。若见得大底道理分明，有病痛处也自会变移不自知，自不消得费力。"贺孙。

○ "成己方能成物，成物在成己之中，须是如此推出，方能合义理。圣贤千言万语，教人且从近处做去。如洒扫大厅大廊，亦只是如洒扫小室模样，扫得小处净洁，大处亦然。若有大处开拓不去，即是于小处便不曾尽心。学者贪高慕远，不肯从近处做去，如何理会得大头项底！而今也有不曾从里做得底，外面也做得好。此只是才高，以智力胜将去。中庸说细处只是谨独、谨言、谨行；大处是武王、周公达孝，经纶天下，无不载。小者便是大者之验。须是要谨行、谨言，从细处做起，方能充得如此大。"又曰："如今为学甚难，缘小学无人习得，如今却是从头起。古人于小学小事中便皆存个大学大事底道理在，大学便只是推将开阔去。向来小时做底道理存其中，正似一个坯素相似。"明作。

○ 学者做工夫，无说道只要得一个顿段大项目工夫后方做得，即今逐些零碎积累将去。才等待大项目后方做，即今便蹉过。从周。

○ "如今学问未识个入路，就他自做倒不觉。惟既识得个入头，却事事须着理会。且道世上多多少少事！"江文卿云："只先生一言一语，皆欲为一世法，所以须着如此。"先生曰："不是说要为世法。既识得路头，许多事都自是合着如此，不如此不得。自是天理合下当然。"贺孙。

○ 若不见得入头处，紧也不可，慢也不得。若识得些路头，须是莫断了。若断了便不成，待得再新整顿起来，费多少力！如鸡抱卵，看来抱得有甚暖气，只被他常常恁地抱得成。若把汤去（汤）〔荡〕便死了，若抱才住了便冷了。然而实是见得入头处，也自不解住了，自要做去，他自得些滋味了。如吃果子相似，未识滋味时，吃也得，不消吃也得；到识滋味了，要住自住不得。贺孙。

○ 佛家一向撇去许多事，只理会自身己。其教虽不是，其意思却是要自理会。所以他那下常有人，自家这下自无人。今世儒者能守经者，理会讲解而已；看史传者，计较利害而已。那人直是要理会身己，从自家身己做去。不理会自身己，说甚别人长短！明道先生曰："不立己，后虽向好事，犹为化物。不得以天下万物挠己，己立后自能了当得天下万物。"只是从程先生后不再传而已衰，所以某尝说自家这下无人。佛家有三门：曰教，曰律，曰禅。禅家不立文字，只直截要识心见性。律本法，甚严，毫发有罪。如云不许饮水，才饮水便是罪过。如今小院号为律院，乃不律之尤者也。教自有三项：曰天台教，曰慈恩教，曰延寿教。延寿教南方无传，有此文字，无能通者。其学近禅，故禅家以此为得。天台教专理会讲解，慈恩教亦只是讲解。吾儒家若见得道理透，就自家身心（主）〔上〕理会得本领便自兼得禅底，讲说辨订便自兼得教底，动由规矩便自兼得律底。事事是自家合理会。颜渊问为邦。看他陋巷箪瓢如此，又却问为邦之事，只是合当理会，看得是合做底事。（君）〔若〕理会得入头，意思一齐都转；若不理会得入头，少间百事皆差错。若差了路头底亦多端：（看）〔有〕才出门便错了路底，有行过三两条路了方差底，有略差了便转底，有一向差了煞远终于不转底。贺孙。

○　诲力行曰："若有人云孔孟天资不可及，便知此人自暴自弃，万劫千生无缘见得！所谓'九万里则风斯在下'。"力行。

○　"凡人须以圣贤为己任。世人多以圣贤为高而自视为卑，故不肯进。抑不知使圣贤本自高，而己别是一样人，如此则早夜孜孜，别是分外事，不为亦可，为之亦可。然圣贤禀性与常人一同，既与常人一同，又安得不以圣贤为己任！自开辟以来，生多少人来，其尽己者，千万人中无一二人，只是衮同，枉过一世！诗曰：'天生烝民，有物有则。'今世学者往往有物而不能有其则。中庸曰'尊德性而道问学'、'极高明而道中庸'，此数句乃是彻首彻尾。人性本善，只为嗜欲所

（述）〔迷〕，利害所逐，一齐昏了。圣贤能尽其性，故耳极天下之聪，目极天下之明，为子极其孝，为臣极其忠。"某问："明性须以敬为先？"答曰："固是，但敬亦不可混沦（就）〔说〕，须是每事上检点。论其大要，只是不放过耳。大抵为己之学，于他人无一毫干预。圣贤千言万语，只是使人反其固有而复其性耳，更于此看。"<u>可学</u>。

○ 信道笃。如何得他信得笃？须是你自去理会始得。而今人固有与他说，他信不笃者。须要你自信始得。<u>侗</u>。

○ 学者大要立志。所谓志者，不是道将这些意气去盖他人，只是直截要学<u>尧舜</u>。"<u>孟子</u>道性善，言必称<u>尧舜</u>"，此是真实道理。"世子自<u>楚</u>反，复见<u>孟子</u>。<u>孟子</u>曰：'世子疑吾言乎？夫道一而已矣。'"这些道理更无走作，只是一个性善可至<u>尧舜</u>，别没去处了。下文引<u>成覸</u>、<u>颜子</u>、<u>公明仪</u>所言，便见得人人皆可为也。学者立志，须教勇猛，自当有进。志不足以有为，此学者之大病。<u>谟</u>。

○ 世俗之学，所以与圣贤不同者，亦不难见。圣贤直是真个去做，说正心直要心正，说诚意直要意诚，修身齐家皆非空言。今之学者说正心，但将正心吟咏一饷；说诚意，又将诚意吟咏一饷；说修身，又将圣贤许多说修身处讽诵而已。或掇拾言语，缀缉时文。如此为学，却于自家身上有何交涉？这里须用着意理会。今之朋友，固有乐闻圣贤之学而终不能去世俗之陋者，无他，只是志不立尔。学者大要立志，才学，便要做圣人是也。<u>谟</u>。

○ 学者须是立志。今人所以悠悠者，只是把学问不曾做一件事看，遇事则且胡乱恁地打过了。此只是志不<u>立</u>。<u>雉</u>。

○ 立志要如饥渴之于饮食，才有悠悠便是志不立。祖道。

○ 政和有客同侍坐。先生曰："这下人全不读书。莫说道教他读别书，只是要紧如六经、汉书、唐书、诸子，也须着读始得。又不是大段直钱了，不能得他读。只问人借将来读也得。如何一向只去读时文，如何担当个秀才名目在身己上！既做秀才，未说道要他理会甚么高深道理，也须知得古圣贤所以垂世立教之意是如何，〔古今盛衰存亡治乱事体是如何，〕从古来人物议论是如何，这许多眼前底都全不识，如何做士人？须是识得许多方始成得个人。"又云："向来人读书为科举计，已自是末了。如今又全不读而赴科举，又末之末者。若以今世之所习，虽做得官，贵穷公相，也只是个没见识底人。若依古圣贤所教做去，虽极贫贱，身自躬耕，而胸次亦自浩然，视彼污浊卑下之徒曾犬彘之不若。"又曰："如今人也须先立个志趣始得。还当自家要做甚么人？是要做圣贤？是只要苟简做个人？天教自家做人，还只教恁地便是了？闲时也须思量着圣贤还是元与自家一般，还是有两般？天地交付许多与人，不独厚于圣贤而薄于自家，自家是有这四端，是无这四端？只管在尘俗里面衮，还曾见四端头面，还不曾见四端头面？且自去看。最难说是意趣卑下，都不见上面许多道理。公今如只管去吃鱼咸，不知有刍豢之美。若去吃刍豢，自然见鱼咸是不好吃物事。"又云："如论语说'学而时习之'，公且自看平日是曾去学，不曾去学？曾去习，不曾去习？学是学个甚么？习是习个甚么？曾有说意思，是无说意思？且去做好。读圣贤之书，熟读自见。如孟子说'亦有仁义而已'，这也不待生解。如何孟子须教人舍利而就义？如今人如何只去义而趋利？"贺孙。

○ 问："人气力怯弱，于学有妨否？"曰："为学在立志，不干气禀强弱事。"又曰："为学何用忧恼，但令放平易去。"寓举圣门弟子，唯称颜子好学，其次方说及曾子，以此知事大难。先生曰："固是如此。

某看来亦有甚难，有甚易，只是坚立着志，顺理做去，他无跷欹
也。"寓。

○ 英雄之主所以有天下，只是立得志定，见得大利害。如今学者
只是立得志定，讲究得义理分明。贺孙。

○ 或言："在家衮衮，但不敢忘书册，亦觉未免间断。"曰："只
是无志。若说家事，又如何汩没得自家？如今有稍高底人也须会摆脱得
过，山间坐一年半载，是做得多少工夫！只恁地，且立得个根脚。若时
往应事亦无害。较之一向在事务里衮，是争那里去！公今三五年不相
见，又只恁地悠悠，人生有几个三五年耶！"贺孙。

○ 凡做事，须着精神。这个物事是刚，有锋刃。如阳气发生，虽
金石也透过！学蒙。

○ 须磨厉精神去理会，天下事非燕安暇豫之可得。淳。

○ 万事须是有精神方做得。方子。

○ 阳气发处，金石亦透。精神一到，何事不成！道夫。

○ 人气须是刚，方做得事。如天地之气刚，故不论甚物事皆透
过。人气之刚，其亦如此。若只遇着一重薄物事便退转去，则如何做得
事。从周。

○ 断以不疑，鬼神避之。"需者，事之贼也！"方子。

○ 须是猛省！<u>淳</u>。

○ 今之学者全不曾发愤。<u>升卿</u>。

○ 发得早时不费力。<u>升卿</u>。

○ 为学须是痛切恳恻去做工夫，使饥忘食、渴忘饮始得。<u>砥</u>。

○ 如居烧屋之下，如坐漏船之中。<u>可学</u>。

○ 宗杲云："如载一车兵器，逐件取出来弄，弄了一件又弄一件，便不是杀人手段。我只有寸铁，便可杀人！"<u>僩</u>。

○ 且如<u>项羽救赵</u>，既渡，沉船破釜，持三日粮，示士必死，无还心，故能破<u>秦</u>。若瞻前顾后，便做不成。<u>僩</u>。

○ 圣贤千言万语无非只说此事。须是策励此心，勇猛奋发，拔出心肝与他去做。如两边擂起战鼓，莫问前头如何，只认卷将去！如此方做得工夫。若半上落下、半沉半浮，济得甚事！<u>僴</u>。

○ 一如大片石，须是和根拔。今只于石面上薄削，济甚事！作意向学，不十日五日又懒。<u>孟子</u>曰："一日暴之，十日寒之。"<u>可学</u>。

○ 先生论学者为学譬如炼丹，须先将百十斤炭火煅一饷，方好用微微火养教成就。今人未曾将百十斤炭火去煅，便要将微火养将去，如何得会成！<u>恪</u>。

○ 今语学问正如（者）〔煮〕物相似，须是蘩猛火先煮，方用微火煮。若一向只用微火，何由得熟？欲复自家元来之性，乃恁地悠悠，几时会做得？大要须先立头绪。头绪既立，然后有所持守。书曰："若药弗瞑眩，厥疾弗瘳。"今日学者皆是养病。<u>可学</u>。

○ 进取得失之念放轻，却将圣贤格言处研穷考究。若悠悠地似做不做，如捕风捉影，有甚长进？今日是这个人，明日也是这个人。<u>季札</u>。

○ 圣门日用工夫甚觉浅近，然推之理，无有不包，无有不贯，及其充广，可与天地同其广大。故为圣为贤，位天地，育万物，只此一理而已。

○ 这个物事"物事"二字，辅本作"道理"。密，分毫间便相争。如不曾下工夫，一时去旋揣摸他，只是疏阔。真个下工夫见得底人说出来自是胶粘。旋揣摸得是亦何补？<u>士毅</u>。<u>广</u>同。

○ 为学极要求把篙处着力。到工夫要断绝处又更增工夫，着力不放令倒，方是向进处。为学正如撑上水船，方平稳处尽行不妨，及到滩脊急流之中，舟人来这下一篙，不可放缓。直须着力撑上，不得一步不学。放退一步，则此船不得上矣！<u>谷</u>。

○ 学者须是直前做去，莫起计获之心。如今说底恰似画卦影一般，吉凶未应时一场鹘突，知他是如何？到应后方始知元来是如此。<u>广</u>。<u>士毅</u>同。

○ 天下更有大江大河，不可守个土（穷）〔窟〕子谓水专在是。<u>力行</u>。

○　小立课程，大作工夫。<u>可学</u>。

○　工夫要趱，期限要宽。<u>从周</u>。

○　严立功程，宽着意思，久之自当有味，不可求欲速之功。<u>道夫</u>。

○　自早至暮，无非是做工夫时节。<u>道夫</u>。

○　人多言为事所夺，有妨讲学，此为"不能使船嫌溪曲"者也。遇富贵，就富贵上做工夫；遇贫贱，就贫贱上做工夫。兵法一言甚佳，"因其势而利导之"也。人谓<u>齐</u>人弱，<u>田单</u>乃因其弱以取胜，今日三万灶，明日二万灶，后日一万灶。又如<u>韩信</u>特地送许多人安于死地乃始得胜。学者若有丝毫气在，必须进力！除非无了此气，只口不会说话方可休也。因举浮屠语曰："假使铁轮顶上旋，定慧圆明终不失。"<u>力行</u>。

○　凡人便是生知之资，也须下困学、勉行底工夫方得。盖道理缜密，去那里捉摸？若不下工夫，如何会了得！<u>敬仲</u>。

○　今之学者本是困知、勉行底资质，却要学他生知、安行底工夫。便是生知、安行底资质亦用下困知、勉行工夫，况是困知、勉行底资质。<u>文蔚</u>。

○　今人不肯做工夫。有（是）〔先〕觉得难，后遂不肯做；有自知不可为，公然逊与他人。如退产相似，甘伏批退，自己不愿要。<u>盖卿</u>。

○　大抵为学虽有聪明之资，必须做迟钝工夫始得。既是迟钝之资，却做聪明底样工夫，如何得！<u>伯羽</u>。

○ 学者议论工夫，要当因其人而示以用工之实，不必费辞。使人知所适从，以入于坦易明白之域可也。若泛为端绪，使人迫切而自求之，适恐资学者之病。人杰。

○ 师友之功，但能示之于始而正之于终尔。若中间（二）〔三〕十分工夫，自用吃力去做。既有以喻之于始，又自勉之于中，又其后得人商量是正之，则所益厚矣。不尔，则亦何补于事。道夫。

○ 而今紧要且看圣人是如何，常人是如何，自家因甚便不似圣人，因甚便只是常人。就此理会得透，自可超凡入圣。淳。

○ 今之学者多好说得高，不喜平。殊不知这个只是合当做底事。节。

○ 孟子道"人皆可以为尧舜"，何曾道便是尧舜更不假修为耶？且如银坑有矿，谓矿非银固不可，必谓之银又不可。须用烹炼，然后成银。淳。

○ 〔圣人之学，异夫常人之学。才略举其端，这里便无不昭彻。然毕竟是学。〕

○ 人若以自修为心，则举天下万物，凡有感乎前者，无非足以发吾义理之正。善者固可师，不善者这里便恐惧修省，恐落在里面去，是皆吾师也。夔孙。

○ 切须去了外慕之心！力行。

○ 有一分心向里，得一分力；有两分心向里，得两分力。文蔚。

○ 凡言诚实都是合当做底事，不是说道诚实好了方去做，不诚实不好了方不做。自是合当诚实。僩。

○ 庄敬，诚实。

○ 学者不立，则一齐放倒了。升卿。

○ 大率为善须自有立。今欲为善之人不可谓少，然多顾浮议。浮议何足恤！盖彼之是非干我何事？亦是我此中不痛切耳。若自着紧，自痛切，亦何暇恤他人之议哉！大雅。

○ 为学须自觉得今是而昨非，日改而月化，方是长进。儒用。

○ 须是要打叠得尽方有进。从周。

○ 某适来因澡浴得一说：大抵揩背，须从头徐徐用手则力省、垢可去。若于此处揩之，又于彼处揩之，用力杂然，则终日劳而无功。学问亦如此，若一番理会不了，又作一番理会，终不济事也。盖卿。

○ 道不能安坐等其自至，只待别人理会来，放自家口里！淳。

○ 学者须是奈烦、奈辛苦，不要等待。方子。

○ 自家犹不能快自家意，如何他人却能尽快我意！要在虚心以从善。升卿。

○ 不可倚靠师友。_{方子}。

○ 须是玩味。_{方子}。

○ 咬得破时，正好咀味。_{文蔚}。

○ 只是实去做工夫。议论多，转闹了。_{德明}。

○ 只闻"下学而上达"，不闻"上达而下学"。_{德明}。

○ 须是心广大似这个，方包裹得过，运动得行。_{方子}。

○ 着一些急不得。_{方子}。

○ 且于切近处加工。_{升卿}。

○ 道理生，便缚不住。_淳。

○ 今学者之于大道，其未及者虽（育）〔有〕迟钝，却须终有到时。唯过之者，便不肯复回来耳。_{伯丰}。

○ "虚心顺理"，学者当（干）〔守〕此四字。_{人杰}。

○ 圣人与理为一是恰好，其他以心处这理却是未熟。要将此心处理。_{可学}。

○ 敬、义只是一事。如两脚立定是敬，才行是义；合目是敬，开眼见物便是义。从周。

○ 涵养须用敬，处事须用集义。道夫。

○ 方未有事时，只得说"敬以直内"。若事物之来，当辨别一个是非，不成只管敬去。敬、义不是两事。德明。

○ 今人所以事事做得不好者，缘不识之故。只如个诗，举世之人尽命去奔去声。做，只是无一个人做得成诗。他是不识，好底将做不好底，不好底将做好底。这个只是心里闹，不虚静之故。不虚不静故不明，不明故不识。若虚静而明，便识好物事。虽百工技艺做得精者，也是他心虚理明，所以做得来精。心里闹，如何见得？侗。

○ 问："人如何发其诚敬，消其欲？"曰："此是极处了。诚，只是去了许多伪；敬，只是去了许多怠慢；欲，只是要窒。"去伪。

○ 学者立得根脚阔便好。升卿。

○ 须是有头有尾成个物事。方子。

○ 不可涉其流便休。方子。

○ 大本不立，小规不正。可学。

○ 刮落枝叶，栽培根本。可学。

○ 学问须严密理会，铢分毫析。道夫。

○ 因论为学。曰："愈细密愈广大，愈谨确愈高明。"侗。

○ 开辟中又着细密，宽缓中又着谨严。广。

○ 如其窄狭，则当涵泳广大气象；如其颓惰，则当涵泳振作气象。方子。

○ 学者须养教气（牢）〔宇〕，开阔弘毅。升卿。

○ 常使截断严整之时多，胶胶扰扰之时少，方好。德明。

○ 只有一个界分，出则便不是。广。

○ 有一等朋友，始初甚锐意，渐渐疏散，终至忘了。如此，是当时不立界分去做。士毅。广同。

○ 大凡气俗不必问，心平则气自和。惟心粗一事，学者之通病。横渠先生云："颜子未至圣人，犹是心粗。"一息不存，即为粗病。要在精思明辨，使理明义精。而操存涵养无须臾离，无毫发间，则天理常存，人欲消去，其庶几矣哉！大雅。

○ 过问："为学之要只在主敬以存心，格物以睹当然之理。"曰："'主敬以存心'却是，当云'格物以明此心'也。"过。

○ 问："凡人之心不存则亡，而无不存不亡之时，故一息之顷不加提省之力，则沦于亡而不自觉。天下之事不是则非，而无不是不非之处，故一事之微不加精察之功，则陷于恶而不自知。柄近见如此，不知如何?"先生曰:"道理固是如此,然初学者亦未能便如此也。"栖。

○ 或问:"此心未能把得定,如何?"先生曰:"且论是不是,未须论定不定。"此人曾学禅,故先生有此语。栖。

○ 要得坐忘,便是坐驰。道夫。

○ 人须将那不错底心去验他那错底心。不错底是本心,错底是失其本心。广。

○ 人昏时便是不明,才知那昏时便是明也。广。

○ 心得其正,方能知性之善。祖道。

○ 人精神飞扬,心不在壳子里面,便害事。芝。

○ 古人瞽史诵诗之类,是规戒警诲之意,无时不然。便被他恁地炒,自是使人住不着。大抵学问须是警省。且如瑞岩和尚每日间常自问:"主人翁惺惺否?"又自答曰:"惺惺。"今时学者却不如此。文蔚。

○ 人不自知其病者,是未尝去体察警省也。〔升卿。〕

○ 理不是在面前别为一物,即在吾心。人须是体察得此物诚实在我,方可。譬如修养家所谓铅汞、龙虎,皆是我身内之物,非在外也。广。

○ "今日得子约书,有'见未用之体'一句,此话却好。"士毅问："'未用'，是喜怒哀乐未发时，那时自觉有个体段则是。如着意要见他，则是已发？"先生曰："只是识认他。"士毅录云："近得子约书，有'未发之本体'一句，此语甚好。人须是看得这个分晓（是）〔始〕得。"

○ 不可只把做面前事看了，须是向自家身上体识（交）〔教〕分明。如道家存想有所谓龙虎者，亦就身上存想。士毅。

○ "以思窒欲，思与敬如何？"曰："人于敬上未有用力处，且自思入，庶几有个巴揽处。'思'之一字于学者有力。"人杰。

○ 静坐久时昏困，不能思；起去又闹了，不暇思。德明。

○ 〔学者识得个脉路正，便须刚决向前。若半青半黄，非惟无益。〕因举酒云："未尝见有衰底圣贤。"德明。

○ 或人性本好，不须矫揉，教人一用此，极害理。又有读书见义理，释书义理不见，亦可虑。可学。

○ 圣贤千言万语只要人不失其本心。夔孙。

○ 学问是自家合做底。不知学问则是欠缺了自家底，知学问则方才无所欠缺。今人把学问来做外面添底事看了。广。

○ 学之为学，实人才盛衰、风俗厚薄之所系，焉可不谨？道夫。

朱子语类卷第九

学三

论知行

○ 李（文）〔丈〕问：“穷理、集义孰先后？”先生曰：“穷理为先，然亦不是截然有先后。”问：“穷是穷在物之理，集是集处物之义否？”曰：“是。”铢。

○ 知、行常相须，如目无足不行，足无目不见。论先后，知为先；论轻重，行为重。闳祖。

○ 论知之与行。曰：“方其知之而行未及之则知尚浅，既亲历其域则知之益明，非前日之意味。”公谨。

○ 君子博学于文，约之以礼。（孤。）〔泳。〕

○ 约而不博，博而不约，皆大病。约而不博，只是撰说。可学。

○ 圣贤千言万语，只是要知得、守得。芝。

○ 只有两件事：理会，践行。节。

○ 操存涵养则不可不紧，进学致知则不可不宽。祖道。

○ 圣贤说知，便说行。大学说"如切如磋，道学也"，便说"如琢如磨，自修也"；中庸说"学问思辨"，便说"笃行"。颜子说"博我以文"谓致知、格物，"约我以礼"谓"克己复礼"，克去己私，复乎天理，便是践履。泳。

○ 所谓穷理，大底也穷，小底也穷，少间都成一个物事。所谓持守者，人不能不牵于物欲，才觉得，便收将来。久之自然成熟，非谓截然今日为始也。夔孙。

○ 某与一学者言，操存与穷格不解一上做了。如穷格工夫亦须铢积（乎）〔寸〕累，工夫到后自然贯通。若操存工夫，岂便能常操。其始也操得一霎，旋旋到一食时或有走作，亦无如之何。能常常警觉，久久自能常存，自然光明矣。人杰。

○ 学者以玩索、践履为先。道夫。

○ 千言万语说得只是许多事。大紧在自家操守讲究，只是自家存得些，存这里便在这里。若放去便是自家放了。道夫。

○ 务反求者，以博观为外驰；务博观者，以内省为狭隘，堕于一偏。此皆学者之大病也。道夫。

○ 心包万理，万理具于一心。不能存得心，不能穷得理；不能穷得理，不能尽得心。赐。

○　择之问："且涵养去，久之自明。"先生曰："亦须穷理。涵养、穷索，二者不可废一。如车两轮，如鸟两翼。如温公只恁行将去，无致知一段。"德明。

○　思索义理，涵养本原。儒用。

○　涵养中自有穷理工夫，穷其所养之理；穷理中自有涵养工夫，养其所穷之理。两项都不相离，才见成两处便不得。贺孙。

○　〔问："持敬致知，互相发明否？"曰："古人如此说，必须是如此。更问他发明与不发明要如何？古人言语写在册子上，不解错了。只如此做工夫，便见得滋味。不做持敬，只说持敬作甚？不做致知，只说致知作甚？譬如他人做得饭熟，盛在碗里，自是好吃，不解毒人是定。自家但吃将去便知滋味，何用问人？不成自家这一边做得些小持敬工夫，计会那一边致知发明与未发明；那一边做得些小致知工夫，又来计会这一边持敬发明与未发明。如此有甚了期！"〕李（文）〔丈〕问："持敬、致知，莫是并行而不相碍否？"曰："也不须如此，都要做将去。"（浮。）〔淳。〕

○　学者工夫唯在居敬、穷理二事。此二事互相发。能穷理则居敬工夫日益进，能居敬则穷理工夫日益密。譬如人之两足，左足行则右足止，右足行则左足止。又如一物悬空中，右抑则左昂，左抑则右昂，其实只是一事。瓒。

○　人须做工夫方有碍。初做工夫时，欲做此一事，又碍彼一事，更没理会处。只如居敬、穷理两事便相碍。居敬是个收敛执持底道理，穷理是个推寻究竟底道理。只此二者便是相妨。若是熟时，则自不相碍矣。<u>广</u>。

○ 持敬是穷理之本。穷得理明，又是养心之助。<u>僩</u>用。<u>夔孙</u>同。

○ 学者若不穷理，又见不得道理。然去穷理，不持敬又不得。不持敬，看道理便都散，不聚在这里。<u>淳</u>。

○ 持敬观理，如病人相似。自将息固是好，也要讨些药来服。<u>泳</u>。

○ 为学先要知得分晓。<u>泳</u>。

○ 万事皆在穷理后。经不正，理不明，看如何地持守，也只是空。<u>道夫</u>。

○ 王子充又问曰：“某在<u>湖南</u>，见一先生只教人践履。”先生曰：“义理不明，如何践履？”王云：“他说行得便见得。”先生曰：“如人行路，不见，便如何行。〔今人多教人践履，皆是自立标致去教人。自有一般资质好底人，便不须穷理、格物、致知。圣人作个<u>大学</u>，便教人齐入于圣贤之域。若讲得道理明时，自是事亲不得不孝，事兄不得不弟，交朋友不得不信。〕”<u>骎</u>。

○ 而今人只管说治心、修身。若不见这个理，心是如何地治？身是如何地修？若如此说，资质好底便养得成，只是个无能底人；资质不好便都执缚不住了。<u>傅说</u>云：“学于古训乃有获。事不师古，以克永世，匪说攸闻。”古训何消得读他做甚底？盖圣贤说出，道理都在里面，必学乎此，而后可以有得。又云："惟学逊志，务时敏，厥修乃来。允怀于兹，道积于厥躬。惟敩学半。念终始典于学，厥德修罔觉。"自古（人）未有人说"学"字，说"学"字自傅说说起。他这几句水泼不入，便是说得密。若"终始典于学"，则其德之进不知不觉自进也。大学于格物诚意都锻炼成了，到得正心修身处，只是行将去，都易了。夔孙。德明同。〔义刚录云："人如何不博学得！若不博学，说道修身行己，也猛撞做不得。大学'诚意'，只是说'如好好色，如恶恶臭'。及到说修身处时，已自宽了。到后面也自无甚事。其大本只是理会致知、格物。若是不致知、格物，便要诚意、正心、修身；气质纯底将来只做成一个无见识底呆人。若是意思高广底，将来遏不下，便都颠了，如刘淳叟之徒。六经说'学'字，自傅说方说起来：'王，人求多闻，时惟建事。学于古训，乃有获。'先生至此，讽诵'念终始典于学，厥德修罔觉'，曰：'这数句，只恁地说，而其曲折意思甚密。便是学时自不知不觉，其德自修。而今不去讲学，要修身，身如何地修！'"〕

○ 〔见，不可谓之虚见。〕见无虚实，行有虚实。见只是见了，后却有行，有不行。若不见后只要硬做，便所成者窄狭。銎。

○ 必须端的自省，特达自肯尔，然后可以用力矣，莫如"下学而上达"也。去伪。

○ 痛理会一番，如血战相似，然后涵养将去。因自云："某如今虽便静坐，道理自见得。未能识得，涵养个甚？"德明。

○ 有人专要理会躬行，此亦是孤。去伪。

○ 古人年三十时都理会得了，便受用行将去。今人却如此费力。只如邓禹十三岁学于京师，已识光武为非常人。后来杖策谒军门，只以数言定天下大计。如云就公之身虑之，天下不足定也。是日先生疾。少间令取后汉邓禹传入卧内，因问，遂语及此。德明。

○ 文字讲说得行而意味未深者，正要本源上加功。须是持敬。持敬以静为主。此意须要于不做工夫时频频体察，久而自熟。但是着实自做工夫，不干别人事。"为仁由己，而由人乎哉"，此语的当。更看有何病痛，知有此病，必去其病，此便是疗之之药。如觉言语多便用简默，意思疏阔便加细密，觉得轻浮浅易便须深沉重厚。(程)〔张〕先生所谓"矫轻警惰"，盖如此。谟。

○ 或问："致知必须穷理，持敬则须主一。然遇事则敬不能持，持敬则又为事所惑，如何?"曰："孟子云：'操则存，舍则亡。'人才一把捉，心便在这里。如孟子之'求放心'，已是说得缓了。心不待求，只警省处便见。孔子曰'我欲仁，斯仁至矣'，'为仁由己，而由人乎哉'，其快如此。盖人能知其心不在，则其心已在了，更不待寻。"祖道。

○ 穷理以虚心静虑为本。淳。

○ 虚心观理。淳。

○ 学者若有本领，相次千枝万叶都来凑着这里，看（他）〔也〕须易晓，读也须易记。方子。

○ 自家既有此身，必有主宰。理会得主宰，然后随自家力量穷理格物，而合做底事不可放过些子。因引程子言："如行兵，当先做活计。"铢。

○　一心具万理，能存心而后可以穷理。季札。

○　人心本明，只被物事在上盖蔽了，不曾得露头面，故烛理也难。且彻了盖蔽底事，待他自出来行两匝看。他唤做心，自然（智）〔知〕得是非善恶。蜚卿。明作同。

○　心不定，故见理不得。今且要读书，须先定其心，使之如止水，如明镜。蜚卿。

○　暗鉴如何照物？蜚卿。

○　读书闲暇且静坐，教他心平气定，见得道理渐次分明。〔季札录云："庶几心平气和，可以思索义理。"〕这个却是一身总会处。且如看大学"在明明德"一句，须常常提醒在这里。他日长进亦只在一个心做本，须存得在这里，识得他条理脉络自有贯通处。赐。〔季札录云："问：'伊川见人静坐，如何便叹其善学？'曰：'这却是一个总要处。'又云：'大学"在明明德"一句，当常常提撕。能如此，便有进步处。盖其原自此发见。人只一心为本。存得此心，于事物方知有脉络贯通处。'"〕

○　明底人便明了，其他须是养。养，非是如何椎凿用工，只是心虚静，久则自明。士毅。

○　论人之为学如今之雨下相似。雨既下后，到处湿润，其气易得蒸郁。才略晴，被日头略照，又蒸得雨来。前日亢旱时，只缘久无雨下，四面干枯，纵有些少雨都滋润不得，故更不能蒸郁得成。人之于义理，若见得后，又有涵养底工夫，日日在这里面，便意思自好，理义也容易得见，正如雨蒸郁得成后底意思。若是都不去用力者，日间只恁悠悠，都不曾有涵养工夫。设或理会得些小道理，也滋润他不得，少间私欲起来，又间断去，正如亢旱不能得雨相似也。时举。

○ 汪长孺德辅问："须是先知之，然后行之？"先生曰："不成未明理，便都不持守了。且如曾点与曾子便是两个样子：曾点便是理会得底而行有不揜，曾子便是合下持守，旋旋明理到一唯处。"德明。

○ 这个道理与生俱生。今人只安顿放那空处都不理会，浮生浪老，也甚可惜！要之，理会出来亦不是差异底事。不知如何理会个得恁少，看他自是甘于无知了。今既要理会，也须理会取透，莫要半青半黄，下梢都不济事。道夫。

○ 人生天地间都有许多道理，不是自家硬把与他，又不是自家凿开他肚肠白放在里面。贺孙。

○ 许多道理皆是人身自有底。虽说道昏，然又那曾顽然恁地暗！也都知是善好做，恶不好做。只是见得不完全，见得不的确，所以说穷理便只要理会这些子。贺孙。

○ 光祖说大学首尾该贯。〔此处必有脱字。〕初间看，便不得如此。要知道理只是这个道理，只缘失了多年，卒急要寻讨不见。待只管理会教熟，却便是这个道理。初间略见得些少时也似白生恁地，自无安顿去处。到后来理会熟了，便自合当如此。如一件器用掉在所在多年，卒乍要讨，讨不得。待寻来寻去，忽然讨见，即是元初的定底物事。贺孙。

○ 因说索面。曰："今人于饮食动使之物，日极其精巧。到得义理却不理会，渐渐昏蔽了都不知。"广。

○　大凡人只合讲明道理而谨守之，以无愧于天之所与者。若乃身外荣辱休戚，当一切听命而已。<u>道夫</u>。

○　或问："如何是反身穷理?"曰："反身是着实之谓，向自家体分上求。"<u>广</u>。

○　今人口略依稀说过，不曾心晓。<u>淳</u>。

○　学者理会道理当深沉潜思。<u>从周</u>。

○　今日且将自家写得出、说得出底去穷究。<u>士毅</u>。

○　以圣贤之意观圣贤之书，以天下之理观天下之事。人多以私见自去穷理，只是你自家所见，去圣贤之心尚远在。<u>祖道</u>。

○　心熟后自然有见理处，熟则心精微。不见理，只缘是心粗。辞达而已矣。<u>去伪</u>。

○　须是在己见得只是欠阙，他人见之却有长进，方可。三十年前长进，三十年后长进得不多。日日将那道理来事物上与人看，就那事物上推那里面有这道理。"微显阐幽"。<u>佃</u>。

○　且理会去，未须计其得。<u>德明</u>。

○　义理尽无穷，前人恁地说亦未必尽。须是自把来横看竖看，尽有。<u>士毅</u>。

○　譬如煎药，先猛火煎，教百沸大衮，直至涌坌出来，然后却可以慢火养之。鉴。

○　若只是握得一个鹘沦底果子，不知里面是酸、是咸、是苦、是涩，须是与他嚼破，便见滋味。鉴。

○　思索譬如穿井，不解便得清水。先亦须是浊，渐渐刮将去，却自会清。贺孙。

○　讲究理义，不下得工夫也不得。如举业，不下得工夫也不解精。老苏年已壮方学文，然用力到所谓"若人之言固当然者"，这处便是悟。做文章合当如此，亦只是熟便如此。恰如自家门讲究义理到熟处，悟得为人父确然是止于慈，为人子确然是止于孝。老苏文豪杰，只是熟。子由取他便远。淳。

○　世上有一种人，心下自不分明，只是怕人道不会，不肯问人。若老南和尚去参慈明时，南已有人随他了。他欲入慈明室，数次欲揭帘入去，又休。末后乃云："有疑不决，终非大丈夫。"遂入其室。广。

○　时举问柳下惠为士师。先生曰："三黜非君子之所能免，但不去便是他失于和处。"又因诸生请问不切，云："群居最有益，而今朋友乃不能相与讲贯，各有疑忌自私之意。不知道问学是要理会个甚么？若是切己做工夫底，或有所疑，便当质之朋友，同共商量。须有一人识得破者，已是讲得七八分，却到某面前商量，便易为力。今既各自东西，不相讲贯，如何得会长进！欲为学问，须要打透这些子，放令开阔，识得个'以能问于不能，以多问于寡'底意思，方是切于为己也。"时举。

○ 质敏不学乃大不敏。有圣人之资必好学，必下问。若就自家杜撰，更不学，更不问，这便已是凡下了。圣人之所以为圣，也只是好学下问。如舜自耕稼陶渔以至于帝，无非取诸人以为善。孔子说，礼"吾闻诸老聃"，云这也是学于老聃，方知得这一事。贺孙。

○ 而今人听人说话未尽，便要争说。亦须待他人说话教尽了。他人有说不出处，更须反覆问。教说得尽了，这里方有处置在。贺孙。

○ 或云："某寻常所学多于优游浃洽中得之。"先生曰："若（赵熊）〔遽然〕便以为有所见，亦未是。大抵于'博学、审问、谨思、明辨'，且未可说'笃行'，只这里便是浃洽处。孔子所以'好古敏以求之'，其用力如此。"谟。

○ 为学勿责无人为自家剖析出来，须是自家去里面讲究做工夫，要自见得。道夫。

○ 看得道理熟后，只除了这道理是真实法外，见世间万事颠倒迷妄，耽嗜恋着，无一不是戏剧，真不堪着眼也。又答人书云："世间万事须臾变灭，皆不足置胸中，惟有穷理修身为究竟法耳。"卿。

○ 今只是要理会道理。若理会得一分便有一分受用，理会得二分便有二分受用。理会得一十便是一十，一尺便是一尺。渐渐理会去，便多。贺孙。

○ 理会道理到众说纷然处，却好定着精神看一看。道夫。

○ 用之举似："先生向日曾答蔡（文）〔丈〕书，承喻'以礼为先'之说。又："'"似识造化"之云，不免倚于一物，未是亲切工夫耳。大抵濂溪先生说得的当，通书中数数拈出"几"字。要当如此瞥地，即自然有个省力处，无规矩中却有规矩，未造化时已有造化。'此意如何？"曰："'几'是要得。且于日用处省察，善便存放这里，恶便去而不为，便是自家切己处。古人礼仪都是自少理会了，只如今人低躬唱喏，自然习惯。今既不可考，而今人去理会，合下便别将做一个大头项。又不道且理会切身处，直是要理会古今因革一副当，将许多精神都枉耗了，元未切自家身己在。"又曰："只有大学教人致知、格物底，便是就这处理会，到意诚、心正处展开去，自然大。若便要去理会甚造化，先将这心弄得大了，少间都没物事说得满。"贺孙。

○ 譬如登山，人多要至亰处。不知自低处不理会，终无至高处之理。德明。

○ 于显处平易处见得，则幽微底自在里许。德明。

○ 便是看义理难。又要宽着这心，不宽则不足以见规模之大，不紧则不足以察其文义之细密。若拘滞于文义，少间又不见他大规模处。侗。

○ 问："学者讲明义理之外，亦须理会时政。凡事当一一讲明，使先有一定之说，庶他日临事不至墙面。"先生曰："学者若得胸中义理明，从此去量度事物，自然泛应曲当。人若有尧舜许多聪明，自做得尧舜许多事业。若要一一理会则事变无穷，难以逆料，随机应变，不可预定。今世文人才士开口便说国家利害，把笔便述时政得失，终济得甚事？只是讲明义理以淑人心，使世间识义理之人多，则何患政治之不举耶。"栖。

○ 不可去名上理会，须求其所以然。淳。

○ "事要知其所以然。"指花斛曰："此两个花斛，打破一个，一个在。若只恁地，是人知得、说得，须知所以破、所以不破如何。"从周。

○ 道理无穷。你要去做又做不办，极力做得三五件又倦了，盖是不能包括得许多事。〔人杰。〕

○ 大着心胸，不可为一说所碍。看教平阔，四方八面都见。方子。

○ 只守着一些地做得甚事？须用开阔看去，天下万事都无阻碍方可。从周。

○ 看得一件是，未可便以为是，且顿放一所，又穷他语。相次看得多，相比并，自然透得。德明。

○ 光祖说："大学治国、平天下皆本于致知、格物，看来只是敬。"又举伊川说"内直则外无不方"，曰："伊川亦只是大体如此说。看来世上有一般人，不解恁地内直外便方，止是只了得自身己自恁地好，待过事应物都颠颠倒倒没理会，故大学须是要人穷理。今来一种学问正坐此病，只说我自理会得了，其余事皆截断，不必理会，自会做得。更不解商量，更不解讲究，到做出都不合义理。所以圣人说'敬以直内'，又说'义以方外'，是见得世上有这般人。如说'仁能守之'，若说'仁能守'便似了，何故又说'不庄以莅之则民不敬'？说'庄以莅之'便了，何故又说'勤之不以礼未善也'？这都是圣人见得尽处。学者须是要穷理，不论小事大事都识得通透。待得自本至末，自顶至足，并无些子夹杂处。若说自家资质恁地好，只消恁地做去，更不解理会其他道理，也不消问别人，这却倒是夹杂，这却倒是私意。"<u>贺孙</u>。

○ "大凡学问不可只理会一端。圣贤千言万语看得虽似纷扰，然却都是这一个道理。而今只就紧要处做（个）固好，然别个也须一一理会，凑得这一个道理都一般方得。天下事硬就一个做，终是做不成。如<u>庄子</u>说：'风之积也不厚，则其负大翼也无力。'须是理会得多，方始衬簟得起。且如'笾豆之事各有司存'，非是说道笾豆之事置之度外，不用理会，只去理会'动容貌'三句，亦只是三句是自家紧要合做底，笾豆是付与有司做底，其事为轻。而今只理会三句，笾豆之事都不理会，万一被有司唤笾做豆，若不曾晓得，便被他瞒。又如<u>田子方</u>说'君明乐官，不明乐音'，他说得不是。若不明得音，如何明得官？次第被他易宫为商也得。所以<u>中庸</u>先说个'博学之'，又<u>孟子</u>曰'博学而详说之'。且看<u>孔子</u>虽曰生知，是事去问人，若问礼、问丧于<u>老聃</u>之类甚多。只如官名不晓得，莫也无害，圣人亦汲汲去问<u>郯子</u>。盖是我不识底，须是去问人，始得。"因说："<u>南轩</u><u>洙泗言仁</u>编得亦未是。圣人说仁处固是仁，然不说处不成非仁？天下只有一个道理，圣人说许多说话都要理会，岂可只去理会说仁处，不说仁处便掉了不管？<u>子思</u>做<u>中庸</u>，大段周密不易。他思量如'尊德性'五句，须是许多句方该得尽，然第一句为主。'致广大、极高明、温故、敦厚'，此上一截是'尊德性'事；如'道中庸、尽精微、知新、崇礼'，此下一截是'道问学'事。都要得纤悉具备，无细不尽，如何只理会一件？"或问知新之理。先生曰："新是故中之事，故是旧时底，温起来以'尊德性'，然后就里面讨得新意，乃为'道问学'。"<u>明作</u>。

○ 为学纤毫丝忽不可不察。若小者分明，大者越分明。如<u>中庸</u>说"发育万物，峻极于天"，大也；"礼仪三百，威仪三千"，细也。"尊德性、致广大、极高明、温故、敦厚"，此是大者管这五事；"道问学、尽精微、道中庸、知新、崇礼"，此小者五事。然不先立得大者，不能尽得小者。此理愈说愈无穷，言不可尽，如"小德川流，大德敦化"亦此理。千蹊万壑所流不同，各是一川，须是知得。然其理则一。<u>德明</u>。

○ 这个物事要得不难。如饥之欲食，渴之欲饮。如救火，如追亡。似此年岁间（有）〔看〕得透脱，活（拨拨）〔泼泼〕地在这里流转方是。<u>佩</u>。

○ 今之学者不曾亲切见得，而臆度揣摸为说，皆助长之病也。道理只平看，意思自见，不须先立说。<u>佩</u>。

○ 只争个知与不知，争个知得切与知得不切。且如人要做好事，到得见不好事也似乎可做。方要做好事，又似乎有个做不好事底心从后面牵转去，这是知不切。<u>贺孙</u>。

○ 见得是，见得确定。

○ 人为学须是要知个是处千定万定。知得这个彻底是，那个彻底不是，方才是见得彻、见得是，则这心里方有所主。且如人学射，若志在红心上，少间有时只射得那帖上；志在帖上，少间有时只射得那垛上；志在垛上，少间却射在别处去了。<u>卓</u>。

○ 议论中譬如常有一条线子缠缚，所以不索性，无那精密洁白底意思。若是实见得，便自一言半句断当分明。<u>螢</u>。

○ 看道理须是见得实方是有功效处，若于上面添些玄妙奇特，便是见他实理未透。<u>道夫</u>。

○　这道理若见得到，只是合当如此。如竹倚相似，须着有四只脚，平平正正方可坐；若少一只脚，决定是坐不得。若不识得时，只约摸恁地说，两只脚也得，三只脚也得；到坐时只是坐不得。如穿牛鼻、络马首，这也是天理合当如此。若络牛首、穿马鼻，定是不得。如适来说克己，<u>伊川</u>只说个敬。今人也知道敬，只是不常如此。常常如此，少间自见得是非道理分明。若心下有些子不安稳便不做。到得更有一项心下习熟底事，却自以为安；外来卒未相入底，却有不安。这便着将前圣所说道理、所做样子看，教心下是非分明。<u>贺孙</u>。

○　只是见不透，所以千言万语，费尽心力，终不得圣人之意。<u>大学</u>说格物都只是要人见得透。且如"<u>杨氏</u>为我，<u>墨氏</u>兼爱"，他欲以此教人，他岂知道是不是？只是见不透。如<u>释氏</u>亦设教授徒，他岂道自不是？只是不曾见得到，但知虚，而不知虚中有理存焉。此<u>大学</u>所以贵穷理也。<u>贺孙</u>。

○　今人凡事所以说得恁地支离，只是见得不透。

○　今之学者直与古异。今人只是强探向上去，古人则逐步步实做将去。<u>广</u>。

○　常人之学多是偏于一理，主于一说，故不见四旁，以起争辩。圣人则中正和平，无所偏倚。<u>人杰</u>。

○　道理有面前底道理。平易自在说出来底便好，说得出来崎岖底便不好。<u>节</u>。

○　看理到快活田地，则前头自磊落恁地去。<u>淳</u>。

○　知，只有个真与不真分别。如说有一项不可言底知，便是**释氏**之惧。士毅。

○　**明道**谓**曾子**"竟以鲁得之"。缘他质钝，不解便理会得，故着工夫去看，遂看得来透彻，非他人之所及。有一等伶俐人见得虽快，然只是从皮肤上略过，所以不如他。且莫说义理，只如人学做文章，非是只恁地读前人文字了便会做得似他底；亦须是下工夫，始造其妙。观**韩文公**与**李翊**书，**老苏**与**欧阳公**书，说他学做文章时工夫甚么细密，岂是只恁从册子上略过便做得如此文字也？广。〔士毅略。〕

○　若曰须待见得个道理然后做去，则"利而行之，勉强而行之"，工夫皆为无用矣。顿悟之说非学者所宜尽心也，圣人所不道也。人杰。

○　"待**文王**而后兴者，凡民也。若夫豪杰之士，虽无**文王**犹兴。"豪杰质美，生下来便见这道理，何用费力？今人至于沉迷而不反，而圣人为之屡言之，方始肯求，已是下愚了。况又不知求之，则终于为禽兽而已。盖人为万物之灵，自是与物异。若迷其灵而昏之，则是与禽兽何别？大雅。

○　圣人之学异乎常人之学，才略举其端，这里便无不昭彻。然毕竟是学。〔人若以自修为心，则举天下万物，凡有感乎前者，无非足以发吾义理之正。善者固可师，不善者这里便恐惧修省，恐落在里面去，是皆吾师也。〕夔孙。

○　人能操存此心，卓然而不乱，亦自可与入道。况加之学问探讨之功，岂易量耶！盖卿。

朱子语类卷第十
学四

读书法上

○ 过闻先生教人读书之法有曰："敛身正坐，缓视微吟，虚心涵味，切己体察。"过。〔读一句书，须体察这一句，我将来甚处用得。〕〔文字是底固当看，不是底也当看；精底固当看，粗底也当看。〕

○ 为学须是先立大本。其初甚约，中间一节甚广大，到末梢又约。孟子曰："博学而详说之，将以反说约也。"故必先观论、孟、大学、中庸，以考圣贤之意；读史以考存亡治乱之迹；读诸子百家以见其驳杂之病。其节目自有次序，不可以越过。近日学者多喜从约，而不于博求之。不知不求于博，何以考验其约。如某人好约，今只做得一僧，了得一身。又有专于博上求之而不反其约，今日考一制度，明日又考一制度，空于无用处作工夫，其病又甚于约而不博者。要之，均是无益。可学。

○ 或问左传疑义。曰："公不求之于六经、语、孟之中而用功于左传，且左传有甚么道理？纵有，能几何？所谓'弃却甜桃树，缘山摘醋梨'。天之所赋于我者如光明宝藏，不会收得，却上他人门教化一两钱，岂不哀哉？只看圣人所说，无不是这个大本。如云：'天高地下，万物

161

散殊而礼制行矣；流而不息，合同而化而乐兴焉。’不然，子思何故说个‘天命之谓性，率性之谓道，修道之谓教’？此三句是怎生如此说？是乃天地万物之大本大根，万化皆从此出。人若能体察得，方见得圣贤所说道理皆从自己胸襟流出，不假他求。某向尝见吕伯恭爱与学者说左传，某尝戒之曰：‘语、孟、六经许多道理不说，恰限说这个。纵那上有些零碎道理，济得甚事？’伯恭不信，后来又说到汉书。若使其在，不知今又说到甚处，想益卑矣，固宜为陆子静所笑也。子静底是高，只是下面空疏，无物事承当。伯恭底甚低，如何得似他？”又曰：“人须是于这大原本上看得透，自然心胸开阔，见世间事皆琐琐不足道矣。”又曰：“每日开眼便见这四个字在面前，仁义礼智，只趯着脚指头便是。这四个字若看得熟，于世间道理沛然若决江河而下，莫之能御矣。若看得道理透，方见得每日所看经书，无一句一字、一点一画不是此理之流行；见天下事无大无小、无一名一件不是此理之发见。如此方见得这个道理浑沦周遍，不偏枯，方见得所谓‘天命之谓性’底全体。今人只是随所见而言，或见得一二分，或见得二三分，都不曾见那全体，不曾到那极处，所以不济事。”僩。

〇　大抵学者只有白纸无字处莫看，有一个字便与他看一个。如此读书三年，无长进处则如赵州和尚道：“截取老僧头去。”节。

〇　天下书尽多在，只恁地读几时得了？须大段用着工夫，无一件是今少得底。而今只是那一般合看过底文字也未看，何况其他？僩。

〇　理明后，便读申韩书亦有得。方子。

〇　读书乃学者第二事。方子。以下论书所以明此心之理，读之要切己受用。

○　读书已是第二义。盖人之生，道理合下皆完具，所以要读书者，盖是未曾经历见得许多。圣人是经历见得许多，所以写在册上与人看。而今读书只是要见得许多道理，及理会得了，又皆是自家合下元有底，不是外面旋添得来。从周。

○　圣人千言万语只是说个当然之理。恐人不晓，又笔之于书。自书契以来，二典三谟，伊尹、武王、箕子、孔、孟都只是如此，可谓尽矣。只就文字间求之，句句皆是。做得一分便是一分工夫，非茫然不可测也，但患人不子细求索之耳。须要思量圣人之言是说个甚么，要将何用。若只读过便休，何必读？明作。

○　凡看文字专看细密者而遗却缓急之间者固不可，专看缓急之间而遗却细密者亦不可。今日之看，所以为他日之用。须思量所以看者何为，非只是空就言语上理会得多而已也。譬如拭卓子，只拭中心亦不可，但拭四弦亦不可。须是切己用功，使将来自得之于心，则视言语诚如糟粕。然今不可便视为糟粕也，但当自期向到彼田地尔。方子。

○　"学问无贤愚，无小大，无贵贱，自是人合理会底事。且如圣贤不生，无许多书册，无许多发明，不成不去理会，也只当理会。今有圣贤言语，有许多文字，却不去做。〔师友只是发明得。人若不自向前，师友如何着得力。〕〔生知之圣，不待学而自至。若非生知，须要学问。学问之〕先止是致知。所知果至，自然透彻，不患不进。"谦请云："知得须要践履？"先生曰："不真知得，如何践履得？若是真知，自住不得。不可似他门只把来说过了。"又问："今之言学者满天下，家诵中庸、大学、语、孟之书，人习中庸、大学、语、孟之说。究观其实，不惟应事接物与所学不相似，而其为人举足动步全不类学者所为。或做作些小气象，或（事）〔专〕治一等（诚）〔议〕论，专一欺人。此岂其学使然欤？抑践履不至欤？抑所学之非欤？"先生曰："此何足以言学？某与人说学问，止是说得大概，要人自去下工。譬如宝藏一般，其中至宝之物何所不有？某止能指与人说此处有宝。若不下工夫自去讨，终是不济事。今人为学多是为名，不肯切己。某甚不满于<u>长沙</u>士友<u>胡季随</u>，特地来一见，却只要相闪，不知何故。<u>南轩</u>许多久与诸公商量，到得如今只如此，是不切己之过。"谦。

○　先看<u>大学</u>，次<u>语</u>、<u>孟</u>，次<u>中庸</u>。果然下工夫，句句字字涵泳切己，看得透彻，一生受用不尽。只怕人不下工，虽多读古人书，无益。书只是明得道理，（知）〔却〕要人做出书中所说圣贤工夫来。若果看此数书，他书可一见而决矣。全在下工，更惟勉之。谦。

○　读书以观圣贤之意，因圣贤之意以观自然之理。芟。

○　人之为学固是欲得之于心，体之于身，但不读书则不知心之所得者何事。道夫。

○　读书不可只专就纸上求理义，须反来就自家身上以手自指。推究。<u>秦汉</u>以后无人说到此，亦只是一向去书册上求，不就自家身上理会。自家见未到，圣人先说在那里，自家只借他言语来就身上推究始得。淳。

○　"今人读书多不就切己上体察，但于纸上看，文义上说得去便了。如此济得甚事！'何必读书，然后为学？'子曰：'是故恶夫佞者。'古人亦须读书始得，但古人读书将以求道。不然，读作何用？今人不去这上理会道理，皆以涉猎该博为能，所以有道学、俗学之别。"因提案上药囊起，曰："如合药便要治病，终不成合在此看。如此于病何补！

文字浩瀚，难看亦难记，将已晓得底体在身上，却是自家易晓易做底事。解经已是不得已，若只就注解上说，将来何济！如画那人一般，画底却识那人，别人不识，须因这画去求那人，始得。今便以画唤做那人，不得。"寓。

○　杨至之问："'好德如好色'，即是大学'如恶恶臭，如好好色'，要得诚如此。然集注载卫灵公事与此意不相应，恐未稳否？"曰："书都不恁地读。除了卫灵公，便有何发明？在卫灵公上便有何相碍？此皆没紧要，校量他作甚底？恁地读书都不济事，都向别处去，不入这路来。圣人当初只是恁地叹未见好德如那好色者，意只是如此。自是当虚心去看，又要反来思量自己如何便是好德，如何便是好色，如此方有益，何必根究灵公事。若只管去校量他，与圣人意思愈见差错。圣人言语，自家当如奴仆，只去随他。他教住便住，他教去便去，而今却与他做师友，只是去校量他。大学之说自是大学之意，论语之说自是论语之意。论语只是说过去，尾重则首轻，这一头低，那一头便昂。大学是将两句平头，说得尤力。如何合得来做一说！"淳。

○　向时有一截学者，贪多务得，要读周礼、诸史、本朝典故，一向尽要理会得许多没要紧底工夫，少刻身己都自恁地颠颠倒倒没顿放处。如吃物事相似，将甚么杂物事，不是时节，一顿都吃了，便被他撑肠拄肚，没奈何他。贺孙。

○　今读书紧要敢是要看圣人教人做工夫处是如何。如用药治病，须看这病是如何发，合用何方治之；方中使何药材，何者几两，何者几分；如何炮，如何炙，如何制，如何煎，如何吃。只如此而已。淳。

○　学者有所闻，须便行始得。若得一书，须便读，便思，便行，岂可又安排停待而后下手。且如得一片纸，便求一片纸上道理行之可也。履孙。

○ 看经书与看史书不同：史是皮外物事，没紧要，可以劄记问人。若是经书有疑，这个是切己病痛。如人负痛在身，欲斯须忘去而不可得，岂可比之看史，遇有疑则记之纸邪？倜。

○ 开卷便有与圣贤不相似处，岂可不自鞭策！祖道。

○ 学须做自家底看便见切己。今人读书只要科举用，已及第则为杂文用，其高者则为古文用，皆做外面看。淳。

○ 人惟有私意，圣贤所以留千言万语以扫涤人私意，使人全得恻隐、羞恶之心。六经不作可也，里面着一点私意不得。节。

○ 许多道理，孔子恁地说一番，孟子恁地说一番，子思又恁地说一番，都恁地悬空挂在那里。自家须自去体认，始得。贺孙。

○ 初学于敬不能无间断，只是才觉间断便提起此心，只是觉处便是接续。某只要得人只就读书上体认义理。日间常读书则此心不走作，或只去事物中衮，则此心易得汩没。知得如此，便就读书上体认义理，便可唤转来。贺孙。

○ 某看来如今学者之病多是个好名，且如读书都不去子细考究义理，教极分明，只是才看过便了，只唤道自家已看得甚么文字了，都不思量于身上济得甚事。这个只是做名声，其实又做得甚么名声！下梢只得人说他已看得甚文字了。这个非独卓老（文）〔丈〕如此，某今看来都如此。若恁地也是枉了一生。<u>贺孙</u>。

○ 或问读书工夫。曰："这事如今似难说。如世上一等人说道不须就书册上理会，此固是不得。然一向只就书册上理会，不曾体认着自家身己也不济事。如说仁义礼智，曾认得自家如何是'仁'，自家如何是'义'，自家如何是'礼'，自家如何是'智'，须是着身己体认得。如读'学而时习之'，自家曾如何'学'，自家曾如何'习'，'不亦说乎'，自家曾见得如何是'说'，须恁地认始得。若只逐段解过去，解得了便休，也不济事。如世上一等说话，谓不消得读书，不消理会，别自有个觉处，有个悟处，这固是不得。若只恁地读书，只恁地理会，又何益?"<u>贺孙</u>。

○ 读书须要切己体验，不可只作文字看，又不可助长。<u>方子</u>。

○ 读六经时只如未有六经，只就自家身上讨道理，其理便易晓。<u>敬仲</u>。

○ 学者当以圣贤之言反求诸身，一一体察。须是晓然无疑，积日既久当自有见，但恐用意不精，或贪多务广，或得少为足，则无由明耳。<u>祖道</u>。

○ "凡读书须有次序。且如一章三句，先理会上句，待通透；次理会第二句、第三句，待分晓；然后将全章反覆䌷绎玩味。如未通透却看前辈讲解，更第二番读过，须见得身分上有长进处方为有益。如语、孟二书，若便恁地读过，只一二日可了。若要将来做切己事，玩味体察，一日多看得数段或一两段耳。"又云："看讲解，不可专徇他说，不求是非，便道前贤言语皆的当。如遗书中语，岂无过当失实处？亦有说不及处。"又云："初看时便先断以己意，前圣之说皆不可人。此正当今学者之病，不可不知。"寓。

○ 或人请诸经之疑，先生既答之，复曰："今虽尽与公说，公尽晓得，不于自家心地上做工夫，亦不济事。"道夫。

○ 人常读书，庶几可以管摄此心，使之常存。横渠有言："书所以维持此心。一时放下则一时德性有懈，其何可废！"〔盖卿。〕

○ 须是存心与读书为一事，方得。方子。

○ 今世之人心不在躯壳里，如何读得圣人之书。尽是杜撰凿空说，元与他不相似。文蔚。

○ 昔陈烈先生苦无记性。一日读孟子"学问之道无他，求其放心而已矣"，忽悟曰："我心不曾收得，如何记得书？"遂闭门静坐，不读书，百余日以收放心去，去读书，遂一览无遗。僴。

○ 读书须是有精力。杨说亦须是聪明。先生曰："虽有聪明，亦须是静，方运得精神。昔李先生说罗先生于春秋浅，不（但）〔似〕胡文定。后来过罗浮山中住两三年。那里静，必做得工夫有长进处。只是归来道死，不及叩之。李先生何故如此说，盖缘静则心虚，道理方看得出。"淳。

○ 今人看文字多是以昏怠去看，所以不子细，故学者且于静处收拾教意思在里，然后虚心去看，则其义理未有不明者也。祖道。

○ 关了门，闭了户，把断了四路头，此正读书时也。道夫。

○ 学者只知观书，都不知有四边，方始有味。璗。

○ 读书闲暇宜于静室安坐，庶几心平气和，可以思索义理。季札。

○ 不可终日思量文字，恐成硬将心去驰逐了。亦须空闲少顷，养精神又来看。淳。

○ 看文字有两般病。〔有一等性钝底人，向来未曾看，看得生，卒急看不出，固是病。〕又有一等敏锐底人多不肯子细，易得有忽略之意，不可不戒。贺孙。

○ 人读书如人饮酒相似。若是爱饮酒人，一盏了又要一盏吃。若不爱吃，勉强一盏便休。泳。

○ 读书看义理，须是胸次放开，磊落明快，恁地去。第一不可先责效，才责效便有忧愁底意。只管如此，胸中便结聚一饼子不散。今且放置闲事，不要闲思量，只专心去玩味义理，便会心精，心精便会熟。淳。

○ 观书须静着心，宽着意思，沉潜反覆，将久自会晓得去。儒用。

○ 放宽心，以他说看他说。以物观物，无以己观物。道夫。

○ 大凡看文字少看熟读，一也；不要钻研立说，但要反覆体验，二也；埋头理会，不要求效，三也。三者，学者当守此。人杰。

○ 少看熟读，反覆体验，不必想像计获。只此三事，守之有常。
<u>夔孙</u>。

○ 读书须是遍布周满。某尝以为宁详毋略，宁下毋高，宁拙毋
巧，宁近毋远。<u>方子</u>。盖卿同。

○ 读书不可不先立个程限。政如农功，如农之有畔，为学亦然。
今之始学者不知此理，初时甚锐，渐渐懒去，终至都不理会了。此只是
当初不立程限之故。<u>广</u>。

○ <u>曾裘父</u>诗话中载<u>东坡</u>教人读书小简，先生取以示学者，曰：
"读书要当如是。"按<u>裘父</u>诗话载<u>东坡</u>与<u>王郎</u>书云："少年为学者，每一书皆作数
次读之。〔书〕富如入海，百货皆有。人之精力不能兼收尽取，但得其所欲求者尔。
故愿学者每次作一意求之，如欲求古今兴亡治乱、圣贤作用，且只作此意求之，勿
生余念。又别作一次求事迹文物之类，亦如之。他皆仿此。若学成，八面受敌，与
涉猎者不可同日而语。"<u>方子</u>。

○ "诵数以贯之"，古人读书必是记遍数，所以贯通。<u>方子</u>。以下论
古人读书有遍数。

○ <u>司马温公</u>答一学者书，说为学之法，举<u>荀子</u>四句云："诵数以
贯之，思索以通之，为其人以处之，除其害以持养之。"<u>荀子</u>此说亦好。
"诵数"云者，想是古人诵书亦记遍数。"贯"字训"熟"，如"习贯如
自然"；又训"通"，诵得熟方能通晓，若诵不熟亦无可得思索。<u>广</u>。

○ 为人自是为人，读书自是读书。凡人若读十遍不会，则又读二
十遍。又不会，则读三十遍至五十遍，必有见处。到五十遍瞑然不晓便

是气质不好。今人未尝读得十遍，便道不可晓。<u>力行</u>。

○ 读书须是先看一件了，然后再看一件。若是蓄积处多，忽然爆开来时，自然所得者大，<u>易</u>所谓"何天之衢"是也。<u>人杰</u>。

○ 先生问叔器："论语读多少?"对曰："两日只杂看。"先生曰："恁地如何会长进! 看此一书，且须专此一书。便待此边冷如水，那边热如火，亦不可舍此而观彼。"<u>淳</u>。

○ 读书理会一件，便要精这一件。这一件看得不精，其他文字便亦都草草看了。若此一件看得精，其他亦易看。<u>山谷</u>帖说读书法甚好。<u>淳</u>。

○ <u>山谷</u>与李几仲帖云："不审诸经、诸史，何者最熟? 大率学者喜博而常病不精，泛滥百书不若精于一也。有余力然后及诸书，则涉猎诸篇亦得其精，盖以我观书则处处得益，以书博我则释卷而茫然。"先生深喜之，以为有补于学者。<u>若海</u>。

○ 学不可躐等，不可草率，徒费心力。须依次序，如法理会。一经通熟，他书亦易看。<u>闳祖</u>。

○ 学者贪做工夫，便看得义理不精。读书须是子细，逐句逐字要见去着。若用工粗卤，不务精思，只道无可疑处。非无可疑，理会未到，不知有疑尔。大抵为学老少不同：年少精力有余，须用无书不读，无不究竟其义；若年齿向晚，却须择要用功，读一书便觉后来难得工夫再去理会，须沉潜玩索，究极至处可也。盖天下义理只有一个是与非而已。是便是是，非便是非。既有着落，虽不再读，自然道理浃洽，省记不忘。譬如饮食，从容咀嚼，其味必长；大嚼大咽，终不知味也。谟。

○ 读书须教首尾贯穿，若一番只草草看过不济事。某记得舅氏云："当新经行时，有一先生教人极有条理。时既禁了史书，所读者止是荀扬老庄列子等书，他便将诸书划定次第。初入学只看一书，读了理会得都了，方看第二件。每件须要贯穿，从头到尾皆有次第。既通了许多书，斯为必取科第之计：如刑名度数也各理会得些，天文地理也晓得些，五运六气也晓得些，如素问等书也略理会得。又如读得圣制经，便须于诸书都晓得些。圣制经者乃是诸书节略本，是昭武一士人作，将去献梁师成，要觅官爵。及投进，累月不见消息。忽然一日，只见内降一书云：'御制圣制经，令天下皆诵读。'方伯模尚能记此士人姓名。"又云："是时既禁史学，更无人敢读史。时奉使叔祖教授乡里，只就蒙求逐事开说本末，时人已相尊敬，谓能通古今。有一士人，以犯法被黥，在都中，因计会在梁师成手里直书院，与之打并书册甚整齐。梁师成喜之，因问其故，他以情告，遂与之补官，令常直书院。一日，传〔圣驾将幸师成家，师成遂令此人打并装叠成册。此人以经史次第排，极可观。师成来检点，见诸史亦列〕卓上，因大骇，急移下去，云：'把这般文字将出来做甚么。'此非独不好此，想只怕人主取去，看见兴衰治乱之端耳。"贺孙。

○ 书宜少看，要极熟。小儿读书记得而大人则多记不得者，只为小儿心专。一日授一百字则只是一百字，二百字则只是二百字。大人一日或看百板，不恁精专。人多看一分之十，今宜看十分之一。宽着期限，紧着课程。淳。

○ 不可都衮去，如人一日只吃得三碗饭，不可将十数日饭都一齐吃了。一日只看得几段，做得多少工夫，亦有限，不可衮去都要了。淳。

○ 读书只恁逐段子细看，积累去，则一生读多少书。若务贪多，则反不曾读得。又曰："须是紧着工夫，不可悠悠，又不须忙。只常抖擞得此心醒，则看愈有力。"道夫。

○ 读书只看一个册子，每日只读一段，方始是自家底。若看此又看彼，虽从眼边过得一遍，终是不熟。履孙。

○ 读书不要贪多。向见州郡纳税，数万钞总作一结。忽错其数，更无推寻处。其后有一某官乃立法，三二十钞作一结。观此，则读书之法可见。可学。

○ 某问："曾子□□□。曾子为人守约，动必本诸身。为人谋，惟恐己之心有一毫不尽；与人交，惟恐一毫不情实。'传不习乎'，今日听得先生教诲，却不去习熟，如何会有诸己？"先生不应。又问："集注云：'三者之序，又以忠信为本。'人若不诚实，便传也传个甚底？"言未毕，先生继曰："习也习个甚底？"又曰："公不问，一问便问许多。某与公说，公如何记得许多？"某不敢应，揖而退。南升。

○ 大凡读书不要般涉，但温寻旧底不妨，不可将新底来搀。道夫。

○ 人读书不得搀前，下梢必无所得。如理会论语，只得理会论语，不得存心在孟子。如理会里仁，且逐章相挨理会了却，然后从公冶长理会去。人杰。

○ 其始也，自谓百事能；其终也，一事不能。言人读书不专一而贪多广阔之弊。佐。

○　人做功课若不专一，东看西看，则此心先已散漫了，如何看得道理出。须是看论语专只看论语，看孟子专只看孟子。读这一章更不得看后章，(说)〔读〕这一句更不得看后句，这一字理会未得，更不得看下字。如此，则专一而功可成。若所看不一，泛滥无统，虽(九十)〔卒〕岁穷年无有透彻之期。某旧时看文字只是守此拙法，以至于今。思之，只有此法，更无他法。佐。

○　仲思问："遗书云看鸡雏可以观仁，如何？"曰："既通道理后，这般个久久自知之。记曰：'善问者如攻坚木，先其易者，而后其节目。'所以游先生问'阴阳不测之谓神'，而程子问之曰：'公是拣难底问？是疑后问？'故昨日与公说，读书须看一句后又看一句，读一章后又读一章。格物，格一物后又格一物。见这个物事道理既多，则难者道理自然识得。"道夫。

○　木之问："孟子言'羞恶之心，义之端也'，又曰'义之实，从兄是也'，不知'羞恶'与'从兄'之意，如何相似？"曰："不要如此看。且理会一处上义理教通透了，方可别看。如今理会一处未得，却又牵一处来衮同说着，少间愈无理会处。圣贤说话各有旨归，且与他就逐句逐字上理会将去。"木之。

○　泛观博取，不若熟读而精思。道夫。

○　学者只是要熟，工夫纯一而已。读时熟，看时熟，玩味时熟。如孟子诗书全在读时工夫，孟子每章说了，又自解了。盖他直要说得尽方住，其言一大片，故后来老苏亦把他来做文章说。须熟读之，便得其味。今观诗，既未写得传，且除了小序而读之。亦不要将做好底看，亦不要将做恶底看，只认本文语意，亦须得八九。鲎。

○　读书不可贪多，且要精熟。如今日看得一板，且看半板，将那个精力来更看前半板两遍，如此方看得熟。直须看得古人意思出，方好。涂。

○　书须熟读。所谓书，只是一般。然读十遍时与读一遍时终别，读百遍时与读十遍又自不同也。履孙。

○　"大凡读书须是熟读。熟读了自精熟，精熟后理自见得。如吃果子一般，劈头方咬开，未见滋味便吃了。须是细嚼教烂，则滋味自出，方始识得这个是甜，是甘，是辛，始为知味。"又云："园夫灌园，善灌之夫随其蔬果，株株而灌之。少间灌溉既足，则泥水相和而物得其润，自然生长。不善灌者，忙急而（沽）〔治〕之，担一担之水，浇满园之蔬。人见其治园矣，而物未尝（沽）〔治〕足也。"又云："读书之道，用力愈多收功愈远。'先难而后获，先事而后得'，皆是此理。"又云："读书之法须是用工去看。先一书许多工夫，后则无许多工夫。始初一书费十分工夫，后一书费八九分工夫，后则费六七分，又后则费四五分矣。"卓。

○　"讲学切忌研究一事未得，又且放过，别求一事。如此则有甚了期？须是逐件打结，久久通贯。"力行退读先生"格物"之说，见李先生所以教先生有此意。力行。

○　书也只是熟读，常常记在心头便得。虽孔子教人，也只是"学而时习之"。若不去时习，则人都不奈你何。这是孔门弟子编集，只把这个作第一件。若能时习，将次自晓得。若十分难晓底也解晓得。<u>义刚</u>。

○ 某向时与朋友说读书，也教他去思索，求所疑。近方见得读书只是且恁地虚心就上面熟读，久之自有所得，亦自有疑处。盖熟读后自有窒碍不通处，是自然有疑，方好较量。今若先去寻个疑便不得。又曰："这般也有时候。旧日看论语，合下便有疑。盖自有一样事，被诸先生说成数样，所以便着疑。今却有集注了，且可傍本看教心熟。少间或有说不通处，自见得疑，只是今未可先去疑着。"<u>贺孙</u>。

○ 读书之法先要熟读。须是正看背看，左看右看。看得是了，未可（使）〔便〕说道是，更须反覆玩味。<u>时举</u>。

○ 凡人看文字，初看时心尚要走作，道理尚见得未定，犹没奈他何。到看得定时方入规矩，又只是在印板上面说相似，都不活。不活则受用不得，须是玩味反覆，到得熟后方始会活，方始会动，方有得受用处。若只恁生记去，这道理便死了。<u>时举</u>。

○ "看文字只就本句，固是见得古人本意，然不推广之，则用处又不浃洽，如何？"曰："须是本句透熟，方可推。若本句不透熟，不惟推便错，于未推时已自错了！"<u>淳</u>。

○ 精舍朋友退，<u>义刚</u>及<u>黄直卿</u>、<u>范益之</u>侍坐。先生各有评论，语毕，顾<u>义刚</u>云："公前日看那'知我者，其天乎'，说得也未分晓。这个也只管去思量不得，但（当）〔须〕时复把起来看。若不晓，又且放下。只管恁地，久后自晓。解晓得这个，也无甚说。须是自家晓得这个，十分着说不得。"<u>义刚</u>。

朱子语类卷第十一
学五

读书法下

○ 问读诸经之法。曰："亦无法，只是虚心平读去。"淳。义刚同。

○ 读书有个法，只是刷刮净了那心后去看。若不晓得，又且放下，待他意思好时又将来看。而今却说要虚心，心如何解虚得。而今正要将心在那上面。义刚。

○ 读书遇难处，且须虚心搜讨意思。有时有思绎底事，却去无思量处得。敬仲。

○ 〔"问：如先生所言，推求经义〕将来到底还别有见处否？"曰："若说如释氏之言有他心通，则无也。但只见得合如此尔。"再问所说"寻求义理，仍须虚心观之"。

○ 问："如何是虚心？"曰："须退一步思量。"〔次日〕又问退一步思量之旨。曰："从来不曾如此做工夫，后亦自难说。今人观书，先自立了意后方观，尽率古人语言入做自家意思中来。如此，只是推广得自家意思，如何见得古人意思？须得退步者，不要自作意思，只虚此心将古人语言放前面，看他意思倒杀向何处去。如此玩心，方可得古人意，有长进处。且如孟子说诗，要'以意逆志，是为得之'。逆者，等待之谓也。如前途等待一人，未来时且须耐心等待，将来自有来时候。他未来，其心急切，又要进前寻求，却不是'以意逆志'，是以意捉志也。如此，只是牵率古人言语入做自家意中来，终无进益。"大雅。

○ 海力行曰："看文字须是退步看方可见得。若一向近前迫看，反为所遮蔽，转不见矣。"力行。

○ 某尝见人云："大凡心不公底人读书不得。"今看来是如此。如解说圣经，一向都不有自家身己，全然虚心，只把他道理自看其是非。恁地看文字，犹更自有牵于旧习，失点检处。全然把一己私意去看圣贤之书，如何看得出？贺孙。

○ 或问太极。曰："看如今人与太极多少远近？"或人自说所读书。曰："徒然说得一片，恁地多不济事。如今且要虚心，心若不虚，虽然恁地问，待别人恁地说，自不入。他听之如不闻，只是他自有个物事横在心下。如颜子，人道他'得一善则拳拳服膺而不失'，他不曾自知道'得一善拳拳服膺而不失'；他'见不善未尝不知，知之未尝复行'，他不曾自知道'见不善未尝不知，知之未尝复行'；他'不迁怒，不贰过'，他不曾知道'不迁怒，不贰过'。他只见个道理当如此。易曰：'君子以虚受人。'书曰：'惟学逊志。'旧有某人来问事，他略不虚心，一味气盈色满。当面与他说，他全不听得。"贺孙。

○ 看文字须是虚心，莫先立己意，少刻都错了。又曰："虚心切己。虚心则见道理明；切己，自然（要）体认得出。"儗。

○ 凡看书须虚心看，不要先立说。看一段有下落了，然后又看一段。须如人受人词讼，听其说尽。然后方可决断。泳。

○ 圣人言语皆天理自然，本坦易明白在那里。只被人不虚心去看，只管外面捉摸。及看不得，便将自己上一般意思说出，把做圣人意思。

○ 圣贤言语当虚心看，不可先自立说去撑拄，便喎斜了。不读书者固不足论，读书者病又如此。淳。

○ 读书别无法，只管看便是法。正如呆人相似，捱来捱去。自家都未要先立意见，且虚心只管看。看来看去自然晓得。某那集注都详备，只是要人看。无一字闲，那个无紧要闲底字越要看。自家意里说是闲字，那个正是紧要字。上蔡云"人不可无根"，便是难。所谓根者，只管看便是根，不是外面别讨个根来。佪。

○ 看文字且依本句，不要添字。那里元有缝罅，如合子相似，自家只去抉开。不是浑沦底物硬去凿。亦不可先立说，牵古人意来凑。且如"逆诈"、"亿不信"与"先觉"之辨："逆诈"是那人不曾诈我，先去揣摩道，那人必是诈我；"亿不信"是那人未有不信底意，便道那人必是不信我；"先觉"则分明见得那人已诈我，不信我。如〔高祖〕知人任使，亦是分明见其才耳。淳。

○ 读书若有所见，未必便是，不可便执着。且放在一边，益更读书，以来新见。若执着一见，则此心便被此见遮蔽了。譬如一片净洁田地，若上面才安一物，便须有遮蔽了处。圣人七通八达，事事说到极致处。学者须是多读书，使互相发明，事事穷到极致处。所谓"本诸身，征诸庶民，考诸三王而不缪，建诸天地而不悖，质诸鬼神而无疑，百世以俟圣人而不惑”。直到这个田地方是。语云："执德不（洪）〔弘〕。"易云："宽以居之。"圣人多说个广大宽洪之意，学者要须体之。<u>广</u>。

○　看书不可将自己见硬参入去，须是除了自己所见，看他册子上古人意思如何。如<u>程先生</u>解"直方大"，乃引<u>孟子</u>。虽是<u>程先生</u>言，毕竟迫切。<u>节</u>。

○　看文字先有意见，恐只是私意。谓如粗厉者观书，必以勇果强毅为主；柔善者观书，必以慈祥宽厚为主。书中何所不有！<u>人杰</u>。

○　凡读书先须晓得他底言词了，然后看其说于理当否。当于理则是，背于理则非。今人多是心下先有一个意思了，却将他人说话来说自家底意思；其有不合者，则硬穿凿之使合。<u>广</u>。

○　观书当平心以观之。大抵看书不可穿凿，看从分明处，不可寻从隐僻处去。圣贤之言多是与人说话，若是峣崎，却教当时人如何晓。<u>节</u>。

○　或解"居处恭，执事敬，与人忠"，云："须是从里面做出来，方得他外面如此。"曰："公读书便是多有此病。这里又那里得个里面做出来底说话来？只是居处时便用恭，执事时便用敬，与人时便用忠，'虽之夷狄，不可弃也'。不过只是如此说。大凡看书须只就他本文看教直截，切忌如此支离蔓衍、拖脚拖尾，不济得事。圣贤说话那一句不直截？如利刃削成相似。虽以<u>孔子</u>之语，浑然温厚，然他那句语更是斩截。若如公说一句，更用数十字去包他，则圣贤何不逐句上更添几字教他分晓？只看<u>濂溪</u>二<u>程</u>　<u>横渠</u>门说话无不斩截有力，语句自是恁地重。

无他，所以看得如此宽缓无力者，只是心念不整肃，所以如此。缘心念不整肃，所以意思宽缓，都凑泊他那意思不着，说从别处去。须是整肃心念，看教他意思严紧，说出来有力，四方八面截然有界限，方得。如今说得如此支蔓，都不成个物事，其病只在心念不整肃上。"㑆。

○　今学者大抵不曾子细玩味得圣贤言意，却要悬空妄立议论。一似吃物事相似，肚里其实未曾饱，却以手鼓腹，向人说道："我已饱了。"只此乃是未饱，若真个饱者，却未必说也。人人好做甚铭，做甚赞，于己分上其实何益？既不曾实讲得书，玩味得圣贤言意，则今日所说者是这话，明日又只是这话，岂得有所新见邪？切宜戒之！时举。

○　读书之法有大本大原处，有大纲大目处，又有逐事上理会处，又其次则解释文义。雉。

○　某自潭州来，其他尽不曾说得，只不住地说得一个教人子细读书。芝。

○　读书不精深，也只是不曾专一子细。蕫卿。

○　圣人言语如千花，远望都见好。须端的真见好处始得。须着力子细看上，别无他术。淳。

○　圣人言语皆枝枝相对，叶叶相当，不知怎生排得恁地齐整。今人只是心粗，不子细穷究。若子细穷究来，皆字字有着落。道夫。

○　看文字当看大意，又看句语中何字是切要。孟子谓"仁义礼智根于心"，只"根"字甚有意。如此用心，义理自出。季札。

○ 读书要周遍平正。蘷孙。

○ 看书不由直路，只管枝蔓，便于本意不亲切。淳。

○ 读书只就一直道理看，剖析自分晓，不必去偏曲处看。易有个阴阳，诗有个邪正，书有个治乱，皆是一直路径，可见别无峣崎。寓。

○ 凡读书且须从一条正路直去。四面虽有可观，不妨一看，然非是紧要。方子。

○ 读书便是做事。凡做事，有是有非，有得有失。善处事者，不过称量其轻重耳。读书而讲究其义理，判别其是非，临事即此理。可学。

○ 看人文字不可随声迁就，我见得是处方可信。须沉潜玩绎，方有见处。不然，人说沙可做饭，我也说沙可做饭，如何可吃！谦。

○ 读书须是看着他那缝罅处，方寻道理透。若不见得缝罅，无由入得。见缝罅时脉络自开。植。

○ 文字大节目痛理会三五处后当迎刃而解。学者之患在于轻浮，不沉着痛快。方子。

○ 学者初看文字只见得个浑仑物事，久久看作三两片，以至于十数片，方是长进。如庖丁解牛，目视无全牛是也。人杰。

○ 真理会得底便道真理会得，真理会不得底便道真理会不得。须看那处有碍，须记那紧要处常勿忘。所谓"智者利仁"，方其求时心固在此，不求时心亦在此。淳。

○　学者不可只管守从前所见，须除了，方见新意。如去了浊水，然后清者出焉。力行。

○　到理会不得处，便当"濯去旧见，以来新意"，仍且只就本文看之。蜚卿。

○　问："'礼之用和为贵'一章，礼之体虽严，而其用以从容不迫为贵，窃谓礼之体是元有此尊卑小大之道理，故严。及其发见处，浑是辞逊之心，自然从容不迫。先王缘人情制礼，故以和为贵，而小事大事由之。然知和而和，一向偏于和而忘其大小尊卑之分，故亦不可行。须要得严而不迫、和而有节方好。"先生曰："大概如此，但说得不溜浇，便是理会得未透。"此条论读书，说"未溜浇"便是理会未透。

○　文字不可硬说，但当习熟，渐渐分明。

○　读书且就那一段本文意上看，不必又生枝节。看一段须反覆看来看去，要十分烂熟，方见意味，方快活，令人都不爱去看别段始得。人多只是向前趱去，不曾向后反覆，只要去看明日未读底，都不解去绅绎前日已读底。须玩味反覆始得。用力深便见意味长，意味长便受用牢固。又曰："不可信口依希略绰说过，须是心晓。"㝢。陈淳同。

○　学者观书，病在只要向前，不肯退步看。愈向前愈看得不分晓，不若退步却看得审。大概病在执着，不肯放下。正如听讼：心先有主张乙底意思，便只寻甲底不是；先有主张甲底意思，便只见乙底不是。不若姑置甲乙之说，徐徐观之，方能辨其曲直。横渠云："濯去旧见，以来新意。"此说甚当。若不濯去旧见，何处得新意来？今学者有二种病，一是主（意思）〔私意〕，一是旧有先入之说，虽欲摆脱，亦被他自来相寻。<u>螢</u>。

○　看书非止看一处便见道理。如服药相似，一服岂能得病便好！须服了又服，服多后药力自行。<u>道夫</u>。

○　读书着意玩味，方见得义理从文字中迸出。<u>季札</u>。

○　看文字且自用工夫，先己切至，方可举所疑与朋友讲论。假无朋友，久之亦能自见得。盖蓄积者多忽然爆开便自然通，此所谓"何天之衢，亨"也。盖蓄极则通，须是蓄之极则通。<u>螢</u>。按万人杰录同而略，今附云："读书须是先看一件了，然后再看一件。若是蓄积处多，忽然爆开来时自然所得者大，易所谓'何天之衢，亨'是也。"

○　玩索、考究，不可一废。<u>升卿</u>。

○　"学者读书，须是于无味处当致思焉。至于群疑并兴，寝食俱废，乃能骤进。"因叹："'骤进'二字，最下得好，须是如此。若进得些子，或进或退，若存若亡，不济事。如用兵相杀，争得些儿小可一二十里地也不济事，须大杀一番方是善胜。为学之要亦是如此。"<u>贺孙</u>。

○　大凡看文字要急迫不得。有疑处，且渐渐思量。若一下便要理会得，也无此理。<u>广</u>。

○　看文字须子细。虽是旧曾看过，重温亦须子细。每日可看三两段。不是于那疑处看，政须于那无疑处看，盖工夫都在那上也。<u>广</u>。

○ 读书无疑者须教有疑，有疑者却要无疑。到这里方是长进。道夫。

○ 问："看理多有疑处。如百氏之言，或疑其为非，又疑其为是，当如何断之？"曰："不可强断，姑置之可也。"人杰。

○ 大凡读书且要读，不可只管思。口中读则心中闲，而义理自出。某之始学亦如是尔，更无别法。方子。甘节同。

○ "读书之法：读一遍了，又思量一遍；思量一遍，又读一遍。读诵者，所以助其思量，常教此心在上面流转。若只是口里读，心里不思量，看如何也记不子细。"又云："今缘文字印本多少，人不着心读。汉时诸儒以经相授者，只是暗诵，所以记得牢，故其所引书句多有错字。如孟子所引诗书亦多错，以其无本，但记得耳。"〔僩。〕

○ 读书只要将理会得处反覆又看。士毅。

○ 书无难易，须使许多心力反覆去看。蔓孙。

○ 为学读书须是耐烦细意去理会，切不可粗心。若曰何必读书，自有个捷径法，便是误人底深坑也。未见道理时，恰如数重物包裹在里许，无缘可以便见得。须是今日去了一重，又见得一重；明日又去了一重，又见得一重。去尽皮，方见肉；去尽肉，方见骨；去尽骨，方见髓。使粗心大气不得。广。

○ 人看文字，只看得一重，更不去讨他第二重。僩。

○ 圣人言语一重又一重，须入深去看。若只见皮肤，自便有差错，须深沉方有得。夜来所说是终身规模，不可便要使有安顿。从周。

○ 看文字须逐字看得无去处。譬如前后门塞定，更去不得，方始是。从周。

○ 看文字须大段着精彩看。耸起精神，树起筋骨，不要困，如有刀剑在后一般。就一段中须要透。击其首则尾应，击其尾则首应，方始是。不可按册子便是，掩了册子便忘却。看注时便忘了正文，看正文又忘了注。须这一段透了，方看后板。淳。

○ 人言读书当从容玩味，此乃自怠之一说。若是读此书未晓道理，虽不可急迫，亦不放下，犹可也。若徜徉终日，谓之从容，却无做工夫处。譬之煎药，须是以大火煮衮，然后以慢火养之却不妨。人杰。

○ "看文字须入里面猛衮一番。要透彻方能得脱离。若只略略地看过，终久不能潘本有"得"。脱离，此心又自不能放下也。"又曰："凡看文字，初看时心尚走作，道理尚见得未定。到底后方入规矩，须是又复玩味得熟后方始会活，方有得受用处。不活则受用不得。"铢。潘时举录云："人看文字，初看时心尚要走作，道理尚见得未定，犹没奈他何。到看得定时方入规矩，又只是在印板上面说相似，都不活。不活则受用不得。须是玩味反覆，到得熟后方始会活，方始会动，方有得受用处。若只恁生记去，这道理便死了。"

○ 〔因诲郭兄云〕读书者当将此身葬在此书中，行住坐卧念念在此，誓以必晓彻为期。看外面有甚事，我也不管，〔只恁一心在书上，〕方谓之善读书。若但欲来某面前说得去，不求自熟，如此济得甚事？须是着起精神，字字与他看过。〔不惟念得正文注字，要自家暗地以俗语

解得方是。〕如今自家精神都不曾与书相入，本文注字犹记不得，如何会晓！〔卓。〕偭。〔同〕

○　大凡读书须是要身心都入在这一段里面，更不问外面有何事，方见得一段道理出。如"博学而笃志，切问而近思"，如何却说个"仁在其中"？盖自家能常常存得此心，莫教走作，则理自然在其中。今人却一边去看文字，一边去思量外事，只是枉费了工夫。不如放下了文字，待打叠教意思静了，却去看。<u>祖道</u>。

○　今人读书看未到这里，心已在后面；才看到这里，便欲舍去。如此，只是不求自家晓解。须是徘徊顾恋，不欲舍去，方能体认得。又曰："读书者譬如观此屋，若在外面见有此屋，便谓见了，即无缘识得。须是入去里面逐一看道，是几多间架、几多窗槅。看一遍了，又重重看过，一齐记得，方是。"讲筵亦云："意象匆匆，常若有所迫逐。"<u>方子</u>。

○　看文字正如酷吏之用法深刻，都没人情，直要做到底。若只恁地等闲看过了，有甚滋味！大凡文字有未晓处，须下死工夫，直要见得道理是自家底方住。<u>赐</u>。

○　须是一棒一条痕！一掴一掌血！看人文字要当如此，岂可忽略！<u>䇦</u>。

○　看文字如捉贼，须知盗发处，自一文以上赃罪情节都要勘出。若只描摸个大纲，纵使知道此人是贼，却不知何处做贼。<u>赐</u>。

○　而今看文字须是如猛将用兵，直是鏖战一阵。如酷吏治狱，直是推勘到底，决是不恕他方得。<u>夔孙</u>。

○ 看文字当如高艨大舶，顺风张帆，一日千里方得。如今只才离小港便着浅了，济甚事！文字不通如此看。_佣。

○ 蕫卿欲类仁说看。曰："不必录。只识得一处，他处自然如破竹矣。"_{道夫}。

○ 理只要理会透彻，更不理会文辞，恐未达而便欲已也。<u>去伪</u>。

○ 读书须是知贯通处，东边西边都触着这（开）〔关〕捩子方得。只认下着头去做，莫要思前算后，自有至处。而今说已前不曾做得，又怕迟晚，又怕做不及，又怕那个难，又怕性格迟钝，又怕记不起，都是闲说。只认下着头去做，莫问迟速，少间自有至处。既是已前不曾做得，今便用下工夫去补填。莫要瞻前顾后，思量东西，少间担阁一生，不知年岁之老！_佣。

○ 读书通贯后，义理自出。今人为学多只是（漫）〔谩〕，且恁地不曾是真实肯做。<u>方子</u>。

○ 看经传有不可晓处，且要旁通。待其浃洽则当触类而可通矣。<u>人杰</u>。

○ 做好将圣人书读，见得他意思如当面说相似。_{贺孙}。

○ "尹先生门人言尹先生读书云：'耳顺心得，如诵己言。功夫到后，诵圣贤言语〔都一似自己言语〕。'"良久，曰："佛所谓心印是也。印第一个了，印第二个，只与第一个一般。又印第三个，只与第二个一般。惟尧舜孔颜方能如此。尧老，逊位与舜，教舜做。及舜出来，只与尧一般，此所谓真同也。孟子曰：'得志行乎中国，若合符节。'不是且恁地说。"广。

○ 讲论一篇书，须是理会得透，把这一篇书与自家衮作一片方是。去了本子，都在心中，皆说得去方好。敬仲。

○ 莫说道见得了便休。而今看一千遍，见得又别；看一万遍，见得又别。须是无这册子时，许多节目次第都恁地历历落落在自家肚里方好。方子。

○ 放下书册，都无书之意义在胸中。升卿。

○ 欧公言："作文有三处思量：枕上，路上，厕上。"他只是做文字，尚如此，况求道乎！而今人只对着册子时便思量，册子不在心便不在，如此济得甚事？义刚。

○ 今之学者看了也似不曾看，不曾看也似看了。方子。

○ 近日真个读书人少，也缘科举时文之弊，他才把书来读，便先立个意思要讨新奇，都不理会他本意着实。才讨得新奇便准拟作时文使，下梢弄得熟，只是这个将来使。虽是朝廷甚么大典礼，也胡乱信手捻出来使，不知一撞百碎。前辈也是读书。某曾见大东莱吕居仁。之兄，他于六经三传皆通，他亲手点注，并用小圈点。注所不足者，并将疏楷书，用朱点。无点画草。某只见他礼记如此，他经皆如此。诸吕从来富贵，虽有官，多是不赴铨，亦得安乐读书。他家这法度却是到伯恭打破了。自后既弄时文，少有如此读书。贺孙。

○　且寻句内意。方子。

○　凡读书须看上下文意是如何，不可泥着一字。如扬子"于仁也柔，于义也刚"，到易中又将刚来配仁，柔来配义。如论语"学不厌，智也；教不倦，仁也"，到中庸又谓"成己，仁也；成物，智也"。此等须是各随本文意看，便自不相碍。㽦。

○　节问："一般字却有浅深轻重，如何看？"曰："当看上下文。"节。

○　读书须从文义上寻，其次则看注解。今人却于文义〔外〕寻索。盖卿。

○　因言读书法。先生曰："且先读十数过，已得文义四五分；然后看解，又得三二分；又却读正文，又得一二分。向时不理会得孟子，以其章长故也。因如此读。元来他章虽长，意味却自首末相贯。"又问："读书心多散乱。"曰："便是心难把捉处。知得此病者，亦早少了。向时举中庸'诚者物之终始，不诚无物'说与直卿，云：'且如读十句书，上九句有心记得，心不走作，则是心在此九句内，是诚，是有其物，故终始得此九句用。若下一句心不在焉，便是不诚，便无物也。'"明作。

○　"大凡人读书，且当虚心一意将正文熟读，不可便立见解。看正文了，却着深思熟读，便如己说，如此方是。今来学者一般是专要作文字用，一般是要说得新奇，人说得不如我说得较好，此学者之大病。譬如听人说话一般，且从他说尽，不可剿断他说，以己意抄说。若如此，全不见得他说是非，只说得自家底，终不济事。"久之，又曰："须是将本文熟读，字字咀嚼教有味。若有理会不得处，深思之；又不得，然后却将注解看，方有意味。如人饥而后食，渴而后饮，方有味。不饥不渴而强饮食之，终无益也。"自"又曰"以下，李儒用录同。又曰："某所集注论语，至于训诂皆子细者，盖要人字字与某着意看，字字思索到，莫要只作等闲看过了。"又曰："读书，第一莫要先立个意去看他底；莫要才领略些大意，不耐烦，便休了。"祖道。

○ 凡人读书若穷得到道理透处，心中也替他快活。若有疑处，须是参诸家解熟看。看得有差互时，此一段终是不稳在心头，不要放过。敬仲。

○ 凡看文字，诸家说有异同处最可观。谓如甲说如此，且捉扯住甲，穷尽其词；乙说如此，且捉扯住乙，穷尽其词。两家之说既尽，又参考而穷究之，必有一真是者出矣。公谨。

○ 经之有解，所以通经。经既通，自无事于解。借经以通乎理耳，理得则无俟乎经。今意思只滞在此，则何时得脱然会通也！且所贵乎简者，非谓欲语言之少也，乃在中与不中尔。若句句亲切，虽多何害？若不亲切，愈少愈不达矣。某尝说读书须细看，得意思通融后都不见注解，但见有正经几个字方好。大雅。

○ 句心。方子。

○ 看注解时不可遗了紧要字，盖解中有极散缓者，有缓急之间者，有极紧要者。某下一字时，直是称轻等重方敢写出。上言"句心"即此意。方子。

○ 传注，惟古注不作文，故可读。只随经句分说，不离经意，最好。疏亦然。今人解书，且图要作文，又加辨说，百般生疑，故其文虽可读而经意殊远。程子 易传亦成作文，说了又说，故今人观者更不看本经，只读传，亦非所以使人思也。大雅。

○ 解经谓之解者，只要解释出来。将圣贤之语解开了，庶易读。泳。

○ 圣经字若个主人，解者犹若奴仆。今人不识主人，且因奴仆通名方识得主人，毕竟不如经字也。〔泳。〕

○ 随文解义。方子。

○ 解经当如破的。方子。

○ 圣贤说出来底言语自有语脉，安顿得各有所在，岂似后人胡乱说了！也须玩索其旨，所以学不可以不讲。讲学固要大纲正，然其间子细处亦不可以不讲。只缘当初讲得不子细，既不得圣贤之意，后来胡乱执得一说便以为是，只胡乱解将去。僩。〔必大录此下云："古人似未尝理会文义。今观其说出底言语，不曾有一字用不当者。"〕

○ 解经，若于旧说一向徇人情他，改三字不若改两字，改两字不若且改一字，至于甚不得已，乃始改这意思，终为害。升卿。

○ "学者轻于著书，皆是气识浅薄，使作得如此，所谓'圣虽学作兮，所贵者资；便儇佼厉兮，去道远而'。盖此理酝厚，非'便儇佼厉'、'不克负荷'者所能当。(子夏)〔子张〕谓'执德不弘'，人多以宽说'弘'字，大无意味，如何接连得'焉能为有，焉能为亡'文义相贯？盖'弘'字有深沉重厚之意。<u>横渠</u>谓：'义理深沉方有造，非浅易轻浮所可得也。'此语最佳。"问："<u>集注</u>解此，谓'守所得而心不广，则德孤'，如何？"曰："孤，只是孤单。所得只是<u>这些</u>道理，别无所有，故谓之德孤。"^谟。

○ 编次文字须作草簿抄记项头，如此则免得用心去记他。<u>兵法</u>有云："车载糇粮兵仗，以养力也。"编次文字，用簿抄记，此亦养心之法。<u>广</u>。

○ 先看<u>语</u>、<u>孟</u>、<u>中庸</u>，更看一经，却看史，方易看。先读<u>史记</u>，<u>史记</u>与<u>左传</u>相包。次看<u>左传</u>，次看<u>通鉴</u>，有余力则看全史。只是看史，不如今之看史有许多嶢崎。看治乱如此，成败如此，"与治同道罔不兴，与乱同事罔不亡"，知得次第。^节。

○ 今人读书未多，义理未至融会处，若便去看史书，考古今治乱，理会制度典章，譬如作陂塘以溉田，须是陂塘中水已满，然后决之，则可以流注滋殖田中禾稼。若是陂塘中水方有一勺之多，遽决之以溉田，则非徒无益于田，而一勺之水亦复无有矣。读书既多，义理已融会，胸中尺度一一已分明，而不看史书，考治乱，理会制度典章，则是犹陂塘之水已满而不决以溉田。若是读书未多，义理未有融会处，而汲汲焉以看史为先务，是犹决陂塘一勺之〔水以溉田也，其涸〕也可立而待矣。<u>广</u>。

○ 问读史之法。先生曰："先读<u>史记</u>及<u>左氏</u>，却看东汉、西汉及<u>三国志</u>，次看<u>通鉴</u>。<u>温公</u>初作编年，起于<u>威烈王</u>，后又添至共和。后又作<u>稽古录</u>，始自上古，然共和已上之年已不能推矣。独<u>邵康节</u>却推至<u>尧</u>元年，<u>皇极经世</u>书中可见。编年难得好者。前日<u>周德华</u>所寄来者亦不好。温公于本朝又作大事记。若欲看本朝事，当看长编。若精力不及，其次则当看国纪。国纪只有长编十分之一耳。"时举。

○ 道夫问："读通鉴与正史如何？"曰："好且看正史，盖正史每一事关涉处多。只如高祖鸿门一事，本纪与张良灌婴诸传互载，又却意思详尽，读之使人心地欢洽，便记得起。通鉴则一处说便休，直是（如）〔无〕法，有记性人方看得。"又问："致堂管见，初得之甚喜。后见南轩集中云：'病败不可言。'又以为专为桧设。岂有言天下之理而专为一人者？道夫心疑之。"先生曰："尽有好处，但好恶不相掩尔。"道夫曰："只如头一章论三晋事，人多不以为然。自今观之，只是怕温公尔。"先生曰："诚是怕，但如周王不分割，也则无个出场。"道夫。

○ 史亦不可不看。看通鉴固好，然须看正史一部，却看通鉴。一代帝纪，更逐件〔大〕事立个纲目，其间节目疏之于下，恐可记得。人杰。

○ 杨至之云："先生言：'读史当观大伦理、大总会、大治乱得失。'"节。

○ 读史亦易见作史者意思，后面成败处，他都说得意思在前面了。如陈蕃杀宦者，但读前面，许多疏脱都可见了。"甘露"事亦然。贺孙。

○ 读史有不可晓处，劄出待去问人，便且读过。有时读别处，撞着有文义与此相关便自晓得。淳。义刚同。

○ 杨至之患读史无记性，须三四遍方记得，而后又忘了。先生

曰：“只是一遍读时须用功，作相别计，止此更不再读，便记得。有一
士人，读周礼疏，读第一板讫则焚了，读二板则又焚了，便作焚舟计。
若初且草读一遍，准拟三四遍读，便记不牢。”陈淳录同。又曰：“读书
须是有精力。”至之曰：“亦须是聪明。”先生曰：“虽是聪明，亦须是
静，方运得精神。昔见延平解春秋也浅，不相似胡文定。后因随人入
广，在（罗密）〔罗浮山〕住三两年，去那里心静，须看得较透。某初疑
道解春秋干心静甚事，后来方晓。盖静则心虚，道理方看得出。”义刚
曰：“前辈也多是在背后处做几年，方成。”曰：“也有不恁地底。如明
道自是二十岁及第，一向出来做官，也自是恁地便好了。”义刚。

朱子语类卷第十二
学六

持守

○ 自古圣贤皆以心地为本。士毅。

○ 古人言志帅、心君，须心有主张始得。升卿。

○ 心若不存，一身便无所主宰。祖道。

○ 才出门便千岐万辙，若不是自家有个主宰，如何得是！道夫。

○ 心在，群妄自然退听。文蔚。

○ 试定精神一着，许多暗昧魍魉各自冰散瓦解。太祖月诗曰："未离海底千山黑，才到天中万国明。"日未上时黑漫漫地，才一丝线，路上便明。蕃卿。

○ 学者常用提省此心，使如日之升则群邪自息。他本自光明广大，自家只着些子力去提省照管他便了。不要苦着力，着力则反不是。

蕫卿。

○　今说性善。一日之间动多少思虑，萌多少计较，如何得善？<u>可学</u>。

○　人只有个心，若不降伏得，更做甚么人！〔一作"如何做得事成"。〕<u>僴</u>。

○　心要在腔子里。<u>泳</u>。

○　人只一心。识得此心，使无走作，虽不加防闲，此心当在。<u>季札</u>。

○　或问存心。曰："存心只是知有此身，谓如对客，但知道我此身在此对客。"<u>方子</u>。

○　"学者须常存此心，渐将义理只管去灌溉。若卒下未有进，即且把见成在底道理将去看认，认来认去，更莫放着，便只是自家底。缘这道理不是外来物事，只是自家本来合有底，只是常常要点检。如人一家中，屋下合有许多家计，也须常点认过。若不如此，被外人蓦然捉将去也不知。"又曰："'温故而知新'不是离了故底别有一个新，须是常常将故底只管温习，自有新意：一则向时看与如今看，明晦便不同；一则上面自有好意思；一则因这上面却别生得意思。<u>伊川</u>云：'某二十以前读<u>论语</u>已自解得文义。到今来读，文义只一般，只是意思别。'"<u>贺孙</u>。

○　"许多言语虽随处说得有浅深大小，然而下工夫只一般。如存

197

其心与持其志亦不甚争。存其心，语虽大，却宽；持其志，语虽小，却紧。只存其心便收敛，只持其志便内外肃然。"又曰："持其志，是心之方涨处便持着。"<u>贺孙</u>。

○ "操则存，舍则亡，出入无时，莫知其乡，惟心之谓欤"，"为仁由己，而由人乎哉"，这个只在我，非他人所能与也。"非礼勿视听言动"，勿与不勿在我而已。今一个无状人忽然有觉，曰："我做得无状了!"便是此心存处。<u>孟子</u>言"求放心"亦说得慢了。<u>人杰</u>。

○ 但操存得在时，少间他喜怒哀乐自有一个则在。<u>祖道</u>。

○ 或问："心中所主未定，莫若'操而存之'否?"曰："此便难说，才说'操'便是有两个。且如说'克己复礼为仁'，而众人之说以为克去己私以复天理便可为仁，才说着克己，而复便劳攘了。如'非礼勿视听言动'，只是中间有个主宰，若分个'克'，复分个'非礼'，分个'勿'，便成三个了。这话难说。"<u>卓</u>。

○ 心须常令有所主。做一事未了，不要做别事。心广大如天地，虚明如日月。要闲，心却不闲，随物走了；不要闲，心却闲，有所主。<u>可学</u>。

○ 心存时少，亡时多。存养得熟后，临事省察不费力。<u>祖道</u>。

○ "平日涵养之功，临事持守之力。涵养、持守之久，则临事愈益精明。平日养得根本固善，若平日不曾养得，临事时便做根本工夫，从这里积将去。若要去讨平日涵养，几时得?"又曰："涵养之则，凡'非礼勿视听言动'，'礼仪三百，威仪三千'，皆是。"<u>僴</u>。

○ 惜取那无事底时节。因说存养。儒用。

○ 人之一心，当应事时常如无事时便好。人杰。

○ 平居须是俨然若思。升卿。

○ 三国时朱然终日钦钦，如在行阵。学者持此则心长不放矣。升卿。

○ 人心常炯炯在此，则四本不待羁束而自入规矩。只为人心有散缓时，故立许多规矩来维持之，但常常提警，教身入规矩内，则此心不放逸而炯然在矣。心既常惺惺，又以规矩绳检之，此内外交相养之道也。升卿。

○ 今人心耸然在此，尚无惰慢之气，况心常能惺惺者乎！故心常惺惺自无客虑。

○ "学者为学未问真知与力行，且要收拾此心有个顿放处。收敛都在义理上安顿，无许多胡思乱想，则久而于物欲上自轻，于义理上自重。须是教义理心重于物欲，〔如秤令有低昂，〕则见义理必端的，自有欲罢不能之意，其于物欲自无暇及之矣。苟操舍存亡间无所主宰，纵说得亦何益！"又曰："'子张学干禄'一章是教人不以干禄为意，盖言行是所当谨，非为欲干禄而然也。若真能着实用功，则惟患言行之有悔尤，又何暇有干禄之心耶！"铢。

○ 今于日用间空闲时，收得此心在这里截然，这便是"喜怒哀乐未发之中"，便是浑然天理。事物之来，随其是非便自见得分晓：是底便是天理，非底便是逆天理。常常恁地收得这心在，便如执权衡以度物。_{贺孙}。

○ 人常须收敛个身心，（便）〔使〕精神常在这里，似担百十斤担相似，须硬着筋骨担！_{贺孙}。

○ 大抵是且收敛得身心在这里便已有八九分了，却看道理有窒碍处，却于这处理会。为学且要专一，理会这一件便只且理会这一件。若行时，心便只在行上；坐时，心便只在坐上。_{贺孙}。

○ 学者须常收敛，不可恁地放荡。只看外面如此，便见里面意思。如佛家说，只于□□都看得见。才高，须着实用工，少间许多才都为我使，都济事。若不细心用工收敛，则其才愈高而其为害愈大。又曰："昔林艾轩光庭在临安，曾见一僧与说话。此僧出入常顶一笠，眼视不曾出笠影外。某所以常道，他下面有人，自家上面没人。"_{贺孙}。

○ 大概人只要求个放心，日夕常照管令在。力量既充，自然应接从容。_{敬仲}。

○ 人若要洗刷旧习都净了，却去理会此道理者，无是理。只是收放心，把持在这里，便须有个真心发见，从此便去穷理。_{敬仲}。

○ 今说求放心，说来说去，却似释老说入定一般。但彼到此便死了，吾辈却要得此心主宰得定，方赖此做事业，所以不同也。如中庸说"天命之谓性"即此心也，"率性之谓道"亦此心也，"修道之谓教"亦此心也，以至于"致中和"、"赞化育"亦只此心也。致知即心知也，格物即心格也，克己即心克也。非礼勿视听言动，勿与不勿只争毫发地尔。所以**明道**说："圣贤千言万吾只是欲人将已放之心收拾入身来，自能寻向上去。"今且须就心上做得主定，方验得圣贤之言有归着，自然有契。如中庸所谓"尊德性"、"致广大"、"极高明"，盖此心本自如此广大，为物欲隔塞，故其广大有亏；本自高明，但为物欲系累，故于高明有蔽。若能常自省察警觉，则高明广大者常自若，非有所增损之也。其"道问学"、"尽精微"、"道中庸"等工夫皆自此做，尽有商量也。若此心上工夫则不待商量赌当，即今见得如此则更无闲时，行时、坐时、读书时、应事接物时皆有着力处。大抵只要见得，收之甚易而不难也。<u>大雅</u>。

○　今说此话，却似险，难说，故**周先生**只说"一者，无欲也"。然这话头高，卒急难（揍）〔凑〕泊，寻常人如何便得无欲！故伊川只说个"敬"字，教人只就这"敬"字上（崖）〔捱〕去，庶几执捉得定，有个下手处。纵不得，亦不至失。要之，皆只要人于此心上见得分明，自然有得尔。然今之言敬者，乃眘装点外事，不知直截于心上求功，遂觉累坠不快活。不若眼下于求放心处有功，则尤省力也。但此事甚易，只如此提惺，莫令昏昧，三二日便可见效，且易而省力。只在念不念之间耳，何难而不为！<u>大雅</u>。

○　或问："初学恐有急迫之病?"曰："未要如此安排。只须常恁地执持，待到急迫时又旋理会。"<u>贺孙</u>。

○　既知道自家病在不专一，何不便专一去？〔<u>逍遥</u>。〕

○　一者，其心湛然，只在这里。<u>蜚卿</u>。

○　佛者云："置之一处，无事不办。"也只是教人如此做工夫，若是专一用心于此，则自会通达矣。故学禅者只是把一个话头去看，如何是佛、麻三斤之类，却都无义理得穿凿。看来看去，工夫到时恰似打一个失落一般，便是参学事毕。庄子亦云"用志不分，乃凝于神"，也只是如此教人，但他都无义理，只是个空寂。儒者之学则有许多义理，若看得透，则可以贯事物，可以洞古今。广。按士毅录同而略，今附云："释氏云'置之一处，无事不办'，此外别有何决？只是释氏没道理，白呀将去。"

○ 心只是一个心，非是以一个心治一个心。所谓存，所谓收，只是唤醒。广。

○ 人惟有一心是主，要常常唤醒。敬仲。

○ 人有此心，便知有此身。人昏昧不知有心，此便如人闲睡不知有此身。人虽困睡，得人唤觉则此身自在。心亦如此，方其昏蔽，得人警觉，则此心便在这里。广。

○ 学者工夫只在唤醒上。或问："人放纵时，自去收敛便是唤醒否？"曰："放纵只为昏昧之故。能唤醒则自不昏昧，不昏昧则自不放纵矣。"广。

○ 圣人相传只是一个字。尧曰"钦明"，舜曰"温恭"。"圣敬日跻"，"君子笃恭而天下平"。芔。

○ 尧是初头出治第一个圣人。尚书尧典是第一篇典籍，说尧之德都未下别字，"钦"是第一个字。如今看圣贤千言万语，大事小事，莫不本于敬。收拾得自家精神在此，方看得道理尽。看道理不尽，只是不曾专一。或云："'主一之谓敬'，'敬'莫只是'主一'？"曰："'主一'又是'敬'字注解。要之,事无小无大,常令自家精神思虑尽在此。遇事时如此,无事时也如此。"贺孙。

○ 程子只教人持敬。孔子告仲弓亦只是说"如见大宾,如承大祭"。此心常存得便见得仁。夔孙。

○ (以敬)敬,只是收敛来。程夫子亦说敬。孔子说"行笃敬","敬以直内,义以方外"。圣贤亦是如此,只是工夫浅深不同。圣贤说得好:"人生而静,天之性也;感物而动,性之欲也。物至知知,然后好恶形焉。好恶无节于内,知诱于外,不能反躬,天理灭矣。"节。

○ 因说敬。曰:"圣人言语当初未曾关聚,如说'出门如见大宾,使民如承大祭'等类,皆是敬之目。到程子始关聚,说出一个'敬'来教人。然敬有甚物?只如'畏'字相似。不是块然兀坐,耳无闻,目无见,全不省事之谓。只收敛身心、整齐纯一,不恁地放纵,便是敬。"淳。

○ 圣贤言语大约似乎不同,然未始不贯。只如夫子言非礼勿视听言动,"出门如见大宾,使民如承大祭","言忠信,行笃敬",这是一副当说话。到孟子又却说"求放心","存心养性"。大学则又有所谓格物、致知、正心、诚意。至程先生又专一发明一个"敬"字。若只恁看,似乎参错不齐,千头万绪,其实只一理。道夫云:"泛泛于文字(闻)〔间〕,祗觉得异。实下工则贯通之理始见。"曰:"然。只是就一处下工夫,则余者皆兼摄在里。圣贤之道如一室然,虽门户不同,自一处行来便入得,但恐不下工夫尔。"道夫。

○ 因叹"敬"字工夫之妙,圣学之所以成始成终者皆由此,故曰

"修己以敬"。下（而）〔面〕"安人"、"安百姓"皆由于此。只缘子路问不置，故圣人复以此答之。要之，只是个"修己以敬"则其事皆了。或曰："自秦汉以来，诸儒皆不识这'敬'字，直至程子方说得亲切，学者知所用力。"曰："程子说得如此亲切了，近世程沙随犹非之，以为圣贤无单独说'敬'字时，只是敬亲、敬君、敬长着个'敬'字，全不成说话。圣人说'修己以敬'，曰'敬而无失'，曰'圣敬日跻'，何尝不单独说来？若说有君、有亲、有长时用敬，则无君亲、无长之时将不敬乎？都不思量，只是信口胡说。"倜。

○ 为学有大要。若论看文字，则逐句看将去；若论为学，则自有个大要。所以程子推出一个"敬"字与学者说，要且将个"敬"字收敛个身心，放在模匣子里（而）〔面〕不走作了，然后逐事逐物看道理。尝爱古人说得"学有缉熙于光明"，此句最好。盖心地本自光明，只被利欲昏了。今所以为学者，要令其光明处转光明，所以下"缉熙"字。缉，如"缉麻"之"缉"，连缉不已之意。熙，则训"明"字。心地光明则此事有此理，此物有此理，自然见得。且如人心何尝不光明？〔见他人做得是便道是，做得不是便知不是，何尝不光明？〕然只是才明便昏了。又有一种人自谓光明，而事事物物元不曾照见，似此光明亦不济得事。今释氏自谓光明，然父子则不知其所谓亲，君臣则不知其所谓义，说他光明则是乱道。雄。

○ 程先生所以有功于后学者，最是"敬"之一字有力。人之心性，敬则常存，不敬则不存。如释老等人却是能持敬，但是他只知得那上面一截事，却没下面一截事。觉而今恁地做工夫，却是有下面一截又怕没那上面一截。那上面一截却是个根本底。卓。

○ 今人皆不肯于根本上理会。如"敬"字只是将来说，更不做将去。根本不立，故其他零碎工夫无凑泊处。明道、延平二先生皆教人静坐。看来须是静坐。盖卿。

○ 今之人为学千头万绪，岂可无本领？此程先生所以有"持敬"之语。只是提撕此心教他光明，则于事无不见，久之自然刚健有力。道夫。

○ "而今只是理会个敬，一日则有一日之效，一月则有一月之效。"因问或问中程子谢尹所说敬处。曰："譬如此屋，四方皆入得。若从一方入到这里，则那三方入处都在这里了。"夔孙。

○ 孔子所谓"克己复礼"，中庸所谓"致中和"、"尊德性"、"道问学"，大学所谓"明明德"，书曰"人心惟危，道心惟微，惟精惟一，允执厥中"。圣贤千言万语只是明天理，灭人欲。天理明，自不消讲学。人性本明，如宝珠沉溷水中，明不可见，去了溷水，则宝珠依旧自明。自家若得知是人欲蔽了，便是明处。只是这上便紧紧着力主定一面格物，今日格一物，明日格一物，正如游兵攻围拔守，人欲自消铄去。所以程先生说"敬"字，只是谓我自有一个明底物事在这里。把个"敬"字抵敌，常常存个"敬"在这里，则人欲自然来不得。夫子曰："为仁由己，而由人乎哉！"紧要处正在这里。铢。

○ 百行万善，固是都合着力，然如何一件件去理会？百行万善总于五常，五常又总于仁，所以孔孟只教人求仁。求仁只是"主敬"，"收放心"，若能如此，道理须在这里。〔方子。拱寿同。〕

○ 敬则万理具在。节。

○ 仲思问"敬者，德之聚"。曰："敬则德聚，不敬则都散了。"蜚卿。

○ 人常恭敬则心常光明。道夫。

○ 只敬则心便一。贺孙。

○ 敬胜百邪。泳。

○ 敬是个扶策人底物事。人当放肆怠惰时才敬，便扶策得此心起。常常会恁地，虽有些邪侈放僻意思也自退听。贺孙。

○ "敬，只是收敛来。"又曰："敬是始终一事。"芟。

○ 敬不是只恁坐地，举足动步常要此心在这里。淳。

○ 持敬之说不必多言，但熟味"整齐严肃"、"严威俨恪"、"动容貌，整思虑"、"正衣冠，尊瞻视"此等类说，而实加工焉，则所谓"直内"、所谓"主一"，自然不费安排，而身心肃然、表里如一矣。升卿。

○ "心走作不在此便是放，夫人终日之间如是者多矣。'博学，审问，谨思，明辨，力行'，皆求之之道也，须是敬。"问敬。曰："不用解说，只整齐严肃便是。"升卿。

○ "坐如尸，立如齐"，"头容直，目容端，足容重，手容恭，口容止，气容肃"，皆敬之目也。升卿。

○　或问："先持敬，令此心惺惺了，方可应接事物，何如？"曰："不然。"蔡伯静又问："须是去事物上求。"曰："亦不然。若无事物时，不成须去求个事物来理会，且无事物之时，要你做甚么？"贺孙。

○　问："敬何以用工？"曰："敬只是内无妄思，外无妄动。"柄。

○　问："尝学持敬。读书，心在书；为事，心在事，如此颇觉有力。只是瞑目静坐时支遣思虑不去。或云，只瞑目时已是生妄想之端。读书心在书，为事心在事，只是收聚得心，未见敬之体。"曰："静坐而不能遣思虑，便是静坐时不曾敬。敬只是敬，更寻甚敬之体？似此支离，病痛愈多，更不曾做得工夫，只了得安排杜撰也。"人杰。

○　"大凡学者须先理会'敬'字，敬是立脚去处。程子谓：'涵养须用敬，进学则在致知。'此语最妙。"或问："持敬易间断，如何？"曰："常要自省得。才省得便在此。"或以为此事最难。曰："患不省察尔。觉得间断便已接续，何难之有？'操则存，舍则亡'，只在'操''舍'两字之间。要之，只消一个'操'字，到紧要处全不消许多文字言语。若此意成熟，虽'操'字亦不须用。'习矣不察'，人多错看此一语。人固有事亲孝、事兄弟、交朋友亦有信，而终不识其所以然者，'习矣，而不察也'。此'察'字，非'察物'之'察'，识其所以然也。习是用功大处，察是知识处。今人多于'察'字用功，反轻了'习'字。才欲作一事，却又分一心去察一心，胸中扰扰，转觉多事。如张子韶说论语，谓'察其事亲从兄之心，霭然如春则为仁，肃然似秋则为义'。只要自察其心，反不知其事亲、从兄为如何也。故夫子教人只说'习'。如'克己复礼'是说习也，视听言动亦是习，'请事斯语'亦是习。孟子恐人不识，方说出'察'字，而'察'字最轻，'习'字最重也。"次日，陈后之求先生书"涵养须用敬，进学则在致知"字，以为观省之益。

曰："持敬不用判公凭。"终不肯写。谟。

○　或问："一向把捉，待放下便觉恁衰飒，不知当如何?"曰："这个也不须只管恁地把捉。若要去把捉，又添一个要把捉底心，是生许多事。公若知得放下不好便提掇起来，便是敬。"曰："静坐久之，一念不免发动，当如何?"曰："也须看一念是要做甚么事。若是好事，合当做底事，须去干了。或此事思量未透，须着思量教了，若是不好底事便不要做。自家才觉得如此，这敬便在这里。"贺孙。

○　敬，莫把做一件事看，只是收拾自家精神专一在此。今看来诸公所以不进，缘是他知说道格物，却于自家根骨上煞欠阙，精神意思都恁地不专一，所以工夫都恁地不精锐。未说道有甚底事分自家志虑，只是观山玩水也煞引出了心，那得似教他常在里面好。如世上一等闲物事，一切都绝意，虽似不近人情，要之，如此方好。贺孙。

○　寓问："先生言'敬是合聚底和，和是零碎底敬'。是敬对和而言否?"曰："敬只是一个敬，分不得，才有两个便不敬矣。和则处处皆和，是事事中节。若这处中节，那处不中节，便非和矣。"又曰："凡恰好处皆是和，但敬存于此则氤氲磅礴，自然而和。"寓。

○　答江西人书云："敬者，圣学终始之要。未知则敬以知之，已知则敬以守之。苟不敬，则其心颠倒暖瞀而不自知，岂知有所至哉?"德明。

○　明道先生在扶沟时，谢、游诸公皆在彼问学。明道一日曰："诸公在此，只是学某说话，何不去力行?"二公云："某等无可行者。"明道曰："无可行时且去静坐。"盖静坐时便涵养得本原稍定，虽是不免逐物，及自觉而收敛归来也有个着落。譬如人出外去，才归家时便自有个着身处。若是不曾存养得个本原，茫茫然逐物在外，便要收敛归来也无个着身处也。广。

○ 明道教人静坐，<u>李先生</u>亦教人静坐。〔盖精神不定，则道理无凑泊处。〕看来须是静坐始能收敛。方子。

○ 始学工夫须是静坐。静坐则本原定，虽不免逐物，及收归来也有个安顿处。譬如人居家熟了，便是出外，到家便安。如茫茫在外，不曾下工夫，便要收敛向里面也无个着落处。士毅。

○ 心要精一。方静时须湛然在此，不得困顿，如镜样明，遇事时方好。心要收拾得紧。如<u>颜子</u>"请事斯语"，便直下承当，及"犯而不校"，却别。从周。

○ 心于未遇事时须是静，及至临事方用，重道此二字。便有气力。如当静时不静，思虑散乱，及至临事已先倦了。<u>伊川</u>解"静专"处云"不专一则不能直遂"。闲时须是收敛定，做得事更有精神。螢。

○ 或问："不拘静坐与应事，皆要专一否？"曰："静坐非是要如坐禅入定，断绝思虑。只收敛此心，莫令走作闲思虑，则此心湛然无事，自然专一。及其有事则随事而应，事已则复湛然矣。不要因一事而惹出三件两件。如此则杂然无头项，何以得他专一？只观<u>文王</u>'雝雝在宫，肃肃在庙，不显亦临，无射亦保'，便可见敬只是如此。古人自少小时便做了这工夫，故方其洒扫时加帚之礼，至于学诗、学乐舞、学弦诵皆要专一。且如学射时心若不在，何以能中，学御时心若不在，何以使得他马。书、数皆然。今既自心不曾做得，不奈何，须着从今做去方得。若不做这工夫，却要读书看义理，恰似要立屋无基地，自无安顿屋柱处。今且说那营营底心会得与道理相入否？会得与圣贤之心相契否？今求此心，正为要立个基址，得此心光明，有个存主处，然后为学便有归着不错。若心杂然昏乱，自无头当，却学从那头去？又何处是收功处？故程先生须令就‘敬’字上做工夫，正为此也。”大雅。

○　静坐无闲杂思虑，则养得来便条畅。淳。

○　静便定，熟便透。义刚。

○　静为主，动为客。静如家舍，动如道路。不禽，则不能直遂。偭。

○　静时不思动，动时不思静。文蔚。

○　人身只有个动、静。静者，养动之根；动者，所以行其静。动中有静，如“发而中节”处便是动中之静。祖道。

○　存养是静工夫。静时是中，以其无过不及、无所偏倚也。省察是动工夫。动时是和，才有思为便是动，发而中节无所乖戾乃和也。其静时思虑未萌、知觉不昧，乃复所谓“见天地之心”，静中之动也。其动时发皆中节，止于其则，乃艮之“不获其身，不见其人”，动中之静也。穷理读书皆是动中工夫。祖道。

○　吴公济云：“逐日应接事物之中，须得一时辰宁静以养卫精神。要使事愈繁而心愈暇，彼不足而我有余。”其言虽出于异说，然试之亦略有验，岂周夫子所谓主静者邪？道夫。

朱子语类卷第十三
学七

力行

○ 学之之博，未若知之之要；知之之要，未若行之之实。<u>祖道</u>。

○ 善在那里，自家却去行他。行之久则与自家为一，为一则得之在我。未能行，善自善，我自我。<u>芝</u>。

○ 人言匹夫可无行，便是乱说。凡日用之间，动止语默皆是行处。且须于行处警省，须是战战兢兢方可，若悠悠泛泛地过，则又不可。<u>升卿</u>。

○ 若不用躬行，只是说得便了，则七十子之从<u>孔子</u>，只用两日说便尽，何用许多年随着<u>孔子</u>不去。不然，则<u>孔</u>门诸子皆是呆无能底人矣！恐不然也。古人只是日夜皇皇汲汲去理会这个身心，到得做事业时只随自家分量以应之。如<u>由</u>之果，<u>赐</u>之达，<u>冉求</u>之艺，只此便可以从政，不用他求。若是大底功业便用大圣贤做，小底功业便用小底贤人做。各随他分量做出来，如何强得？<u>佪</u>。

○　诸公来听说话，某所（话）〔说〕亦不出圣贤之言。然徒听之亦不济事，须是便将去下工夫始得。某近觉得学者所以不成个头项者，只缘圣贤说得多了，既欲为此，又欲为彼。如夜来说"敬以直内，义以方外"。若实下工夫，见得真个是敬立则内直，义形而外方，这终身可以受用。今人却似见得这两句好，又见说"克己复礼"也好，又见说"出门如见宾"也好。空多了，少间却不把捉得一项周全。贺孙。

○　或问："格物一项稍支离。"曰："公依旧是个计较利害底心下在这里。公且试将所说行将去，看如何？若只管在这里拟议，如何见得？如做得个船，且安排桨楫，解了绳，放了索，打将去看，却自见涯岸。若不放船去，只管在这里思量，又怕有甚风涛，又怕有甚艰险，这如何得到岸？公如今恰似个船全未曾放离岸，只管计较利害，圣贤之说那尚怎地？'子路有闻，未之能行，唯恐有闻。'如今说了千千万万，却不曾去下得分寸工夫。"又曰："圣人尝说'有杀身以成仁'，今看公那边人教他'杀身以成仁'，道他肯也不肯？决定是不肯。才说着，他也道是怪在。"又曰："'吾未见刚者。'看圣人是要见甚么样人，只是要讨这般人。须是有这般资质，方可将来磨治。诗云：'追琢其章，金玉其相。'须是有金玉之质，方始琢磨得出。若是泥土之质，假饶你如何去装饰，只是个不好物事，自是你根脚本领不好了。"又曰："如读书，只是理会得便做去。公却只管在这里说道如何理会。伊川云：'人所最可畏者便做。'"贺孙。

○　问："大抵学便要践履，如何？"曰："不可。易云：'学以聚之，问以辨之。'既探讨得是当，且放顿宽大田地，待触类自然有会合处。故曰：'宽以居之。'且未可说'仁以行之'。"谟。

○　某此间讲说时少，践履时多，事事都用你自去理会，自去体察，自去涵养。书用你自去读，道理用你自去究索。某只是做得个引路底人，做得个证明底人，有疑难处同商量而已。偰。

○　书册中说义理只说得一面。今人之所谓践履者，只做得个皮草。如居屋室中，只在门户边立地，不曾深入到后面一截。人杰。

○　放教脚下实。文蔚。

○　人所以易得流转，立不定者，只是脚跟不点地。点，平声。偰。

○　问学如登塔，逐一层登将去。上面一层，虽不问人，亦自见得。若不去实踏过，却悬空妄想，便和最下底层不曾理会得。升卿。

○　孔子曰"克己复礼"，中庸曰"尊德性"，大学曰"在明明德"，书曰"惟精惟一"。圣贤千言万语只是教人明天理，绝己私。盖人本来自有明处，但如明鉴被尘埃遮蔽，去了尘埃，依旧自明。若知人欲为害，如此便是明处，就这上面加力，今日格一物，明日格一物，日渐月渍自然见功。程子说："敬，是我一个明底物事与他作抵敌，人欲自来不得。"孔子曰："为仁由己，而由人乎哉？"切要处莫大于此。季札。

○　或问："某人言先生以天理人欲如砚子，上一面是天理，下一面是人欲。是否？"曰："天理人欲常相对。"节。

○　因说天理人欲。曰："有个天理便有个人欲，盖缘这个天理须有个安顿处，才安顿得不恰好，便有人欲出来。"夔孙。

○　节问："饮食之间，孰为天理，孰为人欲？"曰："饮食者，天理也；要求美味，人欲也。"芟。

○ "天理人欲分数有多少。天理本多，人欲便也是天理里面做出来。虽是，人欲之中亦自有天理。"问曰："莫是本来全是天理否？"曰："人生都是天理，人欲却是后来没巴鼻生底。持养之说，言之则一言可尽，行之则终身不穷。"銖。

○ 人之一心，天理存则人欲亡，人欲胜则天理灭。未有天理人欲夹杂者。学者须要于此体认省察之。椿。

○ 大抵人能于天理人欲界分上立得脚住，则尽长进在。祖道。

○ 天理人欲之分只争些子，故周先生只管说"几"字，然辨之又不可不早，故横渠每说"豫"字。大雅。

○ 人只是一心。今日是，明日非，不是将不是底换了是底。今日不好，明日好，不是将好底换了不好底。只此一心，但看天理私欲之消长如何尔。以至千载之前，千载之后，与天地相为始终，只此一心。读书亦不须牵连引证以为工，如此缠绕皆只是为人，若实为己，则须是将己心验之，见得圣贤说底与今日此心无异，便方是工夫。大雅。

○ 天理人欲，迭为消长。如刘项相持于荥阳 成皋之间，此进一步则彼退一步，看是那个胜得。儒用。

○ 人只有个天理人欲，此胜则彼退，彼胜则此退，无中立不进退之理。凡人不进便退也。譬如刘 项相拒于荥阳 成皋间，彼进得一步则此退一步，此进一步则彼退一步。初学者则要牢劄定脚与他捱，捱得一

毫去则逐旋捱将去。此心莫退，终须有胜时。胜时甚气象！祖道。〔儒
用略。〕

○　未知学问，此心浑为人欲。既知学问，则天理自然发见而人欲
渐渐消去者，固是好矣。然克得一层又有一层。大者固不可有，而纤微
尤要密察。谟。

○　义理身心所自有，失而不知所以复之。富贵身外之物，求之惟
恐不得。纵使得之，于身心无分毫之益，况不可必得乎？若义理，求则
得之。能不丧其所有，可以为贤为圣，利害甚明。人心之公，每为私欲
所蔽，所以更放不下，但常常以此两端体察，若见得时自须猛省，急摆
脱出来。闳祖。

○　不为物欲所昏则浑然天理矣。道夫。

○　凡一事便有两端：是底即天理之公，非底乃人欲之私。须事事
与剖判到极处，即克治广充功夫随事著见。然人之气禀有偏，所见亦往
往不同。如气禀刚底人则见刚处多，而处事必失之太刚；柔底人则见柔
处多，而处事必失之太柔。须先就气禀偏处克治。闳祖。

○　"今人日中所为皆苟而已。其实只将讲学做一件好事，求异于
人。然其设心，依旧只是为利，其视不讲者，又何以大相远！天下只是
'善'、'恶'两言而已，于二者始分之中须着意看教分明。及其流出去，
则善者一向善，但有浅深尔。如水清冷便有极清处，有稍清处。恶者一
向恶，恶亦有浅深。如水浑浊亦有极浑处，有稍浑处。"问："此善恶分
处，只是天理之公，人欲之私耳？"曰："此却是已有说后方有此名，只
执此为说不济事。要须验之此心，真知得如何是天理，如何是人欲。几

微间极索理会。此心常常要惺觉，莫令顷刻悠悠愦愦。"大雅云："此只是持敬为要。"曰："敬不是闭眼默坐便为敬，须是随事致敬，要有行程去处。如今且未论齐家、治国、平天下，只截自格物、致知、诚意、正心、修身为说，此行程也。方其当格物时便敬以格之，当诚意时便敬以诚之，以至正心、修身以后节节常要惺觉执持，令此心常在，方是能持敬。今之言持敬者，只是说敬，非是持敬。若此心常在躯壳中为主，便须常如烈火在身，有不可犯之色。事物之来便成两伴去，又何至如是缠绕！"大雅。

○ 学无浅深，并要辩义利。祖道。

○ 看道理须要就那个大处看。须要前面开阔，不要就那壁角里去。而今看须要天理人欲、义利公私分别得明白，将自家日用底与他勘验，须渐渐有见处。若不去那大坛场上行，理会得一句透，只是一句，道理少了。义刚。

○ 陈材卿问："应事接物别义利，如何得不错？"曰："先做切己工夫。喻之以物，且须先做了一个子，一个子既成便只就这一个上理会。不然，只是悬空说易。"器之问："义利之分，临事如何辨？"曰："此须是工夫到，义理精，方晓然。未能至此，且须据眼前占取义一边，放令分数多，占得过。这下来，纵错亦少。"大雅。

○ 义利之辨，初时尚相对在。若少间主义功深后，那利如何着得！如小小窃盗，不劳而却矣。祖道。

○ 义如利刀相似，〔人杰录云："似一柄快刀相似。"〕都割断了许多牵绊。〔祖道。〕

○　人贵剖判，心下令其分明，善理明之，恶念去之。若义利，若善恶，若是非，毋使混殽不别于其心。譬如处一家事，为善置恶；处天下事，进贤退不肖。蓄疑而不决则终不成。<u>淦</u>。

○　事无小大皆有利义。今做好底事了，其间更包得有多少利私在，所谓"以善为之而不知其道"皆是也。<u>祖道</u>。

○　须于日用间令所谓义了然明白。或言心安处便是义，亦有人安其所不当安，岂可以安为义也！<u>升卿</u>。

○　"先难后获"，"正义不谋利"，心不到那里。<u>闳祖</u>。

○　才有欲顺适底意思即是利。<u>祖道</u>。

○　心有仁、不仁，为利欲昏则不仁。<u>节</u>。

○　因<u>正淳</u>说"我欲仁，斯仁至矣"。曰："今人非不知利禄之不可求，求之必不可得，及至得底皆是非用力所至。然而有至终身求之而不止者。如何得人皆欲仁！所以后来圣贤不出，尽是庸凡，便是无肯欲仁者。如何得个道理，使人皆好仁？所以<u>孔子</u>谓：'我未见好仁者。'所谓'好德如好色'，须是真个他好德如好色时方可。又却只见人好色，都不去好德。如今须是自于这里着意思量道：（如何不好德，却不欲仁，却只好色？）〔如何不欲仁，却欲利禄？如何不好德，却只好色？〕于此猛省，恐有个道理。"<u>僴</u>。

○　人只有一个公私，天下只有一个邪正。<u>如舜去四凶是公心</u>。<u>敬仲</u>。

○ 将天下正大底道理去处置事便公，以自家私意去处之便私。僩。

○ 且以眼前言虚实、真伪、是非处，且要剔脱分明。祖道。只理会是与不是。芝。

○ "只是理会个是与不是便了。"又曰："是，便是理。"芝。

○ 闲居无事且试自思之。其行事有于所当是而非，当非而是，当好而恶，当恶而好，自察而知之亦是工夫。士毅。

○ 讲学固不可无，须是更去自己分上做工夫。若只管说，不过一两日都说尽了。只是工夫难。且如人虽知此事不是，不可为，忽然无事又自起此念。又如临事时虽知其不义，不要做，又却不知不觉自去做了，是如何？又如好事，初心本自要做，又却终不肯做，是如何？盖人心本善，方其见善欲为之时，此是真心发见之端。然才发便被气禀物欲随即蔽锢之，不教它发。此须自去体察存养，看得此最是一件大工夫。广。

○ 凡日用工夫须是自做吃紧把捉，见得不是处便不要做，勿徇他去。所说事有善者可从，又有不善者间之，依旧从不善处去；所思量事忽别为思量勾引将去，皆是自家不曾把捉得住，不干别人事。须是自把持，不被他引去方是。颜子问仁，孔子答许多话，其末却云："为仁由己，而由人乎哉！"看来不消此一句亦得。许多语，不是自己着力做，又如何得？明知不善又去做，看来只是知得不亲切。若真个知得，定不肯做。正如人说饮食过度伤生，此固众所共知，然不是真知。偶一日饮食过度为害，则明日决不分外饮食。此真知其伤，遂不复再为也。把捉之说固是自用着力，然又以枯槁无滋味，卒急不易着力。须平日多读书，讲明道理，以涵养灌培，使此心常与理相入，久后自熟，方见得力处。且如读书，便今日看得一二段，来日看三五段，殊未有紧要。惟是磨以岁月，读得多自然有用处。且约而言之：论孟固当读，六经亦当读，史书又不可不读。讲究得多便自然熟，但始初须大着力穷究理会，教道理通彻。不过一二番稍难，向后也只是以此理推去，更不艰辛，可以触类而长。正如入仕之初看公案，初看时自是未相谙，较难理会。须着些心力，如法考究。若如此看得三五项了，自此便熟；向后看时更不似初间难，亦可类推也。又如人要知得轻重，须用秤方得。有拈弄得熟底，只把在手上便知是若干斤两，更不用秤。此无他，只是熟。今日也拈弄，明日也拈弄，久久自熟也。如百工技艺做得精者，亦是熟后便精。孟子曰："夫仁，亦在乎熟之而已。"所以贵乎熟者，只是要得此心日与义理相亲。苟义理与自家相近，则非理之事自然相远。思虑多走作亦只是不熟，熟后自无。又如说做事偶合于理则心安，或差时则馁，此固是可见得本然之理，所以差时便觉不安。然又有做不得是时，不知觉悟。须是常惺惺省察，不要放过。据某看，学问之道，大抵只是眼前日用底便是，初无深远玄妙。<u>明作</u>。

○ 学者功夫只求一个是。天下之理不过是与非两端而已，从其是则为善，徇其非则为恶。事亲须是孝，不然则非事亲之道；事君须是忠，不然则非事君之道。凡事皆用审个是非，择其是而行之。圣人教人谆谆不已，只是发明此理。"十五志学"，所志只在此；"三十而立"，所立只在此；"四十而不惑"，又不是别有一般道理，只是见得明，行得到，为贤为圣皆只在此。圣人恐人未悟，故如此说之，又如彼说之；这里既说，那里又说，学者可不知所择哉！今读书而不能尽见其理，只是心粗意广。凡解释文义须是虚心玩索。圣人言语义理该贯，如丝发相通，若只恁大纲看过，何缘见得精微出来？所以失圣人之意也。<u>谟</u>。

○　学者须是求放心，然后识得此性之善。人性无不善，只缘自放其心，遂流于恶。"天命之谓性"，即天命在人，便无不善处。发而中节亦是善，不中节便是恶。人之一性，完然具足，二气五行之所禀赋何尝有不善。人自不向善上去，兹其所以为恶尔。<u>韩愈</u>论<u>孟子</u>之后不得其传，只为后世学者不去心上理会。<u>尧舜</u>相传，不过论"人心道心"、"精一执中"而已。天下只是善恶两端。譬如阴阳在天地间，风和日暖，万物发生，此是善底意思；及群阴用事，则万物雕悴。恶之在人亦然。天地之理固是抑遏阴气，勿使常胜。学者之于善恶，亦要于两夹界处拦截分晓，勿使纤恶间绝善端。动静日用，时加体察持养，久之自然成熟。<u>谟</u>。

○　学，大抵只是分别个善恶而去就之尔。<u>道夫</u>。

○　学者要学得不偏，如所谓无过不及之类，只要讲明学问。如善恶两端，便要分别理会得善恶分明后，只从中道上行，何缘有差。<u>子思</u>言中而谓之中庸者，"庸"只训"常"。日用常行，事事要中，所以谓"中庸不可能"。<u>谟</u>。

○　养其全于未发之前，察其机于将发之际。善则扩而充之，恶则克而去之。如此而已矣。<u>道夫</u>。

○　凡事莫非心之所为，虽放僻邪侈亦是此心。善恶但如反覆手，翻一转便是恶。只安顿不着亦便是不善。<u>道夫</u>。

○　人未说为善，先须疾恶。能疾恶，然后能为善。今人见不好事都只恁不管得。"民之秉彝，好是懿德"，不知这秉彝之良心做那里去，也是可怪。<u>与立</u>。

○　圣人之于天地，犹子之于父母。

○　佛经云："佛为一大事因缘出现于世。"圣人亦是为这一大事出来。这个道理虽人所固有，若非圣人，如何得如此光明盛大？你不晓得，我说在这里，教你晓得；你不会做底，我做下样子在此与你做。只是要持守这个道理，教它常立在世间，上拄天，下拄地，常如此端正。才一日无人维持便倾倒了。少间脚拄天，头拄地，颠倒错乱便都坏了。所以说："天佑下民，作之君，作之师，惟其克相上帝，宠绥四方。"天只生得你，付得这道理。你做与不做，却在你。做得好也由你，做得不好也由你。所以又为之立君师以作成之，既抚养你，又教导你，便无一夫不遂其性。如尧舜之时，真个是"宠绥四方"。只是世间不好底人，不定叠底事，才遇尧舜，都安帖平定了。所以谓之"克相上帝"，盖助上帝之不及也。自秦汉以来，讲学不明，世之人君固有因其才智做得功业，然无人知明德、新民之事。君道间有得其一二，而师之道则绝无矣。卓。〔佴同。〕

○　又问易圣人"参天地而两之"云云。先生云："前日正与学者言，佛经云：'我佛为一大事因缘出现于世。'圣人亦是为一大事出现于世。上至天，下至地，中间是人。塞于两间者无非此理。须是圣人出来，左提右挈，原始要终，无非欲人之有以全此理，而不失其本然之性也。'天佑下民，作之君，作之师'，只是为此道理。所以作个君师以辅相裁成，左右民，使各全其秉彝之良，而不失其本然之善而已。故圣人以其先得诸身者与民共之，只是为这一个道理。如老佛窥见这个道理。庄子'神鬼神帝，生天生地'，大宗师篇。释氏所谓'能为万象主，不逐四时凋'，他也窥见这个道理。只是他说得惊天动地，圣人之学则其作用处与他全不同。圣人之学则至虚而实实，至无而实有，有此物则有此理。〔佴录此下云："须一一与它尽得。"〕佛氏则只见得如此便休了，所以不同。"又问:"'辅相裁成',若以学者言之,日用处也有这样处否?"曰:"有之。如饥则食,渴则饮,寒则裘,凿井而饮,耕田而食,作为耒耜网罟之类,皆辅相左右民事。"卓。易(木)〔本〕条,僩录同。

○　道者,古今共由之理。如父之慈,子之孝,君仁,臣忠,是一个公共底道理。德,便是得此道于身,则为君必仁,为臣必忠之类,皆是自有得于己,方解恁地。尧所以修此道而成尧之德,舜所以修此道而成舜之德,自天地以先,羲黄以降,都即是这一个道理,亘古今未尝有异,只是代代有一个人出来做主。做主,便即是得此道理于己,不是尧自是一个道理,舜又是一个道理,文王周公孔子又别是一个道理。老子说:"失道而后德。"他都不识,分做两个物事,便将道做一个空无底物事看。吾儒说只是一个物事:以其古今公共是这一个,不着人身上说,谓之道;德,即是全得此道于己。他说:"失道而后德,失德而后仁,失仁而后义。"若离了仁义,便是无道理了,又更如何是道?贺孙。

○　〔今人多教人践履,皆是自立标致去教人。自有一般资质好底人,便不须穷理、格物、致知。圣人作个大学,便使人齐入于圣贤之域。〕讲得道理明时,自是事亲不得不孝,事兄不得不弟,交朋友不得不信。銖。

○　天下之理,至虚之中有至实者存,至无之中有至有者存。夫理者寓于至有之中,而不可以目击而指数也。然而举天下之事莫不有理,且臣之事君便有忠之理,子之事父便有孝之理,目之视便有明之理,耳之听便有聪之理,貌之动便有恭之理,言之发便有忠之理。只是常常恁地省察,则理不难知也。处谦。

○　"父子欲其亲"云云。曰:"非是欲其如此,盖有父子则便自然有亲，有君臣则便自然有敬。"医指坐间摇扇者曰："人热时，自会摇扇，不是欲其摇扇也。"雄。

○ 问："父母之于子，有无穷怜爱，欲其聪明，欲其成立。此谓之诚心邪？"曰："父母爱其子，正也；爱之无穷而必欲其如何，则邪矣。此天理人欲之间，正当审决。"

○ 叶诚之问："人不幸处继母、异兄弟不相容，当如何？"曰："从古来自有这样子，公看舜如何？后来此样事多有，只是'为人子，止于孝'。"贺孙。

○ 董卿问："陈安卿问目，以孝弟推说君臣等事，不须如此得否？"曰："惟有此理，固当有此事。如人入于水则死，而鱼生于水，凡此类皆是天然合当如此底道理。"问："朋友之义，自天子至于庶人，皆须友以成，而安卿只说以类聚，莫未该朋友之义否？"曰："此亦只说本来自是如此。自天子至于庶人，未有不须友以成，乃是后来事，说朋友功效如此。人自与人同类相求，牛羊亦各以类相从。朋友乃彝伦之一。今人不知有朋友之义者，只缘但知有四个要紧，而不知朋友亦不可阙。"贺孙。

○ 古者人主左右提挈，执贱役，若虎贲缀衣之类，皆士大夫日相亲密，所谓"侍御仆从，罔匪正人，以旦夕承弼厥辟；出入起居，罔有不钦；发号施令，罔有不臧"。不似而今大隔绝，人主极尊严，真如神明；人臣极卑屈，望拜庭下，不交一语而退。汉世禁中侍卫亦皆是士大夫，以孔安国大儒而执唾盂，虽仪盆亦是士人执。宋文帝时，大臣刘湛入见，则与坐语，初间爱之，视日景之斜惟恐其去，后竟杀之。魏明帝初说："大臣太重则国危，小臣太亲则身蔽。"当时于臣已为之处置。后来左右小臣亲密，至使中书令某人上床执手，强草遗诏，流弊便至此事。汉宣帝惩霍氏之弊，事事必躬，又有宦者恭显出来。光武惩王氏之弊，不任三公而事归台阁。尚书、御史大夫、谒者，谓之"三台"。义刚。

○ "君臣之际权不可略重，才重则无君。且如东汉末，天下唯知有曹氏而已；魏之末，天下唯知有司马氏而已。鲁当庄僖之际，也得个季友整理一番。其后季氏遂执其权，历三四世，鲁君之势全无了，但有一季氏而已。"贺孙问："也是合下君臣之间，其识虑不远?"曰："然。所以圣人垂戒，谓：'臣弑君，子弑父，非一朝一夕之故，其所由来者渐矣！由辨之不早辨也。'这个事体，初间只争些小，到后来全然只有一边。圣人所以'一日二日万几'，常常戒谨恐惧。诗称文王之盛，于后便云：'殷之未丧师，克配上帝。宜鉴于殷，峻命不易。'此处甚多。"贺孙。

○ 用之问："忠只是实心，人伦日用皆当用之，何独只于事君上说'忠'字?"曰："父子兄弟夫妇皆是天理自然，人皆莫不自知爱敬。君臣虽亦是天理，然是义合。世之人便自易得苟且，故须于此说'忠'，却是就不足处说。如庄子说：'命也，义也，天下之大戒。'看这说，君臣自是有不得已意思。"贺孙。

○ 臣子无爱身〔自〕侠之理。升卿。

○ 问："君臣、父子同是天伦，爱君之心终不如爱父，何也?"曰："离畔也只是庶民，贤人君子便不如此。韩退之云：'臣罪当诛兮，天王圣明！'此语何故程子道是好? 文王岂不知纣之无道，却如此说? 非是欺诳众人，直是有说。须是有转语，方说得文王心出。看得来臣子

无说君父不是底道理，此便见得是君臣之义处。庄子云：'天下之大戒
二：命也，义也。子之于父，无适而非命也；臣之于君，无适而非义
也。无所逃于天地之间。'旧尝题跋一文字，曾引此语，以为庄子此说
乃杨氏无君之说。似他这意思便是没奈何了方恁地有义，却不知此是自
然有底道理。"又曰："'臣之视君如寇雠'，孟子说得来怪差，却是那时
说得。如云'三月无君则吊'等语，似是逐旋去寻个君，与今世不同。
而今却是只有进退，无去之之理，只得退去。又有一种退不得底人，如
贵戚之卿是也。贾生吊屈原文云：'历九州而相其君兮，何必怀此都
也！'又为怀王傅，王坠马死，谊自伤傅王无状，悲泣以死。张文潜有
诗讥之。当时谊何不去？直是去不得。看得谊当初年少，也只是胡
说。"赐。

○　问："避嫌是否？"曰："合避岂可不避？如'瓜田不纳履，李
下不整冠'，岂可不避？如'君不与同姓同车，与异姓同车不同服'，皆
是合避处。"又问刑人："世有刑人不娶，如上世不贤而子孙贤则如何？"
曰："'犁牛之子骍且角，虽欲勿用，山川其舍诸'，所谓不娶者，是世
世为恶不能改者，非指一世而言。如'丧父长子不娶'一句却可疑。若
然，则无父之女不复嫁，此不可晓。"义刚。

○　问："妻有七出，此却是正当道理，非权也。"曰："然。"卓。

○　教导后进须是严毅，然亦须有以兴起开发之方得。只恁严，徒
拘束之，亦不济事。道夫。

○　余正叔尝言："今人家不善教子弟。"曰："风俗弄得这里可
哀！"文蔚。

○　某尝言，今教导之法皆失真，无一个人晓得。说道理底尽说错了，说从别处去。做文章底也只学做那不好底文章，做诗底也不识好诗，以至说禅底也不是他元来佛祖底禅，修养者也非老庄之道，无有是者。僩。

○　朋友之于人伦所关至重。道夫。

○　问："与朋友交，后知其不善，欲绝则伤恩，不与之绝则又似'匿怨而友其人'。"曰："此非匿怨之谓也。心有怨于人，而外与之交则为匿怨。若朋友之不善，情意自是当疏，但疏之以渐。若无大故，则不必峻绝之，所谓'亲者毋失其为亲，故者毋失其为故'者也。"淳。

○　"人最不可晓。有人奉身俭啬之甚，充其操'上食槁壤，下饮黄泉'底，却只爱官职；有人奉身清苦而好色。他只缘私欲不能克，临事只见这个重，都不见别个了。"或云："似此等人分数胜已下底。"先生曰："不得如此说。才有病便不好，更不可以分数论。他只爱官职，便弑父与君也敢。"夔孙。

○　因李将为郭帅阁俸，曰："凡是名利之地，自家退以待之便自安稳。才要只管向前，便危险。事势定是如此。如一碗饭在这里，才去争，也有争不得不被人打底，也有争得被人打底，也有争不得空被人打底。"贺孙。

○　因说："知县不庭参，有以起上位之争。"曰："庭参底不是，便侍上位争到底时毕竟也不是。"淳。

○　百官勿避事，亦勿侵事。升卿。

○ 人须办得去。托身于人仕宦。升卿。

○ "人在官，固当理会官事。然做得官好，只是使人道是一个好官人。须是讲学立大本，则有源流。若只要人道是好官人，今日做得一件，明日又做一件，却穷了。"德粹云："初到明州，问为学于沈叔晦。叔晦曰：'若要读书，且于婺源山中坐；既在四明，且理会官事。'"先生曰："县尉既做了四年，滕德粹元不曾理会。"可学。

○ 问科举之业妨功。曰："程先生有言：'不恐妨功，惟恐夺志。'若一月之间着十日事举业，亦有二十日修学。若被他移了志，则更无医处矣！"大雅。

○ 举业亦不害为学。前辈何尝不应举？只缘今人把心不定，所以有害。才以得失为心，理会文字意思都别了。〔闳祖。〕

○ 或问科举之学。曰："做举业不妨，只是把他格式檃括自家道理，都无那追逐时好、回避忌讳底意思，便好。"学蒙。

○ 父母责望，不可不应举。如遇试则入去，据己见写了出来。节。

○ 次年在临江道中，谭兄问曰："父母责望，不可不应举，作时文又有穿凿之病，不审应举之法当如何？"曰："略用体式而檃括以至理。"节。

○ 宜之云："许叔重太贪作科举文字。"先生曰："既是家贫亲老，未免应举，亦当好与他做举业。举业做不妨，只是先以得失横置胸中却害道。"可学。

○ 南安黄谦，父命之入郡学习举业，〔而径来见先生。先生曰：既是父要公习举业，何不入郡学？日则习举业，〕夜则看此书，自不相妨，如此则两全。硬要咈父之命，如此则两败，父子相夷矣，何以学为？读书是读甚底？举业亦有何相妨？一旬便做五日修举业，亦有五日得暇及此。若说践履涵养，举业尽无相妨。只是精神昏了，不得讲究思索义理，然也怎奈之何！可学。

○ 蜚卿曰："某欲谋于先生，屏弃科举，望断以一言。"曰："此事在公自看如何，须是度自家可以仰事俯育。作文字，比之他人有可得之理否，亦须自思之。如人饥饱寒暖，须自知之，他人如何说得！"道夫。

○ 蜚卿以书谒先生，有弃科举之说。先生曰："今之士大夫求进干禄，以为仰事俯育之计，亦不可免。公生事如何？"曰："粗可伏腊。"曰："更须自酌量。"道夫。

○ 蜚卿云："某正〔为心不定，〕不事科举。"曰："放得下否？"曰："欲放下。"曰："才说'欲'字，便不得，须除去'欲'字。若要理会道理，忙又不得，亦不得懒。"道夫。

○ 科举累人不浅，人多为此所夺，但有父母在，仰事俯育不得不资于此，故不可不勉尔。其实甚夺人〔志〕。道夫。

○ 士人先要分别科举与读书两件孰轻孰重。若读书上有七分志，科举上有三分，犹自可；若科举七分，读书三分，将来必被他胜却，况此志全是科举？所以到老全使不着，盖不关为己也。圣人教人只是为己。泳。

○ 问游和之："曾看甚文字？"答曰："某以春秋应举，粗用力于此经，但不免有科第之心，故不知理义之要。"先生曰："春秋难治，做出经义往往都非经旨。某见绍兴初治春秋者，经义中只避数项说话，如复雠讨贼之类而已。如今却不然，往往所避者多，更不复依傍春秋经意说，只自做一种说话，知他是说甚么！大凡科举之事，士子固未能免，然只要识得轻重。若放那一头重，这一头轻，是不足道。然两头轻重一般，也只不得，便一心在这里，一心在那里，于本身易得悠悠。须是放令这头重，那头轻，方好。孟子云：'今之人，修其天爵，以要人爵。'只要人爵者，固是也理会天爵，然以要人爵而为之，则所修者皆非切己之学。"时举。

○ 告或人曰："看今人心下自成两样。如何却专向功名利禄底心去，却全背了这个心，不向道理迈（来）〔求〕？公今赴科举是几年？公文字想不为不精。以公之专一理会做时文，宜若一举便中高科，登显仕都了。到今又却不得，亦可自见得失不可必如此。若只管没溺在里面都出头不得，下梢只管衰塌。若将这个自在一边，须要去理会道理是要紧，待去取功名却未必不得。孟子曰：'自暴者不可与有言也，自弃者不可与有为也。言非礼义谓之自暴也。'非礼义，是专道礼义是不好。世上有这般人，恶人做好事，只逿人做许多模样是如何。这是他自恁地粗暴了，这个更不通与他说。到得自弃底，也自道义理是好，也听人说，也受人说，只是我做不得。任你如何，只是我做不得。这个是自弃，终不可与有为。故伊川说：'自暴者，拒之以不信；自弃者，绝之以不为。'拒之以不信，只是说道没这道理；绝之以不为，是知有道理，自割断了，不肯做。自暴者有强悍意，自弃者有懦弱意。"〔今按：自暴谓粗暴。及再问，所答不然。〕贺孙。

○　或以不安科举之业请教。曰："'道二：仁与不仁而已。'二者不能两立。知其所不安，则反其所不安，以就吾安尔。圣贤千言万语只是教人做人而已。前日科举之习，盖未尝不谈孝弟忠信，但用之非尔。若举而反之于身，见于日用，则安矣。"又问："今初学当读何书？"曰："六经、语、孟皆圣贤遗书，皆当读，但初学且须知缓急。大学、语、孟最是圣贤为人切要处，然语、孟却是随事答问，难见要领。唯大学一书是曾子述孔子说古人为学之大方，而门人又传述以明其旨，体统都具。玩味此书，知得古人为学所乡，读语孟便易入。后面工夫虽多，而大体已立矣。"大雅。

○　专做时文底人，他说底都是圣贤说话。且如说廉，他且会说得好；说义，他也会说得好。待他身做处，只自不廉，只自不义，缘他将许多话只是就纸上说。廉义是题目上合说，都不关自家身己些子事。贺孙。

○　又曰："今来专去理会时文，少间身己全做不是，这是一项人。又有一项人不理会时文，去理会道理，少间所做底事却与所学不相关。又有依本分就所见定是要躬行，也不须去讲学。这个少间只是做得会差，亦不至大狼狈。只是如今如这般人已是大段好了。"贺孙。

○　义理，人心之所同然。人去讲求，却易为力。举业乃分外事，倒是难做。可惜举业坏了多少人！贺孙。

○　语或人曰："公且道不去读书，专去读些时文，下梢是要做甚么人？赴试屡试不得，到老只恁底衰飒了，沉浮乡曲间。若因时文得做一个官，只是恁地卤莽，都不说着要为国为民，兴利除害，尽心奉职，心心念念只要做得向上去，便逐人背后钻刺音□，求举觅荐无所不至。"贺孙。

○ 向来做时文只粗疏，恁地直说去，意思自周足，且是有气魄。近日时文屈曲纤巧，少刻堕在里面，只见意气都衰塌了。也是教化衰，风俗坏到这里，是怎生！贺孙。

○ 或以科举作馆废学自咎者。曰："不然。只是志不立，不曾做工夫尔。孔子曰'不怨天，不尤人'，自是不当怨尤，要你做甚耶！伊川曰：'学者为气所胜、习所夺，只可责志。'正为此也。若志立则无处无工夫，而何贫贱患难与夫夷狄之间哉！"蜚卿。

○ 不赴科举也是匹似闲事，如今人才说不赴举便把做掀天底大事。某看来，才着心去理会道理，少间于那边便自没要紧。不知是如何，看许多富贵荣达都自轻了。如郭子仪二十四考中书，做许大功名，也只是如此。贺孙。

○ "诸葛武侯未遇先主，只得退藏，一向休了，也没奈何。孔子弟子不免事季氏，亦事势不得不然，舍此则无以自活。如今世之科举亦然。如颜闵之徒自把得住，自是好，不可以一律看。人之出处最可畏。如汉晋之末，汉末则所事者止有个曹氏，晋末所事者止有个司马氏，皆逆贼耳。"直卿问："子路之事辄，与乐正子从子敖相似？"先生曰："不然。从子敖更无说。王猛事苻坚煞有事节，苻坚之兄乃其谋杀之。"贺孙。

○ 先生问谦云："闻曾与戴肖望相处，如何？"谦对云："亦只商量得举子程文。"先生云:"此是一厄。人过了此一厄,当理会学问。今人过了此一厄,又去理会应用之文,作古文,作诗篇,亦是一厄。须是打得破方得。"谦。

○ "若欲学俗儒作文字,纵攫取大魁",因抚所坐倚曰:"已自输了一着!"力行。

○ 耳目口鼻之在人尚各有攸司,况人在天地间自农、商、工、贾等而上之,不知其几阶。其所当尽者,小大虽异,界限截然。本分当为者,一事有阙便废天职。"居处恭,执事敬,与人忠",推是心以尽其职者,无以易诸公之论。但必知夫所处之职乃天职之自然,而非出于人为,则各司其职以办其事者,不出于勉强不得已之意矣。大雅。

○ 有是理方有这物事。如草木有个种子,方生出草木。如人有此心去做这事,方始成这事。若无此心,如何会成这事。夔孙。

○ 事无非学。文蔚。

○ 学常要亲细务,莫令心粗。江西人大抵用心粗。祖道。

○ 为气血所使者,只是客气。惟于性理说话涵泳,自然临事有别处。季札。

○ 问:"每有喜好适意底事,便觉有自私之心。若欲见理,莫当便与克下,使其心无所喜好,虽适意亦视为当然否?"答云:"此害事。见得道理分明,自然消磨了。似此迫切,却生病痛。"人杰。

○　或问事多。曰："世事无时是了，且拣大段无甚紧要底事不要做，又逐旋就小者又拣出无紧要底不要做。先去其粗，却去其精，磨去一重，又磨一重。天下事都是如此。且如<u>中庸</u>说：'戒谨乎其所不睹，恐惧乎其所不闻。'先且就睹处与闻处做了，然后就不睹不闻处用工方能细密。而今人每每跳过一重做事，睹处与闻处元不曾有工夫，却便去不睹不闻处做，可知是做不成，下梢一齐担阁。且如屋漏暗室中工夫，如何便做得？须从'十目所视，十手所指'处做起方得。"<u>明作</u>。

○　<u>叔蒙</u>问："<u>程子</u>所说：'凡避嫌之事皆内不足也，贤者且不为，况圣人乎？'若是有一项合委曲而不可以直遂者，这不可以为避嫌。"曰："自是道理合如此。（回）〔如〕避嫌者，却是又怕人道如何，这却是私意。如十起与不起便是私，这便是避嫌。只是他见得这意思已是大段做工夫，大段会省察了。又如人遗之千里马，虽不受，后来荐人未尝忘之，后亦竟不荐。不荐自是好，然于心终不忘，便是吃他取奉意思不过，这便是私意。又如如今立朝，明知这个是好人，当荐举之，却缘平日与自家有恩意往来，不是说亲戚，亲戚自是碍法，但以相熟，遂避嫌不举他。又如有某人平日与自家有怨，到得当官，彼却有事当治，却怕人说道因前怨治他，遂休了。如此等皆蹉过多了。"<u>贺孙</u>。

○　因说人心不可狭小，其待人接物，胸中不可先分厚薄，有所别异。答曰："惟君子为能'通天下之志'，放令规模宽阔，使人人各得尽其情，多少快活！"<u>大雅</u>。

○　问："待人接物，苟随其情之厚薄轻重而为酬酢邪？则世人之态多非忠厚，恐久之沦于流俗而不自觉。一切不问他而待之以厚邪？则又恐近于愚而流为兼爱。"答云："知所以处心持己之道，则所以接人待物自有准则。"<u>人杰</u>。

○　须是慈祥和厚为本。如勇决刚果虽不可无，然用之有处所。因论仁及此。德明。

○　门人有与人交讼者，先生数责之云："欲之甚则昏蔽而忘义理，求之极则争夺而至怨仇。"贺孙。

○　且须立个粗底根脚，却正好着细处工夫。今人于无义理底言语尽说了，无义理底事尽做了，是于粗底脚根犹未立，却要求深微。纵理会得，干己甚事！升卿。

○　作事若顾利害，其终未有不陷于害者。可学。

○　今人多是安于所不安。做些事，明知是不好，只说恁地也不妨，正所谓"月攘一鸡，以待来年"者也。贺孙。

○　要做好事底心是实，要做不好事底心是虚。被那虚底在里夹杂，便将实底一齐打坏了。贺孙。

○　多是要求济事，而不知自身己不立，事决不能成。人自心若一毫私意未尽，皆足以败事。如上有一点黑，下便有一扑黑；上有一毫差，下便有寻丈差。今若见得十分透彻，待下梢遇事转移，也只做得五六分。若今便只就第四五着理会，下梢如何？贺孙。

○　圣人劝人做底，必是人有欠阙处；戒人莫为底，必是自家占得一分在其间。祖道。

○　某看人也须是刚，虽则是偏，然较之柔不同。易以阳刚为君子，阴柔为小人。若是柔弱不刚之质，少间都不会振奋，只会困倒了。
贺孙。

○　今人大抵皆先自立一个意见。若其性宽大便只管一向见得一个
宽大底路，若性严毅底人便只管见得一个廉介底路，更不平其心。看事
物，自有合宽大处，合严毅处。贺孙。

○　天下事亦要得危言者，亦要得宽缓者，皆不可少。随其人所
见，看其人议论。如狄梁公辞里缓，意甚恳切。如中边皆缓，则不可
"翕受敷施，九德咸事"。圣人便如此做。去伪。

○　向到临安，或云建本误，宜用浙本。后来观之，不如用建本。
谓浙俗好作长厚。可学。

○　周旋回护底议论最害事。升卿。

○　事有不当耐者，岂可全学耐事！升卿。

○　学耐事，其弊至于苟贱不廉。升卿。

○　"学者须要有廉隅墙壁，便可担负得大事去。如子路世间病痛
都没了，亲于其身为不善，直是不入，此大者立也。"问："子路此个病
何以终在？"曰："当时也须大段去做工夫来，只打叠不能得尽。冉求比
子路大争。"升卿。

○　耻，有当忍者，有不当忍者。升卿。

○ "人须是有廉耻。孟子曰:'耻之于人大矣!'耻便是羞恶之心,人有耻则能有所不为。今有一样人不能安贫,其气销屈以至立脚不住,不知廉耻,亦何所不至!"因举旦舍人诗云:"逢人即有求,所以百事非。"因言今人只见曾子唯一贯之旨,遂得道统之传。此虽固然,但曾子平日是个刚毅有力量、壁立千仞底人,观其所谓"士不可以不弘毅"、"可以托六尺之孤,可以寄百里之命,临大节而不可夺"、"晋楚之富不可及也,彼以其富,我以吾仁;彼以其爵,我以吾义,吾何慊乎哉"底言语可见。虽是做工夫处比颜子觉粗,然缘他资质刚毅,先自把捉得定,故得卒传夫子之道。后来有子思孟子,其传亦永远。又如论语必先说:"富与贵是人之所欲也,不以其道得之,不处也;贫与贱是人之所恶也,不以其道得之,不去也。"然后说:"君子去仁,恶乎成名!"必先教取舍之际界分分明,然后可做工夫。不然则立脚不定,安能有进?又云:"学者不于富贵贫贱上立定,则是入门便差了也。"广。

○ 轻重是非他人,最学者大病。是,是他是;非,是他非,于我何所预?且管自家。可学。

○ 若沮人之轻富贵者,下梢便愈更卑下,一齐衰了。升卿。

○ 学者当常以"志士不忘在沟壑"为念,则道义重而计较死生之心轻矣。况衣食至微末事,不得未必死,亦何用犯义犯分,役心役志,营营以求之耶!某观今人因不能咬菜根而至于违其本心者众矣,可不戒哉!大雅。

○ 困厄有重轻,力量有小大。若能一日十二辰点检自己,念虑动作(赌)〔都〕是合宜,仰不愧,俯不怍,如此而不幸填沟壑,丧躯殒命,有不暇恤,只得成就一个是处。如此,则方寸之间全是天理,虽遇大困厄，有致命遂志而已，亦不知有人之是非向背，惟其是而已。<u>大雅</u>。

○ 〔因说贫，曰：〕"朋友若以钱相惠，不害道理者皆可受。分明说：'其交也以道，其接也以礼，斯<u>孔子</u>受之。'若以不法事相委，却以钱相惠，此则断然不可！"<u>明作</u>。

○ 贪生畏死，一至于此！<u>可学</u>。

朱子语类卷第十四

大学

纲领

○ 先生问："看大学如何？"因言："学问须以大学为先，（次孟子，次论语）〔次论语，次孟子〕，次中庸。中庸工夫密，规模大。"_{德明}。

○ 读书且从易晓、易解处去读，如大学、中庸、语、孟四书道理粲然，人只是不去看。若理会得此四书，何书不可读！何理不可究！何事不可处！_{盖卿}。

○ 可将大学用数月工夫看去。此书前后相因，互相发明，读之可见，不比他书。他书非一时所言，非一人所记。惟此书首尾具备，易以推寻也。_{力行}。

○ 看大学前面初起许多，且见安排在这里。如今食次册相似，都且如此呈说后方是可吃处。初间也要识许多模样。_{贺孙}。

○ "人之为学，先读大学，次读论语。大学是个大坯模。大学譬如买田契，论语如田亩，阔狭去处逐段子耕将去。"或曰："亦在乎熟耕

238

将去。"曰："然。"<u>人杰</u>。<u>去伪</u>同。

○　今且须熟究<u>大学</u>作间架，却以他书填补去。如此看得一两书便自占得分数多，后却易为力。圣贤之言难精。难者既精，则后面粗者却易晓。<u>大雅</u>。

○　<u>大学</u>一书如行程相似，自某处到某处几里，自某处到某处几里。识得行程，须便行始得。若只读得空壳子，亦无益也。<u>履孙</u>。

○　<u>大学</u>如一部行程历，皆有节次。今人看了，须是行去，今日行得到何处，明日行得到何处，方可渐到那田地。若只把在手里翻来覆去，欲望之<u>燕</u>、之<u>越</u>，岂有是理。<u>自修</u>。

○　<u>大学</u>是一个腔子，而今却要去填教实。如他说格物，自家须是去格物后填教实着；如他说诚意，自家须是去诚意后亦填教实着。<u>芝</u>。

○　"学者且去熟读<u>大学</u>正文了，又子细看章句。<u>或问</u>未要看，俟有疑处方可去看。"又曰："某解书不合太多。又先准备学者，为他设疑说了。他未曾疑到这上，先与说了，所以致得学者看得容易了。圣人云：'不愤不启，不悱不发。举一隅不以三隅反，则不复也。'须是教他疑三朝五日了，方始与说，他便通透，更与从前所疑虑也会因此触发。工夫都在许多思虑不透处，而今却是看见成解底都无疑了。吾儒与<u>老庄</u>学皆无传，惟有<u>释氏</u>常有人，盖他一切办得不说，都待别人自去敲搕，自有个通透处。只是吾儒又无这不说底，若如此，少间差异了。"又曰："解文字，下字最难。某解书所以未定、常常更改者，只为无那恰好底字子。把来看又见不稳当，又着改几字，所以<u>横渠</u>说命辞为难。"<u>贺孙</u>。

○ 某作或问，恐人有疑，所以设此要他通晓。而今学者未有疑，却反被这个生出疑。_{贺孙。}

○ 亚夫问大学大意。曰："大学是修身治人底规模。如人起屋相似，须先打个地盘。地盘既成，则可举而行之矣。"_{时举。}

○ 大学一字不胡乱下，亦只是古人见得这道理熟，信口所说便都是这里。_{淳。}

○ 大学重处都在前面。后面工夫渐渐轻了，只是揩磨在。_{士毅。}

○ 而今无法。尝欲作一说教人只将大学一日去读一遍，看他如何是大人之学，如何是小学，如何是"明明德"，如何是"新民"，如何是"止于至善"。日日如是读，月来日去，自见所谓"温故而知新"。须是知新，日日看得新方得。却不是道理解新，但自家这个意思长长地新。
_{义刚。}

○ 今人却是为人而学。某所以教诸公读大学，且看古人为学是如何，是理会甚底事。诸公愿为古人之学乎？愿为今人之学乎？_{敬仲。}

○ 才仲问大学。曰："人心有明处，于其间得一二分，即节节推上去。"又问："小学、大学如何？"曰："小学涵养此性，大学则所以实其理也。忠信、孝弟之类须于小学中出，然正心、诚意之类，小学如何知得，须其有识后以此实之。大抵大学一节一节恢廓展布将去，然必到于此而后进。既到而不进固不可，未到而求进亦不可。且如国既治，又却絜矩，则又欲其四方皆准之也。此一卷书甚分明，不是衮作一块物事。"_{可学。}

○ 致知、格物，大学中所说不过"为人君，止于仁；为人臣，止于敬"之类。古人若是小学之时都曾理会来，不成小学全不曾知得。然而虽是"止于仁，止于敬"，其间却有多少事，〔如仁必有所以为仁者，敬必有所以为敬者，〕故又来大学于致知、格物上穷究教尽。如入书院，只到书院门里亦是到来，亦曰格物、致知。然却不曾到书院筑底处，终（是）不是物格、知至。䕫。

○ 明德如八窗玲珑，致知格物，各从其所明处去。今人不曾做得小学工夫，一旦学大学是以无下手处。今且当自持敬始，使端确纯一静专，然后能致知格物。椿。

○ 大学总说了，又逐段更说许多道理。圣贤怕有些子照管不到，节节觉察将去，到这里有恁地病，到那里有恁地病。节。

○ 大学是为学纲目。先通大学，立定纲领，其他经皆杂说在里许。通得大学了，去看他经，方见得此是格物、致知事，此是正心、诚意事，此是修身事，此是齐家、治国、平天下事。

○ 人多教践履，皆是自立标置去教人。自有一般资质好底人便不须穷理、格物、致知。此圣人作今大学，便要使人齐入于圣人之域。銖。

○ 谓任道弟读大学。曰："须逐段读教透，默自记得，使心口相应。古时无多书，人人只是专心暗诵。且以竹简写之，寻常人如何办得竹简如此多，所以人皆暗诵而后已。伏生亦只是口授尚书二十余篇。黄霸就狱，夏侯胜受尚书于狱中，狱中又安得本子，只被他读得透彻。后来著述，诸公皆以名闻。汉之经学所以有用。"㳟本止此。因云："余正甫前日坚说一国一宗。某云一家有大宗，有小宗，如何一国却一人。渠高声抗争，某检本与之看，方得口合。”贺孙。

〇 读大学且逐段喱将去，〔看这段时〕似得无〔后〕面底。看第二段却思量前段，令文意联属，却不妨。榦。

〇 看大学固是看逐句看去。也须先统读传文教熟，方好从头子细看。若全不识传文大意，便看前头亦难。贺孙。

〇 或问读大学。曰：“读后去，须更温前面，不可只恁地茫茫看去。‘温故而知新’，须是温故方能知新。若不温故便要求知新，则新不可得而知，亦不可得而求矣。”贺孙。

〇 诸生看大学未晓而辄欲看论语者，责之曰：“公如吃饭一般，未曾有颗粒到口，如何又要吃这般，吃那般？这都是不曾好生去读书。某尝谓人看文字晓不得，只是未曾着心。文字在眼前，他心不曾着上面，只是恁地略绰将过，这心元不曾伏杀在这里。看他只自恁地豹跳，不肯在这里理会，又自思量做别处去。这事未了，又要别寻一事做，这如何要理会得！今学者看文字且须压这心在文字上，逐字看了又逐句看，逐句看了又逐段看，未有晓不得者。”贺孙。

〇 问贺孙：“读大学如何？”答云：“稍通。方要读论语。”先生曰：“且未要读论语。大学稍通，正好着心精读。前日读时，见得前未见得后面，见得后未接得前面。今识得大纲统体，正好熟看。如吃果实相似，初只恁地硬咬嚼。待嚼来嚼去得滋味，如何便住却？读此书功深则用博。昔尹和靖见伊川，半年方得大学、西铭看。今人半年要读多少书，某且要人读此，是如（此）〔何〕？缘此书却不多，而规模周备。凡读书，初一项须着十分工夫了，第二项只费得九分工夫，第三项便只费六七分工夫。少刻读渐多，自贯通他书，自不着得多工夫。"贺孙。

○ 读大学，初间也只如此读，后来也只如此读。只是初间读得似不与自家相关。后来看熟，见许多说话须看如此做，不如此做自不得。贺孙。

○ 大学所载只是个题目如此，要须自用工夫做将去。贺孙。

○ 大学教人先要理会得个道理。若不理会得，见圣贤许多言语都是硬将人制缚，剩许多工夫。若见得了，见得许多道理都是天生自然铁定底道理，更移易分毫不得。而今读大学，须是句句就自家身上看过，少间自理会得，不待解说。如语、孟、六经，亦须就自家身上看，便如自家与人对说一般，如何不长进？圣贤便可得而至也。贺孙。

○ 答林子渊说大学。曰："圣人之书做一样看不得。有只说一个下工夫规模，有首尾只说道理。如中庸之书，劈初头便说'天命之谓性'。若是这般书，全着得思量义理。如大学，且只说个做工夫之节目，自不消得大段思量，才看过便自晓得。只是做工夫全在自家身己上，却不在文字上。文字已不着得意思。说穷理，只就自家身上求之，都无别物事。只有个仁义礼智，看如何千变万化，也离这四个不得。公且自看日用之间如何离得这四个。如信者，只是有此四者，故谓之信。信，实也，实是有此。论其体则实是有仁义礼智，论其用则实是有恻隐、羞恶、恭敬、是非，更假伪不得。试看天下岂有假做得仁，假做得义，假做得礼，假做得智？所以说信者，以言其实有而非伪也。更自一身推之于家，实是有父子，有夫妇，有兄弟；推之天地之间，实是有君，有臣，有朋友。都不是待后人旋安排，是合下元有此。又如一身之中，里面有五脏六腑，外面有耳目口鼻四肢，这是人人都如此。存之为仁义礼智，发出来为恻隐、羞恶、恭敬、是非，人人都有此。以至父子、兄弟、夫妇、朋友、君臣，亦莫不皆然。至于物亦莫不然，但其拘于形、拘于气而不变。然亦就他一角子有发见处，看他也自有父子之亲，有牝牡便是有夫妇，有大小便是有兄弟。就他同类中，各有群众便是有朋友，亦有主脑便是有君臣。只缘本来都是天地所生，共这根蒂，所以大率多同。圣贤出来抚临万物，各因其性而导之。如昆虫草木未尝不顺其性，如取之以时，用之有节：当春生时'不殀夭，不覆巢，不杀胎；草木零落，然后入山林；獭祭鱼，然后虞人入泽梁；豺祭兽，然后田猎'。所以使万物各得其所者，惟是先知得天地本来生生之意。"贺孙。

○ 子渊说大学。答曰："公看文字不似味道只就本子上看，看来看去，久之浃洽，自应有得。公（使）〔便〕要去上面生意，只讨头不见。某所成大学章句、或问之书已是伤多了。当初只怕人晓不得，故说许多。今人看，反晓不得。此一书之间要紧只在'格物'两字，认得这里着，则许多说自是闲了。初看须用这本子，认得要处，这本子自无可用。某说十句在里面，看得了，只做一句说了方好。某或问中已说多了，却不说到这般处。看这一书又自与看语孟不同。语孟中只一项事是一个道理。如孟子说仁义处，只就仁义上说道理；孔子答颜渊以'克己复礼'，只就'克己复礼'上说道理。若大学，却只统说。论其功用之极，至于平天下。然天下所以平，却先须治国；国之所以治，却先须齐家；家之所以齐，却先须修身；身之所以修，却先须正心；心之所以正，却先须诚意；意之所以诚，却先须致知；知之所以至，却先须格物，本领全只在这两字上。又须知如何是格物。许多道理，自家从来合有不合有？定是合有，定是人人都有，人之心便具许多道理。见之于身，便见身上有许多道理；行之于家，便是一家之中有许多道理；施之于国，便是一国之中有许多道理；施之于天下，便是天下有许多道理。

'格物'两字只是指个路头，须是自去格那物始得。只就纸上说千千万万，不济事。"<u>贺孙</u>。

○ 此一个心须每日提撕，令常惺觉。顷刻放宽便随物流转，无复收拾。如今<u>大学</u>一书岂在看他言语？正欲验之于心如何。"如好好色，如恶恶臭"，试验之吾心，好善恶恶，果能如此乎？"闲居为不善，见君子则掩其不善而著其善"，是果有此乎？一有不至，则勇猛奋跃不已，必有长进处。今不知如此，则书自书，我自我，何益之有！<u>大雅</u>。

○ 问<u>大学</u>。曰："看圣贤说话，所谓坦然若大路然。止缘后来人说得崎岖，所以圣贤意思难见。"<u>贺孙</u>。

○ <u>大学</u>诸传，有解经处，有只引经传赞扬处。其意只是提起一事，使人读着常惺惺地。<u>道夫</u>。

○ <u>伊川</u>旧日教人先看<u>大学</u>，那时未有解说，想也看得鹘突。而今有注解，觉大段分晓了，只在子细去看。<u>贺孙</u>。

○ 或问："<u>大学</u>解已定否？"曰："据某而今自谓稳矣。只恐数年（时）后又见不稳，这个不由自家。"问<u>中庸</u>解。曰："此书难看。<u>大学</u>本文未详者，某于答问则详之。此书在章句，其答问中皆是辨诸家说。恐未必是，有疑处皆以'盖'言之。"<u>淳</u>。

○ 圣贤形之于言，所以发其意。后人多因言而失其意，又因注解而失其主。凡观书，且先求其意，有不可晓然后以注解通之。如看<u>大学</u>，先看前后经亦自分明，然后看传。<u>可学</u>。

○ "看大学且逐章理会。须先读本文，念得，次将章句来解本文，又将或问来参章句。须逐一令记得，反覆寻究，待他浃洽。既逐段晓得，却将来统看，温寻过，这方始是。须是靠他这心，若一向靠写底，如何得。"又曰："只要熟，不要多贪。"道夫。

○ 圣人不令人悬空穷理，须要格物者，是要人就那上见得道理破，便实。只如大学一书有正经，有解，有或问。看来看去，不用或问，只看注解便了；久之，又只看正经便了；又久之，自有一部大学在我胸中，而正经亦不用矣。然不用某许多工夫，亦看某底不出；不用圣贤许多工夫，亦看圣贤底不出。大雅。

○ 某解注书，不引后面说来证前说，却引前说去证后说。盖学者方看此，有未晓处，又引他处，只见难晓。大学都是如此。僩。

○ 子渊问大学或问。答曰："且从头逐句理会，到不通处却看章句。或问乃注脚之注脚，亦不必深理会。"贺孙。

○ 大学章句次序得皆明白易晓，不必或问，但致知、格物与诚意较难理会，不得不明辨之耳。人杰。

○ 或问朱敬之："有异闻乎?"曰："平常只是在外面听朋友问答，或时里面亦只说某病痛处得。"一日，教看大学。曰："我平生精力尽在此书。先须通此，方可读他书。"贺孙。

○ 说大学启蒙毕，因言："某一生只看得这两件文字透，见得前贤所未到处。若使天假之年，庶几将许多书逐件看得恁地，煞有工夫。"贺孙。

序

○ 问:"'一有聪明睿智能尽其性者,则天必命之以为亿兆之君师',何处见得天命处?"曰:"此也如何知得。只是才生得一个恁地底人,定是为亿兆之君师,便是天命之也。他既有许多气魄才德,决不但已,必统御亿兆之众,人亦自是归他。如三代已前圣人都是如此,及至孔子方不然。然虽不为帝王,也闲他不得,也做出许多事来,以教天下后世,是亦天命也。"僩。

○ 夜令敬之读大学序,至"一有聪明睿智能尽其性者出于其间,则天必命之以为亿兆之君师"。某问:"天如何命之?"曰:"只人心归之便是命。"问:"孔子如何不得命?"曰:"中庸云'大德必得其位',孔子却不得。气数之差至此极,故不能及。"可学。

○ 问"继天立极"。曰:"天只生得许多人物,与你许多道理。然天却自做不得,所以必得圣人为之修道立教,以教化百姓,所谓'裁成天地之道,辅相天地之宜'是也。盖天做不得底,却须圣人为他做也。"僩。

○ 问:"大学章句序中言'各俛焉以尽其力',下此'俛'字何谓?"曰:"'俛'字者,乃是刺着头,只管做将去底意思。"友仁。

○ 问:"大学序外有以尽其规模之大,内有以尽其节目之详。"曰:"这个须先识得外面一个规模如此大了,而内做工夫以实之。所谓规模之大，凡人为学便当以'明明德'、'新民'、'止于至善'及'明明德于天下'为事。不成只要独善其身便了，须是志于天下，所谓'志伊尹之所志，学颜子之所学'也。所以大学第二句便说'在新民'。"僩。

○ "明德"、"新民"便是节目，"止于至善"便是规模之大。道夫。

○ 仁甫问："释氏之学，何以说其'高过于大，学而无用?'"曰："吾儒更着读书，逐一就事物上理会道理。他便都扫了这个，他便恁地空空寂寂，恁地便道事都了。只是无用。德行道艺，艺是一个至末事，然亦皆有用。释氏若将些子事付之，便都没奈何。"又曰："古人志道，据德，而游于艺。礼、乐、射、御、书、数，数尤为最末事。若而今行经界，则算法亦甚有用。〔若〕时文整篇整卷，要作何用? 即徒然坏了许多士子精神。"贺孙。

经上

○ 天之赋于人物者谓之命，人与物受之者谓之性，主于一身者谓之心，有得于天而光明正大者谓之明德。敬仲。

○ "明明德"，德是得于天者。德明。又曰："德是得于天者，讲学而得之，得自家本分底物事。"恪。

○ 明德，谓得之于己，至明而不昧者也。如父子则有亲，君臣则有义，夫妇则有别，长幼则有序，朋友则有信，初未尝差也。苟或差焉，则其所得者昏，而非固有之明矣。履孙。

○ 明德未尝息，时时发见于日用之间。如见非义而羞恶，见孺子入井而恻隐，见尊贤而恭敬，见善事而叹慕，皆明德之发见也。如此推之，极多，但当因其所发而推广之。僴。

○ 贺孙问："'明德'意思，以平旦验之，亦见得于天者未尝不明。"曰："不要如此看。且就明德上说，如何又引别意思证？读书最不要如此。"贺孙遂就明德上推说。曰："须是更子细，将心体验。不然，皆是闲说。"贺孙。

○ 明德也且就切近易见处理会，也且慢慢自见得。如何一日便都要识得？如出必是告，反必是面，昏定晨省必是昏定晨省，这易见。"徐行后长者谓之弟，疾行先长者谓之不弟"，这也易见。有甚不分明？如"九族既睦"是尧一家之明德，"百姓昭明"是尧一国之明德，"黎民于变时雍"是尧天下之明德。如"博弈好饮酒，不顾父母之养"是不孝，到能昏定晨省、冬温夏清可以为孝。然而"从父之令"，今看孔子说却是不孝。须是知父之命当从，也须知有不可从处。盖"与其得罪于乡党州闾，宁孰谏"、"谕父母于道"方是孝。贺孙。

○ "明德者，人之所得乎天，而虚灵不昧，以具众理而应万事者也。"禅家则但以虚灵不昧者为性，而无以具众理以下之事。僴。

○ 问："大学注言'其体虚灵而不昧，其用鉴照而不遗'。此二句是说心，说德？"曰："心、德皆在其中，更子细看。"又问："德是心中之理否？"曰："便是心中许多道理光明鉴照，毫发不差。"寓。〔按：注是旧本。〕

○ 骧问："'大学之道，在明明德'。此'明德'莫是'天生德于予'之'德'?"曰："莫如此问，只理会明德是我身上甚么物事。某若理会不得，便应公'是"天生德于予"之"德"'，公便两下都理会不得。且只就身上理会，莫又引一句来问，如此只是纸上去讨。"又曰："此明德是天之予我者，莫令污秽，当常常有以明之。"道夫。

○ 学者须是为己。圣人教人只在大学第一句"明明德"上。以此立心，则如今端容亦为己也，读书穷理亦为己也，做得一件事是实亦为己也。圣人教人持敬，只是须着从这里说起。其实若知为己后，则自然着敬。方子。盖卿同。

○ 大学"明明德"乃是为己工夫。那个事不是分内事？明德在人，非是从外面请入来底。盖卿。

○ 为学只"在明明德"一句。君子存之，存此而已；小人去之，去此而已。一念悚然，自觉其非便是明之之端。儒用。夔孙同。

○ 大学"在明明德"一句当常常提撕，能如此便有进步处，盖其原自此发见。人只一心为本，存得此心，于事物方知有脉络贯通处。季札。"明德"是指全体之妙，下面许多节目皆是靠"明德"做去。

○ "在明明德"须是自家见得这物事光明灿烂、常在目前始得。如今都不曾见得。须是勇猛着起精神，拔出心肝与他看始得。正如人跌落大水，浩无津涯，须是勇猛奋起这身，要得出来始得。而今都只泛泛听他流将去。

○ 或以"明明德"譬之磨镜。曰："镜犹磨而后明。若人之明德则未尝不明，虽其昏蔽之极，而其善端之发终不可绝。但当于其所发之端而接续光明之，令其不昧，则其全体大用可以尽明。且如人知己德之不明而欲明之，只这知其不明而欲明之者便是明德，就这里便明将去。"<u>佩</u>。

○ "明明德"是明此明德，只见一点明便于此明去。正如人醉醒，初间少醒，至于大醒亦只是一醒。学者贵复其初，至于已到地位，则不着个"复"字。<u>可学</u>。

○ 问："大学之道在'<u>明明德</u>'"。曰："人皆有个明处，但为物欲所蔽。剔拨去了，只就明处渐明将去。然须致知、格物，方有进步处，识得本来是甚么物。"<u>季札</u>。

○ <u>曾兴宗</u>问："如何是'明明德'？"曰："明德是自家心中（与）〔具〕许多道理在这里。本是（我）〔个〕明底物事，初无暗昧，人得之则为德。如羞恶、是非、辞逊、恻隐皆从自家心里出来，触着那物便有那个物出来，何尝不明？缘为物欲所蔽，故其明易昏。如镜本明，被外物点污则不明了。少间磨了则其明又能照物。"又云："人心惟定则明。所谓定者，非是定于这里全不修习，待他自明。惟是定后却好去学。看来看去，久后自然彻。"又有人问："明德章句，自觉胸中甚昧。"曰："这明德亦不甚昧。如说羞恶、是非、恻隐、辞逊，此是心中元有此等物。发而为恻隐，这便是仁；发而为羞恶，这便是义；发而为辞逊、是非，便是礼、智。看来这个亦不是甚昧，但恐于义理差互处有似是而非者，未能分别耳。且如冬温夏清为孝，人能冬温夏清，这便是孝。至如子从父之令，本似孝，亦有子而不从父之令者，而<u>孔子</u>之意却以为不孝。然与其得罪于乡间，不若且谏父之过，使不陷于不义，这处便是孝。恐似此处未能大故分别得出，方昧。且如<u>齐宣王</u>见牛之觳觫，便有不忍之心，欲以羊易之。这便见恻隐处，只是见不完全，及到着'兴甲兵，危士臣'处便欲快意为之。是见不精确，不能推爱牛之心而爱百姓。只是心中所见所有如此，且恁地做去。又如<u>胡侍郎</u>读史管见，其为文字与所见处甚好，到着他日做处全相反。不知是如何？却似是两人做事一般，前日所见是一人，今日所见又是一人了。也是见不精确，致得如此。"<u>卓</u>。

○　或问"明明德"云云。曰："不消如此说，他那注得自分晓了。只要称实去体察，行之于身。须是真个明得这明德是怎生地明，是如何了得它虚灵不昧。须是真个不昧，具得众理，应得万事。只恁地说，不济得事。"又曰："如格物、致知、诚意、正心、修身，五者皆'明明德'事。格物、致知便是要知得分明；诚意、正心、修身便是要行得分明。若是格物、致知有所未尽，便是知得这明德未分明；意未尽诚，便是这德有所未明；心有不正，则德有所未明；身有不修，则德有所未明。须是意不可有顷刻之不诚，心不可有顷刻之不正，身不可有顷刻之不修，这明德方常明。"问："所谓明德，工夫也只在读书上？"曰："固是在读书上，然亦不专是读书，事上也要理会。书之所载者固要逐件理会，也有书所不载而事上合当理会者，也有古所未有底事而今之所有当理会者，极多端。"<u>僴</u>。〔<u>焘</u>录别出。〕

○　"明明德"如人自云"天之所与我，未尝昏"。只知道不昏便不昏矣。<u>夔孙</u>。

○　<u>傅敬子</u>说"明明德"。曰："大纲也是如此，只是说得恁地孤单也不得，且去子细看。圣人说这三句，也且大概恁地说，到下面方说平天下至格物八者，便是明德、新民底工夫。就此八者理会得透彻，明德、新民都在这里。而今且去子细看，都未要把自家言语意思去搣他底。公说胸中有个分晓底，少间捉摸不着，私意便从这里生，便去穿凿。而今且去熟看那解，看得细字分晓了，便晓得大字，便与道理相近了。道理在那无字处自然见得。而今且说格物，这个事物当初甚处得来？如今如何安顿它？逐一只是虚心去看万物之理，看日用常行之理，看圣贤所言之理。"夔孙。

○ 或问所改大学章句云："'然其本体之明，则有未尝息者'，记得初本是如此曰，后来改了。今思得此是本领，不可不如此说破。今改本又云'学者当因其所发而遂明之'，是如何？"曰："人固有理会得处，如孝于亲，友于弟；如水之必寒，火之必热。不可谓他不知，但须去致极其知，因那理会得底推之于理会不得底，自浅以至深，自近以至远。"又曰："因其已知之理而益穷之，以求至乎其极。"广。

○ 明德谓本有此明德也。"孩提之童无不知爱其亲，及其长也无不知敬其兄。"其良知、良能本自有之，只为私欲所蔽，故暗而不明。所谓"明明德"者，求所以明之也。譬如镜焉：本是个明底物，缘为尘昏，却故不能照；须是磨去尘垢，然后镜明也。"在新民"，明德而后能新民。德明。以下明德、新民。

○ 问："明德、新民，在我有以新之，至民之明其明德，却又在他？"曰："虽说是明己德，新民德，然其意自可参见。'明明德于天下'，自新以新其民，可知。"〔寓。〕

○ 董卿问："新民莫是'修道之谓教'，有以新之否？"曰："'道之以德'是'明明德'，'齐之以礼'是在新民，也是'修道之谓教'。有礼乐、法度、政刑，使之去旧污也。"道夫。

○ 问："明德而不能推之以新民，可谓是自私。"曰："德既明，自然是着新民。然亦有一种人不如此，此便是释老之学。这个道理人人有之，不是自家可专独之物。既是明得此理，须当推以及人，使各明其德。岂可说我自会了，我自乐之，不与人共！"因说，曾有学佛者王天顺，与陆子静辨论云："我这佛法，和耳目鼻口髓脑皆不爱惜，要度天下人各成佛法，岂得是自私！"先生笑曰："待度得天下人各成佛法，却是教得他各各自私。陆子静从初亦学佛，尝言：'儒佛差处是义利之间。'某应曰：'此犹是第二着，只它根本处便不是。当初释迦为太子时，出游，见生老病死苦，遂厌恶之，入雪山修行。从上一念便一切作空看，惟恐割弃之不猛，屏除之不尽。吾儒却不然。盖见得无一物不具此理，无一理可违于物。佛说万理俱空，吾儒说万理俱实。从此一差，方有公私、义利之不同。'今学佛者云'识心见性'，不知识是何心，见是何性。"德明。

○　至善，只是十分是处。贺孙。

○　至善，犹今人言极好。方子。

○　凡曰善者，固是好。然方是好事，未是极好处。必到极处便是道理十分尽头，无一毫不尽，故曰至善。倜。

○　至善是极好处。且如孝：冬温夏清，昏定晨省，虽然是孝底事，然须是能"听于无声，视于无形"，方始是尽得所谓孝。履孙。

○　善，须是至善始得。如通书"纯粹至善"，亦是。泳。

○　问："章句中解'止'字云'必至于是而不迁'，如何？"曰："未至其地而求其至，既至其地则不当迁动而之它也。"德明。

○ 说一个"止"字，又说一个"至"字，直是要到那极至处而后止，故曰"君子无所不用其极"也。德明。

○ 问："'在止于至善'，向承见教，以为君止于仁，臣止于敬，各止其所而行其所止之道。知此而能定。今日先生语窦文卿，又云：'"坐如尸"，坐时止也；"立如齐"，立时止也。'岂以自君臣父子推之于万事，无不各有其止？"曰："固然。'定公问孔子君使臣，臣事君。子曰："君使臣以礼，臣事君以忠。"'君与臣是所止之处，礼与忠是其所止之善。又如'视思明，听思聪，色思温，貌思恭'之属，无不皆然。"德明。

○ 问："'在止于至善'，至善者，先生云'事理当然之极也'，恐与伊川说'艮其止，止其所也'之义一同。谓夫有物必有则，如父止于慈，子止于孝，君止于仁，臣止于敬，万物庶事莫不各得其所。得其所则安，失其所则悖。所谓'止其所'者，即止于至善之地也。"曰："只是如此。"卓。

○ 大学只前面三句是纲领。如"孩提之童，无不知爱其亲；及其长也，无不知敬其兄"，此良心也。良心便是明德，止是事事各有个止处。如"坐如尸，立如齐"，坐立上须得如此方止得。又如"视思明"以下皆"止于至善"之意。大学须是格物入，格物从敬入最好，只敬便能格物。敬是个莹彻底物事。今人却块坐了，相似昏倦，要须提撕看。提撕便敬，昏倦便是肆，肆便不敬。存心养性以事天，存养是事，心性是天。池本此又作一条。"君子所过者化，所存者神。"存是存主，过是经历。圣（道）〔人〕"绥之斯来，动之斯和"，才过便化。横渠说却是两截。从周。以下明德至善。

255

○ 问:"何谓明德?"先生曰:"我之所得以生者,有许多道理在里,其光明处乃所谓明德也。'明明德'者是指全体之妙,下面许多节目皆是靠明德做去。"又问:"既曰明德,又曰至善,何也?"曰:"明得一分便有一分,明得十分便有十分,明得二十分乃是极至处也。"又曰:"明德是下手做,至善是行到极处。"铢。又曰:"至善虽不外乎明德,然明德亦有略略明者,须是止于那极至处。"铢。

○ 问:"明德、至善,莫是一个否?"曰:"至善是明德中有此极至处。如君止于仁,臣(主)〔止〕于敬,父止于慈,子止于孝,与国人交止于信,此所谓'在止于至善'。只是又当知所谓如何而为止于仁,如何而止于敬,如何而止于慈孝,与国人交之信。这里便用究竟一个下工夫处。"景绍曰:"止,莫是止于此而不过否?"曰:"固是。过与不及皆不济事,但敬慈孝,谁能到得这里?闻有不及者矣,未闻有过于此者也。如舜之命契,不过是欲使'父子有亲,君臣有义,夫妇有别,长幼有序,朋友有信',只是此五者。至于后来圣贤千言万语只是欲明此而已。这个道理本是天之所以与我者,不为圣贤而有余,不为愚不肖而不足,但其间节目须当讲学以明之。此所以读他圣贤之书,须当知他下工夫处。今人只据他说一两字,便认以为圣贤之所以为圣贤者止此而已,都不穷究着实,殊不济事。且如论语相似:读'学而时习之',须求其所谓学者如何,如何谓之时习?既时习,如何便能说?'有朋自远方来',朋友因甚而来自远方,我又何自而乐?须着一一与他考究。似此用工,初间虽觉得生受费力,久后读书甚易为工,却亦济事。"道夫。

○ "明明德"是知,"止于至善"是守。夫子曰:"智及之,仁能守之。"圣贤未尝不为两头底说话。如中庸所谓"择善固执",择善便是理会知之事,固执便是理会守之事。至善,论尧之德便说"钦明",舜便说"浚哲文明,温恭允塞"。钦是钦敬以自守,明是其德之聪明。"浚哲文明"便有知底道理，"温恭允塞"便有守底道理。<u>道夫</u>。

○ 问："新民如何止于至善？"曰："事事皆有至善处。"又曰："'善'字轻，'至'字重。"<u>芝</u>。以下新民至善。

○ 问："新民止于至善，只是要民修身行己，应事接物，无不曲当？"曰："虽不可使知之，亦当使由之，不出规矩准绳之外。"<u>芝</u>。

○ "止于至善"是包"在明明德，在新民"。己也要止于至善，人也要止于至善。盖天下只是一个道理，在他虽不能，在我之所以望他者，则不可不如是也。<u>道夫</u>。

○ 问："<u>大学</u>至善，不是明德外别有所谓善，只就明德中到极处便是否？"曰："是也。明德中也有至善，新民中也有至善，皆要便到那极处。至善随处皆有。修身中也有至善，亦要到那尽处；齐家中也有至善，皆要到那尽处。至善只是以其极言，不特是理会到极处，做亦要做到极处。如'为人君，止于仁'，固是一个仁，然仁亦多般，须是随处看。如这事合当如此，是仁；若那一事又合当如彼，方<u>徐</u>作"亦"字。是仁。若不理会，只管执一，便成一边去。如'为人臣，止于敬'，敬亦有多少般，不可只道擎踞曲拳便是敬。如尽忠不欺、陈善闭邪、纳君无过之地，皆是敬，皆当理会。若只执一，亦成一边去，安得谓之至善？〔至善只是些子恰好处。〕<u>韩文公</u>谓'<u>轲</u>之死不得其传'，自<u>秦</u><u>汉</u>以来岂无<u>徐</u>有"好"字。人，亦只是无那至善，见不到十分极好处，做亦不做到十分极处。"<u>淳</u>。<u>寓</u>录同。

○ 明德是我得之于天，而方寸中光明底物事。统而言之，仁义礼智。以其发见而言之，如恻隐、羞恶之类；以其见于实用言之，如事亲、从兄是也。如此等德不待自家明之，但从来为气禀所拘、物欲所蔽，而此等德一向昏昧，更不光明。而今却在挑剔揩磨出来，以复向来得之于天者，此便是"明明德"。我既是明得个明德，见他人为气禀物欲所昏，自家岂不恻然欲（存）〔有〕以新之，使之亦如我挑剔揩磨，以革其向来气禀物欲之昏而复其得之于天者，此便是"新民"。然明德、新民，初非是人力私意所为，本自有一个当然之则，过之不可，不及亦不可。且以孝言之，孝是明德，然亦自有当然之则。不及则固不是，若是过其则，必有刲股之事。须是要到当然之则田地而不迁，此方是"止于至善"。泳。

　　○　明德、新民皆当止于至善。不及于止，则是未当止而止；当止而不止，则是过其所止；能止而不久，则是失其所止。㑆。

　　○　明明德，便要如汤之日新；新民，便要如文王之"周虽旧邦，其命维新"。各求止于至善之地而后止也。德明。

　　○　明德、新民，二者皆要至于极处。明德不是只略略地明得便了，新民不是只略略地新得便休，要至于极至处。知止而后有定，如行路一般。若知得是从那一路去，则心中自是定，更无疑惑。既无疑惑，则心便静；心既静，便贴贴底，便是安。既安，则自然此心专一，事至物来，思虑自无不通透。若心未能静安，则总是胡思乱想，如何是能虑！贺孙。

　　○　欲新民而不止于至善，是"不以尧之所以治民者治民"也。明明德，是欲去长安；止于至善，是已到长安也。拱寿。

　　○　"明德、新民皆当止于极好处。止之为言，未到此便住不可谓止，到得此而不能守亦不可言止。止者，止于是而不迁之意。"或问："明明德是自己事，可以做得到汲好处。若新民，则在人，如何得到极好处？"曰："且教自家先明得尽，然后渐民以仁，摩民以义。如<u>孟子</u>所谓'劳之，来之，匡之，直之，辅之，翼之，又从而振德之'。如此变化他，自然解到极好处。"<u>铢</u>。

○ <u>刘源</u>问"知止而后有定"。曰："此一节只是说大概效验如此。'在明明德，在新民，在止于至善'，却是做工夫处。"<u>埜</u>。以下知止而后有定。

○ "知止而后有定"，须是事事物物都理会得尽，而后有定。若只理会得一事一物，明日别有一件便理会不得。这个道理须是理会得五六分以上，方见得这边重，那边轻，后面便也易了。而今都是未理会到半截以上，所以费力。须是逐一理会，少间多了，渐会贯通，两个合做一个，少间又七八个合做一个，便都一齐通透了。<u>伊川</u>说"贯通"字是妙。若不是他自曾如此，如何说出这字？<u>贺孙</u>。

○ 未知止，固用做〔工夫〕，但费把捉。已知止，则为力也易。<u>侃</u>。又曰："须是灼然知得物理当止之处，心自会定。"<u>砥</u>。

○ 问："'知止而后有定'，须是物格、知至以后方能如此。若未能物格、知至，只得且随所知分量而守之否？"曰："物格、知至也无顿_{上声}断。都知到尽处了，方能知止有定。只这一事上知得尽，则此一事便知得当止处。无缘便要尽底都晓得了，方知止有定。不成知未到尽头，只恁地鹘突呆在这里，不知个做工夫处！这个各随人浅深。固是要知到尽处方好，只是未能如此，且随你知得者只管定去。如人行路，今日行得这一条路，则此一条路便知得熟了，便有定了。其它路皆要如此知得分明。所以圣人之教，只要人只管理会将去。"〔又曰："这道理无他，只怕人等待。事到面前便理会得去做，无有不得者。只怕等待，所以说：'需者，事之下也。'"又曰："'需者，事之贼也。'若是等待，终误事去。"又曰："事事要理会。便是人说一句话，也要思量他怎生如此说；做一篇没紧要文字，也须思量他怎生如此做。"〕<u>佣</u>。

○ 问"定而能静"。曰："定，是见得事事物物上千头百绪皆有定理；静，只就自家一个心上说。"<u>贺孙</u>。<u>以下定静</u>。

○ 定以理言，故曰有；静以心言，故曰能。<u>义刚</u>。

○ 定静之说。定是理，静在心。既定于理，心便会静。若不定于理，则此心只是东去西走。<u>泳</u>。

○ 问："大学之静与<u>伊川</u>'静中有动'之'静'同否？"曰："未须如此说。如此等处，未到那里，不要理会。少顷都打乱了，（和）〔合〕理会得处也理会不得去。"<u>士毅</u>。

○ 问："'定而后能静'，章句云：'外物不能摇，故静。'旧说又有'异端不能惑'之语，今本无之。窃谓将二句参看，尤见得静意。"曰："此皆外来意。凡立说须宽，方流转，不得局定。"

○ 问："'静而后能安'如'君安君位以行君之道，臣安臣位以行臣之道'之类否？"曰："安只是无麤虺之意，才不纷扰便安。"问："如此则静与安无分别？"曰："二字自有浅深。"<u>德明</u>。<u>以下静安</u>。

○ "静而后能安"，静是心，安是身。

○ 义刚问："'安，谓所处而安'，莫是把捉得定时，处事自不为事物所移否？"曰："这个本是一意，但静是就心上说，安是就身上说。而今人心才不得静时，虽有意在安顿那物事，自是不安。若是心静，方解去区处得稳当。"<u>义刚</u>。

○ 既静，则外物自然无以动其心；既安，则所处自皆当，看（扛）〔打〕做那里去，都移易他不得。<u>道夫</u>。

○ 能安者，以地位言之也。在此则此安，在彼则彼安；在富贵亦安，在贫贱亦安。<u>节</u>。

○ 李约之问"安而后能虑"。曰："若知〔至了，及〕临时不能虑，则安顿得不恰好。且如知得事亲当孝，也知得恁地是孝。及至事亲时不思虑，则孝或不行，而非孝者反露矣。"<u>学蒙</u>。以下安而后能虑。

○ 能安者，随所处而安，无所择地而安。能虑，是见于应事处能虑。<u>节</u>。

○ 虑是思之重复详审者。<u>方子</u>。

○ 虑是研几。<u>闳祖</u>。

○ 问："'止而后有定'，此良之所以止其所也；'定而后能静'，各有分位，故静；'静而后能安'，君尽君之道，臣尽臣之道，思不出位，故安。'安而后能虑'，不审此一句如何？"曰："若不如此，则自家先已纷扰，安能虑？"<u>德明</u>。以下止寻安虑。

○ 问："'静而后能安'，是在贫贱、在患难皆安否？"曰："此心若不静，这里坐也坐不得，那里坐也坐不得。"问："到能得处，学之工夫尽否？"曰："在己之功亦备矣。又要'明明德于天下'，不止是要了自家一身。"淳。

○ 问："大学'知止'章中所谓定、静、安，终未深莹。"曰："知止只是识得一个去处。既已识得，即心中便定，更不他求。如求之彼，又求之此，即是未定。'定而后能静，静而后能安'，此亦相去不远，但有深浅耳。与中庸动、变、化相类，皆不甚相远。"问："窃谓先生于此一段词义，欲望加详数语，使学者晓然易知。"曰："此处亦未是紧切处，其他亦无可说。"德明。

○ 大学定、静、安颇相似。定谓所止各有定理，静谓遇物来能不动，安谓随所寓而安。安盖深于静也。去伪。

○ 大学中定、静、安三字大略相类，然定是心中知"为人君止于仁，为人臣止于敬"。心下有个定理便别无胶扰，自然是静。如此则随所处而安。〔銖。〕

○ 问"安而后能虑"。曰："先是自家心安了，有些事来，方始思量区处得当。如今人先是自家这里鹘突了，到事来便都区处不下。既欲为此，又欲若彼；既欲为东，又欲向西，便是不能虑。然这也从知止说下来，若知其所止，自然如此，这却不消得工夫。若知所止，如火之必热，如水之必深，如食之必饱，如饮之必醉。若知所止便见事事决定是如此，决定着做到如此地位，欠阙些子便自住不得。且如说'事父母能竭其力，事君能致其身'，人多会说得过，只是多不曾见得决定着竭其力处，决定着致其身处。若决定见得着如此，看如何也须要到竭其力处，须要到致其身处。且如而今事君，若不见得决定着致其身，则在内亲近必不能推忠竭诚、有犯无隐，在外任使必不能展布四体、有殒无二。'无求生以害仁，有杀身以成仁'，这若不是见得到，如何会恁地？"
贺孙。知止、安、虑。

〇 人本有此理，但为气禀物欲所蔽。若不格物、致知，事至物来，七颠八倒。若知止则有定，能虑，得其所止。㽦。

〇 知止只是知有这个道理，也须是得其所止方是。若要得其所止，直是能虑方得。能虑却是紧要。知止如知为子而必孝，知为臣而必忠。能得是身亲为忠孝之事。若徒知这个道理，至于事亲之际为私欲所汨，不能尽其孝；事君之际为利禄所汨，不能尽其忠，这便不是能得矣。能虑是见得此事合当如此，便如此做。道夫。

〇 李德之问："'安而后能虑'，既首言知止矣，如何于此复说能虑？"曰："既知此理，更须是审思而行。且如知孝于事亲，须思所以为事亲之道。"又问："'知至而后意诚'，如何知既尽后，意便能实？"先生指灯台而言："如以灯照物，照见处所见便实；照不见处便有私意，非真实。"又问："持敬、居敬如何？"先生曰："且如此做将去，不须先安排下样子，后却旋来求合。"盖卿。

〇 问"知止而后有定"。曰："须是灼然知得物理当止之处，心自会定。"又问："上既言知止了，何更待虑而后能得？"曰："知止是知事事物物各有其理。到虑而后能得处，便是得所以处事之理。知止，如人之射，必欲中的，终不成要射做东去，又要射做西去。虑而后能得，便是射而中的矣。且如人早间知得这事理如此，到晚间心里定了，便会处得这事。若是不先知得这道理，到临事时便脚忙手乱，岂能虑而有得！"

问："未格物以前如何致力?"曰："古人这处已自有小学了。"砥。
〔寓同。〕

○　子升兄问："知止便是知至否?"曰："知止就事上说,知至就心上说;知止知事之所当止,知至则心之知识无不尽。"又问知止、能虑之别。曰："知止是知事物所当止之理。到得临事,又须研几审处方能得所止。如易所谓'惟深也,故能通天下之志',此似知止;'惟几也,故能成天下之务',此便是能虑。圣人言语自有不约而同处。"木之说："如此则知止是先讲明工夫,能虑是临事审处之功。"曰："固是。"再问:"'知止而后有定',注谓'知之则志有定向'。或问谓'能知所止,则方寸之间事事物物皆有定理矣'。语似不同,何也?"曰："也只一般。"木之。

○　子升兄问："知止与能虑,先生昨以比易中深与几。或问中却兼下'极深研几'字,觉未稳。"曰："当时下得也未子细。要之,只着得'研几'字。"木之。

○　问："知与得如何分别?"曰："知只是方知,得便是在手。"问:"得莫是行所知了时?"曰："也是如此。只是分个知与得。知在外,得便在我。"〔士〕毅。

○　知者,知其所止;得者,得其所止。履孙。

○　某事当如此,某事当如彼。如君当仁,此是知止事。至物来对着胸中恰好底道理,将这个去应他,此是得其所止。芝。

○　问知止至能得。曰："真个是知得到至善处,便会到能得地位。

中间自是效验次第如此。学者工夫却在'明明德'、'新民'、'止于至
善'上。如何要去明明德，如何要去新民，如何要得止于至善？正当理
会。知止、能得，这处却未甚要紧。圣人但说个知止、能得样子在这
里。"寓。

○ 陈子安问："知止至能得，其间有工夫否？"曰："有次序，无
工夫。才知止，自然相因而见。只知止处便是工夫。"铢。又问："至善
须是明德否？"曰："至善虽不外乎明德，然明德亦有略略明者。须是止
那极至处。"铢。

○ 知止至能得譬如吃饭，只管吃去，自会饱。德明。

○ 定对动而言。初知所止，是动底方定，方不走作，如水之初
定。静则定得来久，物不能挠，处山林亦静，处廛市亦静。安则静者
广，无所适而不安。静固安，动亦安，看处甚事皆安然不挠。安，然后
能虑。今人心中摇漾不定叠，还能处得事否？虑者，思之精审也。人之
处事，于丛冗急遽之际而不错乱者，非安不能。圣人言虽不多，及至推
出来便有许多说话，在人细看之耳。僩。

○ 知止只是先知得事理如此，便有定。能静，能安，及到事来乃
能虑。"能"字自有道理。是事至物来之际，思之审，处之当，斯得之
矣。夔孙。

○ 知止至虑而后能得。盖才知所止则志有定向，才定则自能静，
静则自能安，安则自能虑，虑则自能得。要紧在"能"字。盖滔滔而
去，自然如此者。虑谓会思量事，凡思天下之事，莫不各得其当是也。
履孙。

○　先生因说知止至能得，上云"止于至善"矣，此又（题）〔提〕起来说。言能知止则有所定，有所定则知其理之确然如是。一定则更不可移易，任是千动万动，也动摇他不得。既定则能静，静则能安，安则能虑，虑则能得其所止之实矣。卓。

○　问："据知止已是思虑了，何故静、安下复有个'虑'字？既静、安了，复何所虑？"曰："知止只是先知得事理如此，便能静能安，及到事至物来乃能虑，虑之审而后能得。"赐。

○　游开子蒙问："知止、得止，莫稍有差别否？"曰："然。知止是如射者之于的，得止是已中其的。"问："定、静、安矣，如之何而复有虑？"曰："虑是事物之来，略审一审。"刘淮叔通问："虑与格物致知不相干？"曰："致知便是要知父止于慈、子止于孝之类。虑便是审其如何而为孝、如何而为慈。至言仁则当如尧，言孝则当如舜，言敬则当如文王，这方是得止。"子蒙言："开欲以'明德'之'明'为如人之失其所有而一旦复得以喻之。至'虑'字则说不得。"曰："知止而有定，便如人之撞着所失而不用终日营营以求之。定而静，便如人之既不用求其所失，自尔宁静。静而安，便如人之既知某物在甚处，某物在甚处，心下帖然，无复不安。安而虑，便如自家金物都自有在这里，及人来问自家讨甚金物，自家也须将上手审一审，然后与之。虑而得，则秤停轻重皆相当矣。"或又问："何故知止而定、静、安了，又复言虑？"曰："且如'可以予，可以无予；可以取，可以无取；可以死，可以无死'，这上面有几许商量在。"道夫。

○　黄去私问大学"知止而后有定"至"虑而后能得"。先生曰："工夫全在知止，若能知止，则自能如此。"问致知、格物。曰："'致'字有推出之意，前辈用'致'字多如此。人谁无知？为子知孝、为父知慈之类，只是知不尽，须是要知得透底。且如一穴之光也唤做光，然逐旋开划得大则其光愈大。物皆有理，人亦知其理，如当慈、当孝之类，只是格不尽，但物格于彼则知尽于此矣。"又云："知得此理尽，则此个意便实。若有知未透处，这里面黑了。"人杰。

○ 王子周问知止至能得。曰："其他皆未须理会，且要理会知止。便如人今年二十岁，明年二十一岁，后年便二十二岁。一年自向长一年。知止须知'在明明德，在新民，在止于至善'。至善处须知止方可。"盖卿。

○ 问大学"知止能得"一段。曰："只是这个物事，滋长得头面自各别。今未要理会许多次第，且要先理会个知止。待将来熟时便自见得。"先生论看文字，只要虚心濯去旧闻，以来新见。时举。

○ 林子渊问知止至而后能得。曰："知与行，工夫须着并到。知之愈明则行之愈笃，行之愈笃则知之益明。二者皆不可偏废。如人两足相先后行，便会渐渐行得到。若一边软了，便一步也进不得。然又须先是知得方行得，所以大学先说致知，中庸说知先于仁、勇，而孔子先说'知及之'。然学问、谨思、明辨、力行，皆不可阙一。"贺孙。

○ 德是得于天者，讲学而得之，得自家本分底物事。𣲖。

○ 或问"物是万物，事是所以为仁，谓之事"。曰："如何是'所以为仁'？当云'人之所为曰事'可也。且如衣饭即是物，着衣吃饭即是事也。"履孙。

○ 物亦有该事而言者，如仁者"不过乎物"，所谓物亦只是事。

履孙。

○ 赵问："事物何以别?"曰："对言则事是事，物是物；独言物则兼事在其中。'知止'、'能得'是事有个首尾，如耕便种，种便耘，到秋成后便敛，这是事有个首尾。如此'明德'、'新民'是物，'明德'是理会己之物，'新民'是理会天下之万物。以己之一物对天下万物，便有个内外本末。"问："近道是如何?"曰："知所先后自是近道，不知先后便倒了，如何能近道?"淳。

○ 明德为本，新民为末，知止为始，能得为终，本始所先，末终所后，诚知本末先后之序则去道不远。此事物是体用，物是有物，事是用工做来。泳。

○ "伊川大学本末先后之说如何?"曰："伊川以致知格物为本始，治国平天下为末终。如伊川说也得，但某之说分得尽，不遗了'知止'、'能得'两段，如伊川之语则有疏处密处，疏处自有未尽，密处直是密。"去伪。

朱子语类卷第十五

大学

经下

○ 因郑仲履之问而言曰："致知乃本心之知。如一面镜子，本全体通明，只被昏翳了，而今逐旋磨去，使四边皆照见，其明无所不到。"<u>盖卿</u>。

○ 所谓穷理者，事事物物各自有个事物底道理，穷之须要周尽。若见得一边，不见一边，便不该通。穷之未得，更须款曲推明。盖天理在人，终有明处。"<u>大学</u>之道，在明明德"，谓人合下便有此明德。虽为物欲掩蔽，然这些明底道理未尝泯绝。须从明处渐渐推将去，穷到是处，吾心亦自有准则。穷理之初，如攻坚物，必寻其罅隙可入之处，乃从而击之，则用力为不难矣。<u>孟子</u>论四端便各自有个柄靶，仁义礼智皆有头绪可寻。即其所发之端，而求其可见之体，莫非可穷之理也。<u>谟</u>。

○ 问："致知莫只是致察否？"曰："如读书而求其义，处事而求其当，接物存心察其是非、邪正皆是也。"<u>寓</u>。

○ <u>器远</u>问："致知者，推致事物之理。还当就甚么样事推致其理?"曰:"眼前凡所应接底都是物。事事都有个极至之理,这便是要知得到。若知不得到便都没分明,若知得到便决定着恁地做,更无第二着、第三着。止缘人见道理不破,便恁地苟简,且恁地做也得,都不做得第一义。"曹问:"如何是第一义?"曰:"如'为人君,止于仁;为人臣,止于敬;为人子,止于孝'之类,决定着恁地,不恁地便不得。又如在朝须着进君子、退小人,这是第一义,合如此。有功决定着赏,有罪决定着诛。更无小人可用之理,更无包含小人之理。惟见得不破,便道小人不可去,也有可用之理。这都是第二义、第三义,如何会好?若事事穷得尽道理,事事占得第一义,做甚么样刚方正大!且如为学,决定是要做圣贤,这是第一义,便渐渐有进步处。若便道自家做不得,且随分依稀做些子,这都是见不破。所以说道:'不以舜之所以事尧事君,贼其君者也;不以尧之所以治民治民,贼其民者也。''谓吾身不能者,自贼者也。'"贺孙。按卓录略云:"曹兄问:'格物穷理须是事事物物上理会?'先生云:'也须是如此,但穷理上须是见得十分彻底,穷到极处,须是见得第一着方是,不可只到第三、第四着便休了。若穷不得,只道我未穷得到底,只得如此。这是自恕之言,亦非善穷理也。且如事君便须是"进思尽忠,退思补过",道合则从,不合则去。也有义不可得而去者,不可不知。'又云:'如"不以舜之所以事尧者事君,贼其君者也;不以尧之所以治民者治民,贼其民者也",这皆是极处。'"

○ 致知所以求为真知。真知是要彻骨都见得透。道夫。

○ 问:"道之不明,盖是后人舍事迹以求道。"先生曰:"所以古人只道格物,有物便有理。若无事亲事君底事,何处得忠孝?"芝。

○ 格物,莫先于五品。方子。

○ 格物,不说穷理,却言格物。盖言理则无可捉摸,物有时而

离；言物则理自在，自是离不得。<u>释氏</u>只说见性，下梢寻得一个空洞无
稽底性，亦由他说，于事上更动不得。_{贺孙}。

○ "'穷理'（一）〔二〕字不若格物之为切，便就事物上穷格。如
<u>汉</u>人多推<u>秦</u>之所以失，<u>汉</u>之所以得，故得失易见。然彼亦无那格底意
思。若格之而极其至，则<u>秦</u>犹有余失，<u>汉</u>亦当有余得也。"又云："格谓
至也，所谓实行到那地头。如<u>南剑</u>人往<u>建宁</u>，须到得郡厅上方是至，若
只到<u>建阳</u>境上，即不谓之至也。"_{德明}。

○ 人多把这道理作一个悬空底物。<u>大学</u>不说穷理，只说个格物，
便是要人就事物上理会，如此方见得实体。所谓实体，非就事物上见不
得。且如作舟以行水，作车以行陆。今试以众人之力共推一舟于陆，必
不能行，方见得舟果不能以行陆也，此之谓实体。_{德明}。

○ <u>徐居甫</u>问："格物穷理，但理自有可以彼此者。"曰："不必如
此看。理有正有权，今学者且须理会正。如娶妻必告父母，学者所当
守。至于不告而娶，自是不是，到此处别理会。如事君匡救其恶是正
理，<u>伊川</u>说'纳约自牖'又是一等，今于此一段未分明，却先为彼引
走。如<u>孔子</u>说'危行言孙'，当<u>春秋</u>时亦自如此。今不理会正当处，才
见圣人书中有此语便要守定不移，骎骎必至于行孙矣。此等风俗<u>浙江</u>甚
盛，殊可虑。"_{可学}。

○ "穷理如性中有个仁义礼智，其发则为恻隐、羞恶、辞逊、是
非。只是这四者，任是世间万事万物皆不出此四者之内。"<u>曹</u>问："有可
一底道理否？"曰："见多后自然贯。"又曰："会之于心，可以一得，心
便能齐，但心安后便是义理。"〔<u>卓</u>。〕

○ 器远问："穷事物之理，还当穷究个总会处，如何？"曰："不消说总会。凡是眼前底都是事物，只管恁地逐项穷，教到极至处，渐渐多，自贯通。然为之总会者，心也。"贺孙。

○ 问："事各有理，而理各有至当十分处。今看得七八分，只做得七八分处，上面欠了多〔少〕分数。莫是穷来穷去，做来做去，久而且熟，自能长进到十分否？"曰："虽未能从容，只是熟后便自会从容。"再三咏一"熟"字。淳。

○ 不是要格那物来长我聪明见识了方去理会，自是不得不理会。倜。

○ 居甫问："格物工夫，觉见不周给。"曰："须是四面八达格。"可学。

○ 格物者，格，尽也，须是穷尽事物之理。若是穷得三两分便未是格物，须是穷尽得到十分，方是格物。贺孙。

○ 问："格物最难。日用间应事处，平直者却易见。如交错疑似处，要如此则彼碍，要如彼则此碍，不审何以穷之？"曰："如何一顿便要格得恁地！且要见得大纲，且看个大胚模是恁地，方就里面旋旋做细。如树，初间且先斫倒在这里，逐旋去皮，方始出细。若难晓、易晓底一齐都要理会得，也不解恁地。但不失了大纲，理会一重了，里面又见一重，一重了又见一重。以事之详略言，理会一件又一件；以理之浅深言，理会一重又一重。只管理会，须有极尽时。'博学之，审问之，谨思之，明辨之'，成四节次第，恁地方是。"寓。

○　或问:"格物是学者始入道处,当如何着力?"曰:"遇事接物之间,各须一一去理会始得。不戒是精底去理会,粗底又放过了;大底去理会,小底又不问了。如此终是有欠缺,但随事遇物皆一一去穷极,自然分明。"又问:"世间有一种小有才底人,于事物上亦能考究得子细,如何却无益于己?"曰:"他理会底圣人亦理会,但他理会底意思不是。彼所为者,但欲人说:'他人理会不得者,我理会得;他人不能者,我能之。'却不切己也。"又曰:"'文武之道未坠于地,在人。贤者识其大者,不贤者识其小者,莫不有文武之道焉',圣人何事不理会?但是与人自不同。"祖道。

○　若格物,而虽不能尽知,而事至物来,大者增些子,小者减些子,虽不中,不远矣。芝。

○　穷理格物,如读经看史,应接事物,理会个是处皆是格物。只是常教此心存,莫教他闲没个勾当处。公且道如今不去学问时,此心顿放那处?贺孙。

○　格物须是从切己处理会去,待自家者已定叠,然后渐渐推去,这便是能格物。道夫。

○　"格物"二字最好。物谓事物也。须穷极事物之理到尽处,便有一个是,一个非。是底便行,非底便不行。凡自家身心上皆须体验得一个是非。若讲论文字,应接事物,各各体验,渐渐推广,地步自然宽阔。如曾子三省,只管如此体验去。德明。

○　郑文振问:"物者,理之所在,人所必有而不能无者,何者为切?"曰:"君臣、父子、兄弟、夫妇、朋友皆人所不能无者,但学着须要穷格得尽。事父母则当尽其孝，处兄弟则当尽其友。如此之类，须是要见得尽，若有一毫不尽，便是穷格不至也。"人杰。

○　格物者，格其孝当考论语中许多论孝；格其忠必"将顺其美，匡救其恶"，不幸而（伏）〔仗〕节死义。古人爱物，而伐木亦有时，无一些子不到处，无一物不被其泽，盖缘是格物得尽，所以如此。芝。

○　格物须真见得决定是如此。为子岂不知是要孝？为臣岂不知是要忠？人皆知得是如此。然须当真见得子决定是合当孝，臣决定是合当忠，决定如此做始得。淳。按寓录同。

○　如今说格物，只晨起开目时便有四件在这里，不用外寻，仁义礼智是也。如才方开门时，便有四人在门里。僴。

○　大学说一"格物"在里，却不言其所格者如何。学者欲见下工夫处，但看孟子便得。如说仁义礼智，便穷到恻隐、羞恶、辞逊、是非之心；说好货、好色、好勇，便穷到太王 公刘 文 武；说古今之乐，便穷到与民同乐处；说性，便格到纤毫未动处。这便见得他孟子胸中无一毫私意蔽窒得他，故其知识包宇宙，大无不该，细无不烛。道夫。

○　子渊说："格物先从身上格去。如仁义礼智，发而为恻隐、羞恶、辞逊、是非，须从身上体察，常当守得在这里始得。"曰："人之所以为人，只是这四件。须自认取意思是如何。所谓恻隐者是甚么意思？且如赤子入井，一井如彼深峻，入者必死而赤子将入焉！自家见之，此心还是如何？有一事不善，在自家身上做出，这里定是可羞；在别人做出，这里定是恶他。利之所不当得，或虽当得而吾心有所未安，便自谦逊辞避，不敢当之。以至等闲礼数，人之施于己者，或过其分，便要辞

将去，逊与别人，定是如此。事事物物上各有个是，有个非，是底自家
心里定道是，非底自家心里定道非。就事物上看，是底定是是，非底定
是非。到得所以是之，所以非之，却只在自家。此四者人人有之，同得
于天，不待问别人假借。尧舜之所以为尧舜，也只是这四个，桀纣本
来亦有这四个。如今若认得这四个分晓，方可以理会别道理。只是孝有
多少样，有如此为孝，如此而为不孝；忠固是忠，有如此为忠，又有如
此而不唤做忠，一一都着斟酌理会过。"贺孙。

○　问："格物须合内外始得？"曰："他内外未尝不合。自家知得
物之理如此，则因其理之自然而应之，便见合内外之理。目前事事物物
皆有至理，如一草一木、一禽一兽皆有理。草木春生秋杀，好生恶死。
'仲夏斩阳木，仲冬斩阴木'，皆是顺阴阳道理。〔砥录作"皆是自然底道
理"。〕自家知得万物均气同体，'见生不忍见死，闻声不忍食肉'，非其
时不伐一木，不杀一兽，'不杀胎，不殀夭，不覆巢'，此便是合内外之
理。"寓。〔砥录略。〕

○　先生问窦从周："曾看'格物'一段否？"因言："圣人只说
'格物'二字，便是要人就事物上理会。且自一念之微以至事事物物，
若静若动，凡居处饮食言语无不是事，无不各有个天理人欲。须是逐一
验过。虽在静处坐，亦须验个敬、肆。敬便是天理，肆便是人欲。如居
处便须验得敬与不敬。有一般人专要就寂然不动上理会，及其应事却
七颠八倒，到了，又牵动他寂然底。又有人专要理会事，却于根本上
全无工夫。须是彻上彻下，表里洞彻。如居仁便自能由义，由义便是
居仁。'敬以直内'便能'义以方外'，'义以方外'便是'敬以直
内'。"德明。

○　问："格物则恐有外驰之病？"曰："若合做，则虽治国平天下

之事亦是己事。'周公思兼三王，以施四事。其有不合者，仰而思之，夜以继日，幸而得之，坐以待旦'，不成也说道外驰！"又问："若如此，则恐有身在此而心不在此，'视而不见，听而不闻，食而不知其味'，有此等患。"曰："合用他处，也着用。"又问："如此则不当论内外，但当论合为与不合为。"先生颔之。芝。

○ 问："格物之义固要就一事一物上穷格，然如吕氏、杨氏所发明大本处，学者亦须兼考。"曰："识得，即事事物物上便有大本。不知大本，是不曾穷得也。若只说大本，便是释老之学。"德明。

○〔刘圻父说〕（问）格物致知。曰："他所以下'格'字、'致'字者，皆是为自家元有是物，但为他物所蔽耳。而今便要从那知处推开去，是因其所已知而推之，以至于无所不知也。"夔孙。按：义刚同。以下致知在格物。

○ 问"致知在格物"。曰："知者，吾自有此知。此心虚明广大，无所不知，要当极其至耳。今学者岂无一斑半点，只是为利欲所昏，不曾致其知。孟子所谓四端，此四者在人心，发见于外。吾友还曾平日的见其有此心，须是见得分明，则致知可至。今有此心而不能致，临事则昏惑，有事则胶扰，百种病根皆自此生。"又问："凡日用之间作事接人皆是格物穷理？"曰："亦须知得要本。若不知得，只是作事，只是接人，何处为穷理！"

○ 人之一心本自光明，常提撕他起，莫为物欲所蔽，便将这个做本领，然后去格物致知。如大学中条目便是材料。圣人教人将许多材料来修持此心，令常常光明耳。伊川云"我使他思时便思"，如此方好。傥临事不醒，只争一饷时，便为他引去。且如我两眼光瞎瞎，又白日里在大路上行，如何会被别人引去草中？只是我自昏睡，或暗地里行，便被别人胡乱引去耳。但只要自家常醒得他做主宰，出乎万物之上，物来便应。易理会底便理会得，难理会底思量久之也理会得。难理会底理会不得，是此心尚昏未明，便用提醒他。道夫。

○ 致知、格物，只是一个。〔道夫。〕

○ "致知、格物，一胯底事。"先生举左右指来比并。泳。

○ 问："一说：'致知是欲于事理无所不知，格物是格其所以然之故。'此意通否？"曰："不须如此说。只是推极我所知，须要就那事物上理会。致知是自我而言，格物是就物而言。若不格物，何缘得知？而今人也有推极其知者，却只泛泛然竭其心思，都不就事物上穷究。如此则终无所止。"义刚曰："只是说所以致知，必在格物。"曰："正是如此。若是极其所知去推究那事物，则我方能有所知。"义刚。

○ 元昭问："致知、格物，只作穷理说？"曰："不是只作穷理说。格物，所以穷理。"又问："格物是格物与人。知物与人之异，然后可作工夫。此意颇切当？"曰："若作致知在格物论，只是胡说。既知人与物异后，待作甚合杀。格物是格尽此物。如有一物，凡十瓣，已知五瓣，尚有五瓣未知，是为不尽。如一镜焉，一半明一半暗，是一半不尽。格尽物理则知尽。如元昭所云，物格、知至当如何说？"子上问："向见先生答江德功书如此说。"曰："渠如何说？已忘却。"子上云："渠作'（按）〔接〕物'。"曰："又更错。"可学。

○ 格物是逐物格将去，致知则是推得渐广。赐。

○ 郯伯问格物致知。曰："格物是物物上穷其至理，致知是吾心无所不知。格物是零细说，致知是全体说。"时举。

○ 格物致知是极粗底事，"天命之谓性"是极精底事，但致知格物便是那"天命之谓性"底事，下等事便是上等工夫。义刚。

○ 问："知如何致？物如何格？尝见南轩说李伯谦云：'物格则纯乎我。'此将'格'作'扞格'之'格'。如先生说只做'至'字看。然而下手着工夫须有个亲切处，更乞指教。"曰："'孩提之童，莫不知爱其亲；及其长也，莫不知敬其兄。'人皆有是知，而不能极尽其知者，人欲害之也。故学者必须先克人欲以致其知，则无不明矣。'致'字如推开去。譬如暗室中见些子明处，便寻从此明处去。忽然出到外面，见得大小大明。人之致知亦如此也。格物是'为人君止于仁，为人臣止于敬'之类，事事物物各有个至极之处。所谓'止'者，即至极之处也。然须是极尽其理，方是可止之地。若得八分，犹有二分未尽，也不是。须是极尽方得。"又曰："知在我，理在物。"祖道。

○ 张仁叟问致知、格物。曰："物莫不有理，人莫不有知。如孩提之童，知爱其亲；及其长也，知敬其兄。以至于饥则知求食，渴则知求饮，是莫不有知也。但所知者止于大略，而不能推致其知以至于极耳。致之为义，如以手推送去之义。凡经传中云'致'者，其义皆如此。"时举。

○ 曹又问致知、格物。曰："此心爱物，是我之仁；此心要爱物，是我之义；若能分别此事之是，此事之非，是我之智；若能别尊卑上下之分，是我之礼。以至于万物，皆不出此四个道理。其实则是一个心、一个根柢出来抽枝长叶。"卓。

○　问："<u>大学</u>次序，在圣人言之，合下便都能如此，还亦须从致知格物做起？但他义理昭明，做得来易耶？"曰："也如此学，只是易。圣人合下体段已具，义理都晓得，但勘验一过。其实大本处都尽了，不要学，只是学那不紧要底。如<u>中庸</u>言：'及其至也，虽圣人有所不知不能焉。'人多以'至'为道之精妙处。若是道之精妙处有所不知不能，便与庸人无异，何足以为圣人？这'至'只是道之尽处，所不知不能是没紧要底事。他大本大根元无欠缺，只是古今事变、礼乐制度便也须学。"<u>淳</u>。

○　致知、格物固是合下工夫，到后亦离这意思不得。学者要紧在求其放心。若收拾得此心存在，己自看得七八分了。如此，则本领处是非善恶已自分晓。惟是到那变处方难处，到那里便用子细研究。若那分晓底道理却不难见，只是学者见不亲切，故信不及。如<u>漆雕开</u>所谓"吾斯之未能信"，若见得亲切，自然信得及。看得<u>大学</u>了，闲时把史传来看，见得古人所以处事变处尽有短长。<u>贺孙</u>。

○　<u>子善</u>问物格。曰："物格是要得外面无不尽，里面亦清彻无不尽，方是不走作。"<u>恪</u>。

○　<u>叔文</u>问："格物莫须用合内外否？"曰："不须恁地说。物格后，他内外自然合。盖天下之事皆谓之物，而物之所在莫不有理。且如草木禽兽，虽是至微至贱，亦皆有理。如谓'仲夏斩阳木，仲冬斩阴木'，自家知得这个道理，处之而各得其当便是。且如鸟兽之情，莫不好生而恶杀，自家知得是恁地，便须'见其生不忍见其死，闻其声不忍食其肉'方是。要之，今且自近以及远，由粗以至精。"<u>道夫</u>。〔<u>寓</u>录别出。〕

○　上而无极、太极，下而至于一草、一木、一昆虫之微，亦各有理。一书不读，则缺了一书道理；一事不穷，则缺了一事道理；一物不格，则缺了一物道理。须着逐一件与他理会过。<u>道夫</u>。

○ 知至，谓如亲其所亲，长其所长，而不能推之于天下，则是不能尽之于外；欲亲其所亲，欲长其所长，而自家里面有所不到，则是不能尽之于内。须是外无不周，内无不具，方是知至。<u>履孙</u>。

○ "知至，谓天下事物之理知无不到之谓。若知一而不知二，知大而不知细，知高远而不知幽深，皆非知之至也。要须四至八到，无所不知，乃谓至耳。"因指灯曰："亦如灯烛在此，而光照一室之内，未尝有一些不到也。"<u>履孙</u>。

○ <u>郑仲履</u>问曰："某观<u>大学</u>知至，见得是乾知道理。"先生曰："何用说乾知，只理会自家知底无不尽便了。"<u>盖卿</u>。

○ 致知未至，譬如一个铁片，亦割得物事，只是不如磨得芒刃十分利了，一锬便破。若知得切了，事事物物至面前莫不迎刃而解。<u>贺孙</u>。

○ 未知得至时，一似捕龙蛇、捉虎豹相似。到知得至了，却恁地平平做将去，然节次自有许多工夫。到后来絜矩，虽是自家所为，皆足以兴起斯民。又须是以天下之心审自家之心，以自家之心审天下之心，使之上下四面都平均齐一而后可。<u>贺孙</u>。

○ 问："'致知'之'致'，'知至'之'至'，有何分别?"曰："上一'致'字是推致，方为也。下一'至'字是已至。"先看"至"字，傍着"人"字为"致"，是人旁推至。<u>节</u>。

○ 格物只是就事上理会，知至便是此心透彻。广。

○ 格物便是下手处，知至是知得也。德明。

○ 致知不是知那人不知底道理，只是人面前底。且如义、利两件，昨日虽看义当为然，而却又说未做也无害；见得利不可做，却又说做也无害。这便是物未格，知未至。今日见得义当为，决为之；利不可做，决定是不做，心下自信得及，这便是物格，便是知得至了。此等说话为无恁地言语，册子上写不得，似恁地说出却较见分晓。植。

○ 李守约问："物格知至，到曾子悟忠恕于一'唯'处，方是知得至否？"曰："亦是如此。只是就小处一事一物上理会得到，亦是知至。"贺孙。

○ "大学物格、知至处便是凡圣之关。物未格，知未至，如何杀也是凡人。须是物格、知至，方能循循不已而入于圣贤之域。纵有敏钝、迟速之不同，头势也都自同那边去了。今物未格，知未至，多是要过那边去，头势只在这边。如门之有限，犹未过得在。"问："伊川云'非乐不足以为君子'，便是物未格，知未至，未过得关子否？"曰："然。某尝谓物格知至后，虽有不善亦是白地上黑点；物未格，知未至，纵有善也只是黑地上白点。"伯羽。

○ "致知诚意"，自古来只有这话。今经筵中亦是讲此，盖外此无它道也。自修。

○ 问："寻常读大学未有所得，愿请教。"曰："致知、诚意两节若打得透时，已自是个好人。其它事一节大如一节，病败一节小如一节。"自修。

○ 吴仁甫问:"诚意在致知、格物后,如何?"曰:"源头只在致知。知至之后,如从上面放水来,已自迅流湍决。只是临时又要略略拨剔,莫令壅滞尔。"铢。

○ 说为学次第。曰:"本末、精粗虽有先后,然一齐用做去。且如致知、格物而后诚意,不成说自家物未格、知未至,且未要诚意,须待格了、知了,却去诚意,安有此理?圣人亦只说大纲自然底次序是如此,拈着底,须是逐一旋旋做将去始得。常说田子方说文侯听乐处亦有病,不成只去明官,不去明音,亦须略去理会始得。不能明音,又安能明官!或以宫为商,以角为徵,自家缘何知得?且如'笾豆之事,则有司存',非谓都不用理会笾豆,但比似容貌、颜色、辞气为差缓尔。又如官名,在孔子有甚紧要处?圣人一听得郯子会便要去学,盖圣人之学本末精粗无一不备,但不可轻本而重末耳。今人闲坐过了多少日子,凡事都不肯去理会。且如仪礼一节,自家立朝不晓得礼,临事有多少利害。"雄。

○ 致知无毫厘之不尽,守其所止无须臾之或离。致知如一事只知得三分,这三分知得者是真实,那七分不知者是虚伪。为善须十分知善之可好,若知得九分而一分未尽,只此一分未尽便是鹘突苟且之根。少间说便为恶也不妨,便是意不诚。所以贵致知,穷到极处谓之'致'。或得于小而失于大,或得于始而失于终,或得于此而失于彼,或得于己而失于人,极有深浅。惟致知则无一事之不尽,无一物之不知。以心验之,以身体之,逐一理会过方坚实。佩。

○ 知与意皆出于心。知是知觉处,意是发念处。闳祖。

○　深自省察以致其知，痛加剪落以诚其意。升卿。

○　论诚意。曰："过此一关方是人，不是贼。"又曰："过此一关方会进。"一本云："过得此关道理方牢固。"方子。闳祖录上一条同。以下论诚意。

○　因说"诚意"，曰："前辈有谓辟释氏为扶教者，安在其不妄语也！"闳祖。

○　意诚如蒸饼，外面是白面，透里是白面。意不诚如蒸饼外面虽白，里面却只是粗面一般。闳祖。

○　意诚后推荡得查滓灵利，心尽是义理。闳祖。

○　知至、意诚是凡圣界分关隘。未过此关，虽有小善犹是黑中之白；已过此关，虽有小过亦是白中之黑。过得此关，正好着力进步也。道夫。

○　致知、诚意乃学者两个关。致知乃梦与觉之关，诚意乃恶与善之关。透得致知之关则觉，不然则梦；透得诚意之关则善，不然则恶。致知、诚意以上工夫较省，逐旋开去，至于治国、平天下，地步愈阔，却须要照顾得到。人杰。

○　格物是梦觉关，格得来是觉，格不得只是梦。诚意是善恶关。诚得来是善，诚不得只是恶。过得此二关，上面工夫却一节易如一节了。到得平天下处尚有些工夫，只为天下阔，须着如此点检。

○　"诚意是转关处。"又曰："诚意是人鬼关！"诚得来是人，诚不得是鬼。㼅孙。

○ 钟唐杰问"意诚"。曰:"意诚只是要情愿做工夫,若非情愿亦强不得。未过此一关,犹有七分是小人。"盖卿。

○ 问"知至而后意诚"。曰:"知则知其是非。到意诚实则无不是,无有非,无一毫错,此已是七八分人。然又不是今日知至,意乱发不妨,待明日方诚。如言孔子'七十而从心',不成未七十心皆不可从。只是说次第如此。白居易诗云:'行年三十九,岁暮日斜时。孟子心不动,吾今其庶几!'诗人玩弄至此!"可学。〔璘录别出。〕

○ 知若至则意无不诚。若知之至,虽欲着此物亦留不住,东西南北中央皆着不得。若是不诚之人亦不肯尽去,亦要留些子在。泳。

○ 问:"知至到意诚之间意自不联属,须是别识得天理人欲分明,尽去人欲,全是天理,方诚。"曰:"固是。这事不易言。须是格物精熟,方到此。居常无事,天理实然,有纤毫私欲便能识破他,自来点检惯了。譬有贼来便识得,便捉得他。不曾用工底,与贼同眠同食也不知。"大雅。

○ 问:"'知至而后意诚',故天下之理反求诸身,实有于此,似从外去讨得来?"先生问节曰:"如何是外,如何是内?"节答曰:"致知格物是去外讨,然后方有诸己,是去外讨得入来。"曰:"是先有此理后自家不知,是知得后方有此理?"节无以答。曰:"'仁义礼智非由外铄我也,我固有之也,弗思耳矣!'"〔厉声言"弗思"二字。〕又笑曰:"某常说人有两个儿子:一个在家,一个在外去干家事。其父却说道在家底是自家儿子,在外底不是。"节。

○ 周震亨问知至、意诚，云："有知其如此而行又不如此者，是如何？"曰："此只是知之未至。"问："必待行之皆是而后验其知至欤？"曰："不必如此说。而今说与公是知之未至，公不信，且去就格物、穷理上做工夫。穷来穷去，末后自家真个见得此理是善，彼是恶自心甘意肯不去做，此方是意诚。若犹有一毫疑贰底心便是知未至、意未诚，久后依旧去做。然学者未能便得会恁地，须且致其知，工夫积累方会知至。"雉。

○ "'知至而后意诚'，须是真知了，方能诚意。知苟未至，虽欲诚意，固不得其门而入矣。惟其胸中了然，知得路径如此，知善之当好，恶之当恶，然后自然意不得不诚，心不得不正。"因指烛曰："如点一条蜡烛在中间，光明洞达，无处不照，虽欲将不好物事来，亦没安顿处，自然着它不得。若是知未至，譬如一盏灯，用罩子盖住，则光之所及者固可见，光之所不及处则皆黑暗无所见，虽有不好物事安顿在后面，固不得而知也，〔炎录云："知既至则意可诚。如灯在中间，才照不及处，便有贼潜藏在彼，不可知。若四方八面都光明了，他便无着身处。"〕所以贵格物。如佛、老之学，它非无长处，但它只知得一路。其知之所及者则路径甚明，无有差错；其知所不及处则皆颠倒错乱，无有是处，缘无格物工夫也。"问："物未格时意亦当诚。"曰："固然。岂可说物未能格，意便不用诚？自始至终意常要诚。如人逳楚当南其（辄）〔辕〕，岂可谓吾未能到楚且北其辕？但知未至时，虽欲诚意，其道无由。如人夜行，虽知路从此去，但黑暗，行不得。所以要得致知。知至则道理坦然明白，安而行之。今人知未至者，也知道善之当好，恶之当恶，然临事不如此者，只是实未曾见得。若实见得，自然行处无差。"〔侗。〕

○ 欲知知之真不真，意之诚不诚，只看做不做如何。（只）〔真〕个如此做底，（但）〔便〕是知至、意诚。道夫。

○ 问："知至了意便诚，抑是方可做诚意工夫？"曰："也不能恁地说得。这个也在人。一般人自便能如此。一般人自当循序做，但知至了，意诚便易。且如这一件事知得不当如此做，末梢又却如此做，便是知得也未至。若知得至时便决不如此。如人既知乌喙之不可食，水火之不可蹈，岂肯更试去食乌喙、蹈水火？若是知得未至时，意决不能诚。"问："知未至之前，所谓谨独亦不可忽否？"曰："也不能恁地说得。规模合下皆当齐做，然这里只是说学之次序如此，说得来快，无恁地劳攘，且当循此次序。初间'欲明明德于天下'时，规模便要恁地了。既有恁地规模，当有次序工夫；既有次序工夫，自然有次序效验。'物格而后知至'，至'国治而后天下平'，只是就这规模恁地广开去，如破竹相似，逐节恁地去。"淳。

○ 意诚、心正，过得此关义理方稳，不然七分是小人在。又曰："意不诚底是私过，心不正底是公过。"方子。

○ 〔人固有终身为善而自欺者。不特外面有，心中欲为善而常有个不肯底意思，便是自欺也。须是要打叠得尽。〕意诚而后心可正，过得这一关方可进。铢。

○ "心，言其统体；意，是就其中发出。正心如戒惧不睹不闻，诚意如谨独。"又曰："由小而大，意小心大。"闳祖。

○ 康叔临问："意既诚矣，心安有不正？"曰："诚只是实。虽是意诚，然心之所发有不中节处，依旧未是正。亦不必如此致疑，大要只在致知格物上。如物格、知至上卤莽，虽见得似小，其病却大。自修身以往，只是如破竹然，逐节自分明去。今人见得似难，其实却易。人人德处全在致知、格物。譬如适临安府，路头一正，着起草鞋便会到。未须问所过州县那个在前，那个在后，那个是繁盛，那个是荒索。工夫全在致知、格物上。"<u>谦</u>。

○ 或问："意者，所以听命于心者也。今曰'欲正其心者先诚其意'，则是意乃在心之先矣。"曰："'心'字卒难摸索。心譬如水：水之体本澄湛，却为风涛不停，故水亦摇动；必须风涛既息，然后水之体静。人之无状污秽皆在意之不诚，必须去此，然后能正其心。及心既正后，所谓好恶哀矜与修身齐家中所说者，皆是合有底事，但当时时省察其固滞偏胜之私耳。"<u>僩</u>。〔<u>壮祖</u>录疑同闻，别出。〕

○ 问："心者身之主也，意者心之发也。既是意发于心，则意当听命于心可也。今而曰'意诚而后心正'，则是意反为心之管束矣，何也？"曰："心之本体何尝不正，所以不得其正者，盖由邪恶之念勃勃而兴，有以动其心也。譬之水焉，本自莹净宁息，盖因波涛汹涌，水遂为其所激而动也。更是<u>大学</u>次序，诚意最要。学者苟于此一节分别得善恶、是非、取舍分明，则自此以后，凡有忿懥、好乐、亲爱、畏敬等类，皆是好事。<u>大学</u>之道始不可胜用矣。"<u>处谦</u>。

○ 问："心，本也。意，特心之所发耳。今欲正其心，先诚其意，似倒说了。"曰："心无形影，教人如何撑拄？须是从心之所发处下手，先须去了许多恶根。如人家里有贼，先去了贼方得家中宁。如人种田，不先去了草，如何下种？须去了自欺之意，意诚则心正。诚意最是一段中紧要工夫，下面一节轻一节。"或云："致知、格物也紧要。"曰："致知，知之始；诚意，行之始。"<u>夔孙</u>。<u>铢</u>同。

○ 心才不正，其终必至于败国亡家。<u>僩</u>。

○ 格物者，穷事事物物之理；致知者，知事事物物之理。无所不知，知其不善之必不可为，故意诚；意既诚，则好乐自不足以动其心，故心正。人杰。

○ 格物者，知之始也；诚意者，行之始也。意诚则心正，自此去一节易似一节。铢。

○ 格物、致知、正心、诚意，不可着纤毫私意在其中。致知、格物，十事格得九事通透，一事未通透，不妨；一事只格得九分，一分不透，最不可。凡事不可着个"且"字。"且"字其病甚多。庚。

○ 格物、致知、诚意、正心，虽是有许多节次，然其进之迟速则又随人资质敏钝。履孙。

○ 敬之问诚意、正心、修身。曰："若论浅深意思，则诚意工夫较深，正心工夫较浅；若以小大看，则诚意较紧细，而正心、修身地位又较大，又较施展。"贺孙。

○ 或问正心修身。曰："今人多是不能去致知处着力，此心多为物所陷了。惟圣人能提出此心，使之光明，外来底物欲皆不足以动我，内中发出底又不陷了。"问："刘子云'天地之中'，程子云'天然自有之中'，此'中'字同否？"曰："'天地之中'是未发之中，'天然自有之中'是时中。"曰："然则'天地之中'是指道体，'天然自有之中'是指事物之理？"曰："然。"祖道。

○ 问："大学解'所厚，谓家'。若诚意正心亦可谓之厚否？"曰："不可。此只言先后缓急，所施则有厚薄。"节。

○　大学一篇却是有两个大节目：物格、知至是一个，诚意、修身是一个。才过此二关了，则便可直行将去。泳。

○　问："'诚意正心'章，一说能诚其意而心自正，一说意诚矣而心不可不正。修身、齐家亦然否？"曰："此是交会处，不可不看。"又曰："诚意以敬为先。"泳。

○　毅然问："'家齐而后国治，天下平'，如尧有丹朱，舜有瞽瞍，周公有管蔡，却能平治，何也？"曰："尧不以天下与丹朱而与舜，舜能使瞽瞍不格奸，周公能致辟于管蔡，使不为乱，便是措置得好了，然此皆圣人之变处。想今人家不解有那瞽瞍之父、丹朱之子、管蔡之兄，都不须如此思量，且去理会那常处。"淳。

○　或问："格物、致知，到贯通处方能分别取舍。初间亦未尝不如此，但较生涩勉强否？"曰："格物时是穷尽事物之理，这方是区处理会。到得知至时却已自有个主宰，会去分别取舍。初间或只见得表，不见得里；只见得粗，不见得精。到知至时方知得到，能知得到方会意诚，可者必为，不可者决不肯为。到心正则胸中无些子私蔽，洞然光明正大，截然有主而不乱。此身便修，家便齐，国便治，而天下可平。"贺孙。

○　"古之欲明明德于天下者先治其国"至"致知在格物"。"欲"与"先"字谓如欲如此，必先如此，是言工夫节次。若"致知在格物"，则致知便在格物上。看来"欲"与"先"字差慢得些子，"在"字又紧得些子。履孙。

○　自"欲明明德于天下"至"先致其知"皆是隔一节，所以言欲如此者，必先如此。"致知在格物"，知与物至切近，正相照在。格物所以致知，物才格则知已至，故云"在"，更无次第也。闳祖。

○ 大学"明明德于天下"以上皆有等级。到致知格物处便较亲切了，故文势不同，不曰"致知者先格其物"，只曰"致知在格物"也。"意诚而后心正"，不说是意诚了便心正，但无诈伪便是诚，心不在焉便不正。或谓但正心，不须致知、格物便可以修身、齐家，却恐不然。圣人教人穷理，只道是人在善恶中时不能分别得，故善或以为恶，恶或以为善。善可以不为，不妨；恶可以为，不妨。圣人便欲人就外面拦截得紧，见得道理分明方可正得心、诚得意。不然，则圣人告颜子，如何不道非礼勿思，却只道勿视听言动？如何又先道"居处恭，执事敬"，而后"与人忠"？"敬"字要体得亲切，似得个"畏"字。铢记："先生尝因诸生问'敬'宜何训，曰：'是不得而训也。惟"畏"庶几近之。'铢云：'以"畏"训"敬"，平淡中有滋味。'曰：'然。'"整。

○ 问："'古之欲明明德于天下'至'致知在格物'，向疑其似于为人。今观之大不然。盖大人以天下为度者也，天下苟有一夫不被其泽，则于吾心为有慊；而吾身于是八者有一毫不尽，则亦何以明明德于天下耶？夫如是，则凡其所为虽若为人，其实则亦为己而已。"先生曰："为其职分之所当为也。"道夫。

○ 先生说大学次序。曰："致知、格物是穷此理，诚意、正心、修身是体此理，齐家、治国、平天下只是推此理。要做三节看。"雄。

○ 物格、知至是一截事，意诚、心正、身修是一截事，家齐、国治、天下平又是一截事。自知至交诚意又是一个过接关子，自修身交齐家又是一个过接关子。贺孙。

○ 明德，如八窗玲珑，致知格物，各从其所明处去。（文）〔元〕寿。

○ 自格物至修身，自浅以及深；自齐家至平天下，自内以及外。敬仲。

○ 格物、致知，比治国、平天下，其事似小，然打不透则病痛却大，无进步处。治国、平天下，规模虽大，然这里纵有未尽处，病痛却小。格物、致知如"知及之"，王心、诚意如"仁能守之"，到得"动之不以礼"处只是小小未尽善。从周。方子录云："格物、诚意，其事似乎小，然若打不透却是大病痛。治国、平天下，规模虽大，然若有未到处，其病却小，盖前面大本领已自正了。学者若做到物格、知至处，此是七分已上底人。"

○ 问："看来大学自格物至平天下，凡八事，而心是在当中，担着两下者。前面格物、致知、诚意是理会个心，后面身修、家齐、国治、天下平是心之功用。"曰："据他本经去修身上截断，然身亦是心主之。"士毅。

○ 大学自致知以至平天下，许多事虽是节次如此，须要一齐理会。不是说物格后方去致知，意诚后方去正心。若如此说，则是当意未诚、心未正时有家也不去齐，如何得！且如"在下位不获乎上"数句，意思亦是如此。若未获乎上，更不去治民，且一向去信朋友；若未信朋友时，且一向去说亲，掉了朋友不管。须是多端理会，方得许多节次。圣人亦是略分个先后与人知，不是做一件（尽）〔净〕尽无余方做一件。若如此做，何时得成！又如喜怒上做工夫，固是。然亦须事事照管，不可专于喜怒。如易损卦"惩忿窒欲"、益卦"见善则迁，有过则改"，似此说话甚多。圣人却去四头八面说来，须是逐一理会，身上许多病痛都

要防闲。<u>明作。</u>

○ 蔡元思问："大学八者条目，若必待行得一节了，旋进一节，则没世穷年亦做不彻。看来日用之间须是随其所在而致力：遇着物来面前便用格，知之所至便用致，意之发便用诚，心之动便用正，身之应接便用修，家便用齐，国便用治，方得。"曰："固是。他合下便说'古之欲明明德于天下'，便是就这大规模上说起。只是细推他节目紧要处，则须在致知、格物、诚意迤逦做将去"云云。又曰："有国家者，不成说家未齐，未能治国，且待我去齐得家了，却来治国。家未齐者，不成说身未修，且待我修身了，却来齐家。无此理，但细推其次序，须着如此做。若随其所遇，合当做处则一齐做，始得。"<u>㽦。</u>

○ 李从之问："'壹是皆以修身为本'，何故只言修身？"曰："修身是对天下国家说，此是本，此是末。凡前面许多事便是理会修身。'其所厚者薄，所薄者厚'又是以家对国说。"<u>賀。以下壹是皆以修身为本。</u>

○ "壹是"，一切也。<u>汉书平帝纪</u>"一切"，颜师古注："犹如以刀切物，取其整齐。"<u>泳。</u>

○ 大学"在明明德，在新民，在止于至善"，此三个是大纲，做工夫全在此三句内。下面知止五句是说效验如此。上面是服药，下面是说药之效验。正如说服到几日其效如此，又服到几日效又如此。看来不须说效亦得，服到日子满时自然有效。圣人须要说到这田地上。教人知"明明德"三句，后面又分拆开做八件：致知至修身五件是明明德事，齐家至平天下三件是新民事。至善只是做得恰好处，后面传又立八段详细剖析八件意思。大抵闲时要吃紧去理会，须要把做一件事看，横在胸中，不要放下。若理会得透彻，到临事时一一有用处。而今人多是闲时不吃紧要理会，及到临事时又不肯下心推究道理。只说且放过一次亦不妨，只是安于浅陋，所以不能长进，终于无成。大抵是不曾立得志，枉过日子。且如知止只是闲时穷究得道理分晓，临事时方得其所止。若闲时不曾知得，临事如何了得。事亲固是用孝，也须闲时理会如何为孝，见得分晓，及到事亲时方合得这道理。事君亦然，以至凡事都如此。又问："知止是万事万物皆知得所止，或只指一事而言？"曰："此彻上彻下知得一事，亦可谓之知止。"又问："上达天理，便是事物当然之则至善处否？"曰："只是合理处便是天理，所以圣人教人致知、格物，亦要人理会得这道理。"

○ 问："大学所谓表里精粗如何？"曰："粗是大纲，精是里面曲折处。"又曰："外面事要推阐，故齐家而后治国平天下；里面事要切己，故修身、正心，必先诚意、致知，愈细密。"又问真知。曰："曾被虎伤者便知得是可畏，未曾被虎伤底须逐旋思量个被虎伤底道理，见得与被伤者一般方是。"<u>明作</u>。

○ 问："大学之书不过明德、新民二者而已。其自致知、格物以至平天下乃推广二者，为之条目以发其意，而传意则又以发明其为条目者。要之，不过此心之体不可不明，而致知、格物、诚意、正心，乃其明之之工夫耳。"曰："若论了得时，只消'明明德'一句便了，不用下面许多。圣人为学者难晓，故推说许多节目。今且以明德、新民互言之，则明明德者所以自新也，新民者所以使人各明其明德也。然则虽有彼此之间，其为欲明之德则彼此无不同也。譬之明德却是材料，格物、致知、诚意、正心、修身却是下工夫以明其明德耳。于格物、致知、诚意、正心、修身之际，要得常见一个明德隐然流行于五者之间，方分明。明德如明珠，常自光明，但要时加拂拭耳。若为物欲所蔽，即是珠为泥涴，然光明之性依旧自在。"<u>大雅</u>。

○ 问："'古之欲明明德于天下者'至'致知在格物'，详其文势，似乎皆是有为而后为者。"曰："此皆是合当为者。经文既自明德说至新民，止于至善，下文又却反覆明辨，以见正人心池本无"心"字。者必先正己。孟子曰：'天下之本在国，国之本在家，家之本在身。'亦是此意。"道夫。

○ 问："定、静、安、虑、得与知至、意诚、心正是两事，只要行之有先后。据先生解安、定、虑、得与知至似一般，如何？"曰："前面只是大纲且如此说，后面却是学者用力处。"去伪。

○ 知止就事上说，知至就心上说，举其重而言。闳祖。

○ 知止最难是知至、意诚中间事。闳祖。

○ 格物、致知是求知其所止；诚意、正心、修身、齐家、治国、平天下是求得其所止。物格、知至是知所止，意诚、心正、身修、家齐、国治、天下平是得其所止。大学中大抵虚字多，如所谓"欲"、"其"、"而后"皆虚字。"明明德"、"新民"、"止于至善"，"致知"、"格物"、"诚意"、"正心"、"修身"、"齐家"、"治国"、"平天下"是实字。今当就其紧要实处着工夫。如何是致知、格物以至于治国、平天下，皆有节目，须要一一穷究着实方是。道夫。

朱子语类卷第十六
大学

传一章释明明德

○ 问"克明德"、"天之玥命"。曰："便是天之所命谓'性'者。人皆有此明德，但为物欲之所昏，故蔽塞尔。"<u>璧</u>。

○ 自人受之，唤做"明德"；自天言之，唤做"明命"。今人多鹘鹘突突，一似无这个明命。若常见其在前，则凛凛然不敢放肆，见许多道理都在眼前。又曰："人之明德，即天之明命。虽则是形骸间隔，然人之所以能视听言动，非天而何。"问"苟日新，日日新"。曰："这个道理未见得时若无头无面，如何下工夫？才剔拨得有些通透处，便须急急蹑踪趱乡前去。"又曰："'<u>周</u>虽旧邦，其命惟新'，<u>文王</u>能使天下无一民不新其德，即此便是天命之新。"又云："天视自我民视，天听自我民听。"或问："此若有不同，如何？"曰："天岂曾有耳目以视听？只是自我民之视听便是天之视听。如帝命<u>文王</u>，岂天谆谆然命之？只是<u>文王</u>要恁地便是理合恁地，便是帝命之也。"又曰："若一件事，民人皆以为是便是天以为是，若人民皆归往之便是天命之也。"又曰："此处甚微，故其理难看。"<u>贺孙</u>。

○　问"克明德"。曰："德之明与不明，只在人之克与不克耳。'克'只是真个会明其明德。"芝。

○　"顾諟天之明命"，諟，是详审顾諟，见得子细。僩。

○　先生问："'顾諟天之明命'，如何看?"答云："天之明命，是天之所以命我而我之所以为德者也。然天之所以与我者，虽曰至善，苟不能常提撕省察，使大用全体昭晰无遗，则人欲益滋，天理益昏，而无以有诸己矣。"先生曰："此便是至善，但今人无事时又却恁昏昏地，至有事时则又随事逐物而去，都无一个主宰。这须是常加省察，真如见一个物事在里，不要昏浊了他，则无事时自然凝定，有事时随理而处，无有不当。"又云："古注说'常目在之'，这说得极好。"道夫。

○　"顾諟天之明命"，盖尝见得，不教昏着，常如有见，便孟子所谓"求放心"也。方子。〔佐同。〕

○　"顾諟天之明命"，古注云："顾，谓'常目在之'也。"此语说得极好。非谓有一物常在目前可见也，只是长存此心，知得有这道理光明不昧。方其静坐未接物也，此理固湛然清明；及其遇事而应接也，此理亦随处发见。只要人常提撕省察，念念不忘，存养久之则是理愈明，虽欲忘之而不可得矣。孟子曰："学问之道无他，求其放心而已矣。"所谓求放心，只常存此心便是。存养既久，自然信向。决知尧舜之可为，圣贤之可学，如菽粟之必饱，布帛之必暖，自然不为外物所胜。若是若存若亡，如何会信，如何能必行。又曰："千书万书只是教人求放心。圣贤教人，其要处皆一。苟通得一处，则触处皆通矣。"僩。

○　问："'顾諟天之明命'，言'常目在之'，如何?"曰："顾諟，是看此也。目在，是如目存之，常知得有此理，不是亲眼看。'立则见其参于前，在舆则见其倚于衡〔'〕，便是这模样。只要常常提撕在这里，莫使他昏昧了。子常见得孝，父常见得慈，与国人交常见得信。"<u>㝢</u>。<u>淳</u>录同。

〇　问："顾，谓'常目在之'。天命至微，恐不可目在之，想只是顾其发见处。"曰："只是见得长长地在面前模样。'立则见其参于前，在舆则见其倚于衡'，岂是有物可见？"<u>义刚</u>。

〇　问："'顾諟天之明命〔'〕，章句言'顾，谓"常目在之也"'，未明'常目在之'意。"先生以手指曰："如一件物在此，惟恐人偷将去，两眼常常觑在此相似。"<u>友仁</u>。

〇　问："'顾諟天之明命'，'顾'如何是'目在之'？"曰："常在视瞻之间，盖言存之而不忘。"<u>㝢</u>。

〇　因说"天之明命"。曰："这个物事即是气，便有许多道理在里。人物之生都是先有这个物事，便是天当初分付底。既有这物事，方始具是形以生，便有皮包裹在里。若有这个，无这皮壳，亦无所包裹。如草木之生亦是有个生意了便会生出芽蘖，芽蘖出来便有皮包裹着。而今儒者只是理会这个，要得顺性命之理。佛、老也只是理会这个物事。<u>老氏</u>便要常把住这气，不肯得他散，便会长生久视；长生久视也未见得，只是做得到也便未会死。弗氏也只是见个物事便放得下，所以死生祸福都不动，只是他去作弄了。"又曰："'各正性命'，'保合太和'，圣人于乾卦发此两句，最好。人之所以为人，物之所以为物，都是正个性命。保合得个和气性命，便是当初合下分付底。保合，便是有个皮壳包裹在里。如人以刀破其腹，此个物事便散，却便死。"<u>夔孙</u>。

○ 而今人之会说话行动，凡百皆是天之明命。"人心惟危，道心惟微"，也是天之明命。蘷孙。

传二章释新民

○ 盘铭三句，"苟日新"一句是为学入头处。而今为学且要理会"苟"字。苟能日新如此，则下面两句工夫方能接续做去。而今学者只管要日新，却不去"苟"字上面着工夫。"苟日新"，苟，诚也。要紧在此一字。泳。贺孙录同。

○ "苟日新"。须是真个日新，方可"日日新，又日新"。泳。

○ "苟"字训诚，古训释皆如此，乍看觉差异。人诚能有日新之功，则须日有进益。若暂能日新，不能接续，则前日所新者却间断衰颓了，所以不能"日日新，又日新"也。人杰。

○ "〔苟日新，〕新是对旧染之污而言。'日日新，又日新'，只是要常常如此，无间断也。新与旧非是去外面讨来，昨日之旧乃是今日之新。"道夫云："这正如孟子'操存舍亡'之说，存与亡非是有两物。"曰："然。这只是在一念间尔。只如'顾諟天之明命'，上下文都说明德，这里却说明命。盖天之所以与我，便是明命；我之所得以为性者，便是明德。命与德皆以明为言，是这个物本自光明显然在里，我却去昏蔽了他，却须用日新。到怎地说得来，又只是个存心。所以明道云：'圣贤千言万语，只是欲人将已放之心约之使反复入身来，自能寻向上去，下学而上达也。'"道夫。

○ 汤之"日新"，书云："终始惟一，时乃日新。"这个道理须是常接续不已，方是日新。才有间断便不可。盘铭取沐浴之义，盖为早间盥濯才了，晚下垢污又生，所以常要日新。德明。

○ 徐仁父问："汤之盘铭曰'日日新'，继以'作新民'。日新是明德事，而今属之'作新民'之上。意者，申言新民必本于在我之自新也。"曰："然。庄子言：'语道而非其序，则非道矣。'横渠云：'如中庸文字，直须句句理会过，使其言互相发。'今读大学亦然。某年十七八时，读中庸、大学，每早起须诵十遍。今大学可且熟读。"贺孙。

○ "鼓之舞之"之谓"作"。如击鼓然，自然使人跳舞踊跃。然民之所以感动者，由其本有此理。但上之人既有以自明其明德，时时提撕警策，则下之人观瞻感发，各有以兴起其同然之善心，而不能已耳。偁。

○ "周虽旧邦，其命维新"，自新新民而至于天命之新，可谓极矣。必如是而后为"止于至善"也。偁。

○ "其命维新"是新民之极，和天命也新。大雅。

传三章释止于至善

○ "缗蛮黄鸟，止于丘隅"，物亦各寻个善处止，可以人而不如鸟乎？德明。

○ "於缉熙敬<u>止</u>"，缉熙是工夫，敬<u>止</u>是功效收杀处。寓。

○ 问："'为人君，止于仁。'若是未仁，则不能视民犹己而不足为君。<u>然夫子既许仲弓</u>南面而又曰'未知其仁'，如何？"曰："言仁有粗细，有只是指那慈爱而言底，有就性上说底，这个便较细腻。若有一毫不尽，不害为未仁。只是这个仁，但是那个是浅底，这个是深底，那个是疏底，这个是密底。"<u>义刚</u>。

○ 问："至善如君之仁、臣之敬、父之慈、子之孝者，固如此。就万物中细论之，则其类如何？"曰："只恰好底便是。'坐如尸'便是坐恰好底，'立如斋'便是立恰好底。"淳。寓录同。

○ 或言："大学以知止为要。"先生曰："如君便要止于仁，臣便要止于敬，子便要止于孝，父便要止于慈。若不知得，何缘到得那地位。只这便是至善处。"道夫问："至善，是无过不及、恰好处否？"曰："只是这夹界上些子。如君<u>止</u>于仁，若依违牵制，懦而无断，便是过，便不是仁。臣能陈善闭邪便是敬，若有所畏惧不敢正君之失，便是过，便不是敬。"<u>道夫</u>。

○ 致知分数多。如博学、审问、谨思、明辨，四者皆致知，只力行一件是行。言致、言格是要见得到尽处。若理有未格处，是于知之之体尚有未尽。格物不独是仁、孝、慈、敬、信五者，此只是大约说耳。且如说父子，须更有母在，更有夫妇在。凡万物万事之理皆要穷，但穷到底，无复余蕴，方是格物。<u>大雅</u>。

○ 〔周〕问："注云'究其精微之蕴，而又推类以通其余'，何谓也？"曰："大伦有五，此言其三，盖不止此。'究其精微之蕴'是就三者里面穷究其蕴，'推类以通其余'是就外面推广，如夫妇、兄弟之类。"淳。〔谟录云："须是就君仁臣敬、子孝父慈与国人信上推究精微，各无不尽之理。此章虽人伦大目，亦只举得三件。必须就此上推广所以事上当如何，所以待下又如何。尊卑大小之间，处之各要如此。"〕

○　大学"至善"一章，工夫都在"切磋琢磨"上。泳。

○　魏元寿问："'止于至善'，传举'切磋琢磨'之说。"曰："恰似剥了一重又有一重。学者做工夫，消磨旧习，几时便去得尽？须是只管磨砻，教十分净洁。最怕如今于眼前道理略理会得些，便自以为足，更不着力向上去，这如何会到至善田地。"贺孙。

○　既切而复磋之，既琢而复磨之，方止于至善。不然，虽善非至也。节。

○　骨、角却易开解，玉、石尽着得磨揩工夫。贺孙。

○　问："'如切如磋者，道学也；如琢如磨者，自修也。'此是诗人美武公之本旨，抑姑借其词以发学问自修之义邪？"曰："卫武公大段是有学问底人。抑之一诗义理精密，诗中如此者甚不易得。"儒用。

○　大学传之三章，紧要只是"如切如磋，如琢如磨"。如切可谓善矣，又须当磋之方是至善；如琢可谓善矣，又须当磨之方是至善。一章主意只是说所以"止于至善"工夫，为下"不可諠兮"之语拖带说。到"道盛德至善，民不能忘"，又因此语一向引去。大概是反覆嗟咏，其味深长。他经引诗，或未甚切，只大学引得极细密。贺孙。

○ 问："大学解瑟为严密，是就心言，抑就行言？"曰："是就心言。"问："心如何是密处？"曰："只是不粗疏，恁地缜密。"淳。㝢同。

○ "僴，武毅之貌。"能刚强卓立，不如此（息）〔怠〕惰阘飒。僴。

○ 问："恂栗，何以知为战惧？"曰："庄子云：'木处则恂栗危惧。'"广。

○ 问："淇奥诗'瑟兮僴兮'者，恂栗也。注云'瑟者，武毅之貌'，而'恂栗'则'战惧之貌'也。不知人当战惧之时，果有武毅之意否？"曰："人而怀战惧之心，则必斋庄严肃，又乌可犯！"处谦。

○ 瑟，矜庄貌；僴，武貌；恂栗，严毅貌。古人直是如此严整，然后有那威仪烜赫著见。德明。

○ 大率切而不磋，亦未到善处；琢而不磨，亦未到至善处。"瑟兮僴兮"，则诚敬存于中矣。未至于"赫兮煊兮"，威仪辉光著见于外，亦未为至善。此四句是此段紧切处，专是说至善。盖不如此，则虽善矣，未得为至善也。至于"民之不能忘"，若非十分至善，何以使民久而不能忘。古人言语精密有条理如此。铢。

○ 问"君子贤其贤而亲其亲"。曰："如孔子仰文武之德是'贤其贤'，成康以后，思其恩而保其基绪便是'亲其亲'。"木之。

○ 问"前王不忘"云云。曰："前王远矣，盛德至善，后人不能忘之。'君子贤其贤'，如尧舜文武之德，后世尊仰之，岂非贤其所贤乎！'亲其亲'，如周之后稷之德，子孙宗之以为先祖先公之所自出，岂非亲其所亲乎！"寓。

○ 或问"至善"章。曰："此章前三节是说止字，中节说至善，后面'烈文'一节又是咏叹此至善之意。"铢。

传四章释本末

○ 问"听讼吾犹人也，必也使无讼乎"。曰："固是以修身为本，只是公别底言语多走作。如云：'凡人听讼以曲为直，以直为曲，所以人得以尽其无实之辞。圣人理无不明，明无不烛，所以人不敢。'如此，却是圣人善听讼，所以人不敢尽其无实之辞。正与经意相反。圣人正是说听讼我也无异于人，当使其无讼之可听方得。若如公言，则当云'听讼吾过人远，故无情者不敢尽其辞'始得。圣人固不会错断了事，只是它所以无讼者，却不在于善听讼，在于意诚、心正，自然有以薰炙渐染，大服民志，故自无讼之可听耳。如成人有其兄死而不为之衰者，闻子皋将至，遂为衰。子皋又何尝听讼（了致）？然只是自有以感动人处故耳。"侗。

○ 使他无讼，在我之事，本也。恁地看，此所以为听讼之本。泳。

○ "无情者不得尽其辞"，便是说那无讼之由。然惟是先有以服其心志，所以能使之不得尽其虚诞之辞。义刚。

○ "大畏民志"者，大有以畏服斯民自欺之志。卓。

传五章释格物致知

○　刘圻父说："'人心之灵莫不有知，而天下之物莫不有理'，云明明德便是性。"先生曰："不是如此。心与性自有分别：灵底是心，实底是性。灵便是那知觉底。如向父母则有那孝出来，向君则有那忠出来，这便是性。如知道事亲要孝，事君要忠，这便是心。张子曰：'心，统性情者也。'此说得最精密。"次日，圻父复说过。先生曰："性便是那理，心便是盛贮该载、敷施发用底。"问："表里精粗无不到。"曰："表便是外面理会得底，里便是就自家身上至亲至切、至隐至密、贴骨皮底。今人处事多是自说道'且恁地也不妨'，这个便不是。这便只是理会不曾到那贴底处。若是知得那贴底时，自是决然不肯恁地了。"义刚。〔子襄同。〕

○　问："先生所补格物章云'因其已知之理推而致之，以求至乎其极'，是因定省之孝以至于色难养志，因事君之忠以至于陈善闭邪之类否？"曰："此只说得外面底，须是表里皆如此。若是做得大者而小者未尽亦不可，做得小者而大者未尽尤不可。须是无分毫欠阙方是。且如陆子静说'良知良能，四端根心'，只是他弄这物事。其他有合理会者，渠理会不得，却禁人理会。鹅湖之会，渠作诗云'易简工夫终久大'，彼所谓'易简'者，苟简容易尔，全看得不子细。'乾以易知'者，乾是至健之物，至健者，要做便做，直是易；坤是至顺之物，顺理而为，无所不能，故曰简。此造化之理。至于'可久则贤人之德'，可久者，日新而不已；'可大则贤人之业'，可大者，富有而无疆。易简有几多事在，岂容易苟简之云乎！"人杰。按陆诗云："墟墓兴衰宗庙钦，斯人千古不磨心。涓流积至沧溟水，拳石崇成泰华岑。易简工夫终久大，支离事业竟浮沉。欲知自下升高处，真伪先须辨只今。"

○ <u>任道弟</u>问："'致知'章，前说穷理处云'因其已知之理而益穷之'。且经文'物格而后知至'，却是知至在后。今乃云因其已知而益穷之，则又在格物前。"曰："知元自有。才要去理会，便是这些知萌露。若懵然全不向着，便是知之端未曾通。才思量着，便这个骨子透出来。且如做些事错，才知道错便是向好门路，却不是方始去理会个知。只是如今须着因其端而推致之，使四方八面、千头万绪无有些不知，无有毫发窒碍。<u>孟子</u>所谓'知皆广而充之，若火之始然，泉之始达'。'广而充之'便是'致'字意思。"<u>贺孙</u>。

○ 问："格物工夫未到得贯通亦未害否？"曰："这是甚说话！如此，而今学者所以学便须是到圣贤地位，不到不肯休方是。但用工做向前去，但见前路茫茫地白，莫问程途，少间自能到。如何先立一个不解休得便休底规模放这里了，如何做事？且下手要做十分，到了只做得五六分；下手做五六分，到了只做得三四分；下手做三四分，便无了。且诸公自家里来到<u>建阳</u>，直到<u>建阳</u>方休。未到<u>建阳</u>，半路归去，便是不到<u>建阳</u>。圣贤所为必不如此。如所谓'君子乡道而行，半涂而废。忘身之老也，不知年数之不足也，俛焉日有孳孳，毙而后已'。又曰：'舜为法天下，可传于后世，我犹未免为乡人也，是则可忧也，忧之如何？如舜而已矣。'"<u>卓</u>。

○ 致知，则理在物而推吾之知以知之也；知至，则理在物而吾心之知已得其极也。或问："'理之表里精粗无不尽，而吾心之分别取舍无不切。'既有个定理，如何又有表里精粗？"曰："理固自有表里精粗，人见得亦自有高低深浅。有人只理会得下面许多，都不见得上面一截，这唤做知得表，知得粗。又有人合下便看得大体，都不就中间细下工夫，这唤做知得里，知得精。二者都是偏，故<u>大学</u>必欲格物、致知，到物格、知至则表里精粗无不尽。"<u>贺孙</u>。

○ <u>安卿</u>问"全体大用"。曰："体用元不相离。如人行坐：坐则此身全坐，便是体；行则此体全行，便是用。"<u>道夫</u>。

○ 问："'格物'章补文处不入敬意，何也？"曰："敬已就小学处做了。此处只据本章直说，不必杂在这里，压重了。"<u>寓</u>。<u>淳</u>录同。

传六章释诚意

○ 说许多病痛都在"诚意"章，一齐格物了，下面有些小为病痛亦轻可，若不除去，恐因此滋蔓，则病痛自若。<u>泳</u>。

○ 问："诚意是如何？"曰："心只是有一带路，更不着得两个物事。如今人要做好事都自无力，其所以无力是如何？只为他有个为恶底意思在里面牵系。"又曰："要做好事底心是实，要做不好事底心是虚。被那虚底在里夹杂，便将实底一齐打坏了。"<u>贺孙</u>。

○ <u>亚夫</u>问："'诚意'章云'欲正其心者，先诚其意'，此章当说所以诚意工夫当如何。"曰："此继于物格、知至之后，故特言所谓'诚其意者，毋自欺也'。若知之已至，则意无不实。惟是知之有毫末未尽，必至于自欺。且如做一事当如此，决定只着如此做，而不可以如彼。若知之未至，则当做处便夹带这不当做底意在。当如此做，又被那要如彼底心下牵惹，这便是不实，便都做不成。"贺孙。"诚意"章皆在两个"自"字上用功。人杰。

○ 器远问："物格、知至了，如何到诚意又说'毋自欺也'？毋者，禁止之辞？"曰："物既格、知既至，到这里方可着手下工夫。不是物格、知至了，下面许多一齐扫了。若如此，却不消说下面许多。看下面许多，节节有工夫。"贺孙。

○ 问："知不至与自欺者如何分？"曰："'小人闲居为不善，无所不至。见君子而后厌然揜其不善而著其善。'只为是知不至耳。"问："当其知不至时，亦自不知其至于此。然却其势必至于自欺。"曰："势必至此。"顷之，复曰："不识不知者却与此又别。他个又却只是见错，故以不善为善而不自知耳。其与知不至而自欺者，固是'五十步笑百步'，然却又别。"问："要之，二者其病源只是欠了格物工夫。"曰："然。"道夫。

○ 先生问刘栋："看大学自欺之说如何？"云："不知义理却道我知义理，是自欺。"先生曰："自欺是个半知半不知底人。知道善我所当为，却又不十成去为善；知道恶不可作，却又是自家所爱，舍他不得。这便是自欺。不知不识，只唤做不知不识，却不唤做'自欺'。"道夫。

○ 或问"诚其意者毋自欺"。曰："譬如一块物，外面是银，里面是铁，便是自欺。须是表里如一，便是不自欺。然所以不自欺，须是见得分晓。譬如今人见乌喙之不可食，知水火之不可蹈，则自不食不蹈。如寒之欲衣，饥之欲食，则自是不能已。今人果见得分晓，如乌喙之不可食，水火之不可蹈，见善如饥之欲食，寒之欲衣，则此意自是实矣。"祖道。

○ 自欺，非是心有所慊。盖外面虽为善事，其中却实不然，乃自欺也。譬如一块铜，外面以金裹之，便不是真金。人杰。

○ "所谓诚其意者，毋自欺也"，注云："心之所发，阳善阴恶，则其好善恶恶，皆为自欺而意不诚矣。"而今说自欺，未说到与人说时，方谓之自欺。只是自家知得善好，要为善，然心中却觉得微有些没紧要底意思，便是自欺，便是虚伪不实矣。正如金，已是真金了，只是锻炼得微不熟，微有些查滓去不尽，颜色或白、或青、或黄，便不是十分精金矣。颜子"有不善未尝不知"便是知之至，"知之未尝复行"便是意之实。又曰："如颜子地位，岂有不善！所谓不善，只是微有差失便能知之，才知之便更不萌作。只他那微有差失便是知不至处。"偘。

○ 先生忽言："或人问自慊之说，不合将好善恶恶、每欲欺人为'自欺'。"因曰："所谓自欺者，非为此人本不欲为善去恶。但此意随发，常有一念在内阻隔住，不放教表里如一，便是自欺。但当致知，分别善恶了，然后致其谨独之功，而力割去物欲之杂，而后意可得而诚也。"处谦。

○ 问："'所谓诚其意者，毋自欺也'，切谓'毋'者，禁止之词，而'谨独'则又所以为禁止之地。人既知学，其于善恶亦尝有以识别之矣。但知有未至，故善善而不能进于善，恶恶而不能去其恶。见从欲之为美，而阴肆于幽隐之间；未知循理之为乐，而勉强矫饰以自著于显明之处。殊不知有诸中必形诸外，在人固未必可欺，而在我者已先无实矣，岂不为自欺者乎？"曰："此是大段狼狈处。只今有一毫不快于心，便是自欺也。"道夫。

○ 看如今未识道理人，待说出道理便恁地包藏隐伏，他元不曾见来。这亦是自欺，亦是不实。想他当时发出来，心下必不安稳。贺孙。

○ "忠信进德"便是意诚处。至"如恶恶臭，如好好色"，然后有地可据而无私累牵扰之患，其进德孰御。道夫。

○ 问"自慊"。曰："人之为善，须是十分真实为善方是自慊。若有六七分为善，又有两三分为恶底意思在里面相牵，便是不自慊。须是'如恶恶臭，好好色'方是。"卓。

○ "如恶恶臭，如好好色，此之谓自慊。"慊者，无不足也。如有心为善，更别有一分心在主张他事，即是横渠所谓"有外之心，不可以合天心"也。祖道。

○ "'自慊'之'慊'，大意与孟子'行有不慊'相类。子细思之，亦微有不同：孟子慊训满足意多，大学训快意多。横渠云'自慊池本作"有外之心"。不足以合天心'，初看亦只一般。然横渠亦是训足底意思多，大学训快意多。"问："大学说'自慊'，且说合做处便做，无牵滞于己私，且只是快底意，少间方始心下充满。孟子谓'行有不慊'，只说行有不满足则便馁耳。"曰："固是。夜来说此极子细。若不理会得诚意意思亲切，也说不到此。今看来，诚意'如恶恶臭，如好好色'，只是苦切定要如此，不如此自不得。"贺孙。

○ 字有同一义而二用者。"慊"字训足也，"吾何慊乎哉"，彼心中不以彼之富贵而怀不足也；"行有不慊于心"，谓义须充足于中，不然则馁也。如"忍"之一字，自容忍而为善者言之，则为忍去忿欲之气；自残忍而为恶者言之，则为忍了恻隐之心。"慊"字一从"口"，如胡孙两"嗛"皆本虚字，看怀藏何物于内耳。如"衔"字或为衔恨，或为衔恩，亦同此义。瑝。

○ "诚意"章皆在两个"自"字上用功。人杰。

○ 问："'毋自欺'是诚意，'自慊'是意诚否？'小人闲居'以下是形容自欺之情状，'心广体胖'是形容自慊之意否？"曰："然。后段各发明前说，但此处是个牢关。今能致知、知至而意斯诚矣。验以日用间诚意，十分为善矣。便自有一分不好底意思潜发以间于其间，此意一发便由斜径以长，这个却是实，前面善意却是虚矣。如见孺子入井，救之是好意，其间便有些要誉底意思以杂之；如荐好人是善意，便有些要人德之之意随后生来；治恶人是好意，便有些狠疾之意随后来，前面好意都成虚了。如垢卦上五爻皆阳，下面只一阴生，五阳便立不住了。荀子亦言：'心卧则梦，偷则自行，使之则谋。'见解蔽篇。彼言'偷'者，便是说那不好底意，若曰'使之则谋'者，则在人使之如何耳。谋善谋恶都由人，只是那偷底可恶，故须致知，要得早辨而豫戒之耳。"大雅。

○ 或问大学"诚意"章内何以为"自慊"、"自欺"之辨。曰："譬如作蒸饼，一以极白好面自里包出，内外更无少异，所谓'自慊'也；一以不好面做心，却以白面作皮，务要欺人。然外之白面虽好而易穷，而内之不好者终不可掩，则乃所（为）〔谓〕'自欺'也。"处谦。

○ 问："'诚其意者，毋自欺也'，近改注云：'自欺者，心之所发若在于善而实则未能，不善也。''若'字之义如何？"曰："'若'字只是外面做得来一似都善，其实中心有些不爱，此便是自欺。前日得孙敬甫书，他说'自慊'字似差了。其意以为好善'如好好色'，恶恶'如恶恶臭'，如此了然后自慊。看经文语意不是如此。'此之谓自慊'，谓'如好好色，恶恶臭'，只此便是自慊。是合下好恶时便是要自慊了，非是做得善了方能自慊也。自慊正与自欺相对，不差毫发。所谓‘诚其意’便是要‘毋自欺’，非至诚其意了方能不自欺也。所谓不自欺而慊者，只是要自快足我之志愿，不是要为他人也。诚与不诚，自慊与自欺，只争这些子毫发之间耳。”又曰：“自慊则一，自欺则二。自慊者，外面如此，中心也是如此，表里一般。自欺者，外面如此做，中心其实有些子不愿，外面且要人道好，只此便是二心，诚、伪之所由分也。”侃。

○ 问：“‘知至而后意诚’，则知至之后无所用力，意自诚矣。大学传犹有谨独之说，何也？”曰：“知之不至，则不能谨独，亦有不肯谨独。知至者见得实是实非，灼然如此，而必战惧以终之，此所谓能谨独也。如颜子‘请事斯语’，曾子‘战战兢兢’，终身而后已，彼岂知之不至？必如此方诚意。盖无放心底圣贤，‘惟圣罔念作狂’，一毫少不谨惧，则已堕于意欲之私矣。此圣人教人，彻上彻下不出一‘敬’字也。盖‘知至而后意诚’，则知至之后，意已诚矣。犹恐隐微之间有所不实，又必提掇而谨之，使无毫发妄驰，则表里隐显无一不实而自快慊也。”铢。

○ “知至而后意诚”，已有八分。恐有照管不到，故曰谨独。节。

○ “诚意”章上云“必慎其独”者，欲其自慊也；下云“必慎其独”者，防其自欺也。盖上言“如恶恶臭，如好好色，此之谓自慊，故君子必慎其独”者，欲其察于隐微之间，必吾所发之意，好善必“如好好色”，恶恶必“如恶恶臭”，皆以实而无不自慊也。下言“小人闲居为不善”，而继以“诚于中，形于外，故君子必慎其独”者，欲其察于隐微之间，必吾所发之意，由中及外，表里如一，皆以实而无少自欺也。铢。

○ 光祖问："（格物）〔物格〕知至则意无不诚，而又有谨独之说，莫是当诚意时，自当更用工夫否?"曰："这是先穷得理，先知得到了，更须于微细处用工夫。若不真知得到，都自恁地鹘鹘突突，虽十目视，十手指，众所共知之处亦自七颠八倒了，更如何地谨独。"贺孙。

○ 问："或言知至后煞要着力做工夫，窃意致知是着力做工夫处。到知至则虽不能无工夫，然亦无大段着工夫处。"曰："虽不用大段着工夫，但恐其间不能无照管不及处，故须着防闲之，所以说'故君子谨其独也'。"行甫问："先生常言知既至后，又可以验自家之意诚不诚。"先生久之曰："知至后，意固自然诚，但其间虽无一段自欺不诚处，然亦有照管不着所在，所以贵于谨其独。至于有所未诚，依旧是知之未真。若到这里更加工夫，则自然无一毫之不诚矣。"道夫。

○ 致知者，诚意之本也；慎独者，诚意之助也。致知则意已诚七八分了，只是犹恐隐微独处尚有些子未诚实处，故其要在谨独。铢。

○ 诚意者，好善"如好好色"，恶恶"如恶恶臭"，皆是真情。既是真情，则发见于外者亦皆可见。如种麻则生麻，种谷则生谷，此谓"诚于中，形于外"。又恐于独之时有不到处，故必谨独。节。

○ 或说谨独。曰："公自是看错了。'如恶恶臭，如好好色，此之谓自慊'已是实理了。下面'故君子必谨其独'，是别举起一句致戒，又是一段工夫。至下一段，又是反说小人之事以致戒。君子亦岂可谓全无所为?且如着衣吃饭也是为饥寒。大学看来虽只恁地滔滔地说去，然段段致戒，如一下水船相似，也要柂、要楫。"夔孙。

○ 或问："在谨独，只是欲无间。"先生应。节。〔或问条语似不完。〕

○ 问"诚意"章句所谓"必致其知，方肯谨独，方能谨独"。曰："知不到田地，心下自有一物与他相争斗，故不会肯谨独。"铢。

○ 问："自欺与'厌然揜其不善而著其善'之类，有分别否?"曰："自欺只是于理上亏欠不足，便胡乱且欺谩过去。如有得九分义理，杂了一分私意，九分好善、恶恶，一分不好、不恶，便是自欺。到得厌然揜著之时，又其甚者。原其所以自欺，又是知不至，不曾见得道理精至处，所以向来说'表里精粗'底字。如知'为人子止于孝'，这是表；到得知所以必着孝是如何，所以为孝当如何，这便是里。见得到这般处，方知决定是着孝，方可以用力于孝，又方肯决然用力于孝。人须是扫去气禀私欲，使胸次虚灵洞彻。"木之。

○ 问意诚。曰："表里如一便是，但所以要得表里如一却难。今人当独处时，此心非是不诚，只是不奈何他。今人在静处非是此心要驰骛，但把捉他不住。此已是两般意思。至如见君子而后厌然诈善时，已是第二番罪过了。"祖道。

○ 诚意只是表里如一。若外面白，里面黑，便非诚意。今人须于静坐时见得表里有不如一，方是有工夫。如小人见君子则掩其不善，已是第二番过失。人杰。

○ 问："'诚于中，形于外'，是实有恶于中便形见于外。然诚者，真实无妄，安得有恶? 有恶，不几于妄乎?"曰："此便是恶底真实无妄，善便虚了。诚只是实，而善恶不同。实有一分恶，便虚了一分善；实有二分恶，便虚了二分善。"淳。

○ 凡恶恶之不实，为善之不勇，外然而中实不然，或有所为而为之，或始勤而终怠，或九分为善尚有一分苟且之心，皆不实而自欺之患也。所谓"诚其意"者，表里内外，彻底皆如此，无纤毫丝发苟且为人之弊。如饥之必欲食，渴之必欲饮，皆自以求饱足于己而已，非为他人而食饮也。又如一盆水彻底皆清莹，无一毫砂石之杂。如此，则其好善也必诚好之，恶恶也必诚恶之，而无一毫强勉自欺之杂，所以说自慊。但自满足而已，岂有待于外哉！是故君子谨其独，非特显明之处是如此，虽至微至隐、人所不知之地，亦常谨之。小处如此，大处亦如此；显明处如此，隐微处亦如此。表里内外，精粗隐显，无不谨之，方谓之"诚其意"。孟子曰："人能充无欲害人之心，而仁不可胜用也。"夫无欲害人之心，人皆有之。闲时皆知恻隐，及到临事有利害时此心便不见了。且如一堆金宝，有人曰："先争得者与之。"自家此心便欲争夺推倒那人，定要得了方休。又如人皆知穿窬之不可为，虽稍有诚者亦不肯为。及至颠冥于富贵而不知耻，或无义而受万钟之禄，便是到利害时有时而昏。所谓诚意者，须是隐微显明、小大表里都一致方得。孟子所谓"见孺子入井时怵惕恻隐，非恶其声而然，非为内交要誉而然"，然却心中有内交要誉之心，却向人说："我实是恻隐、羞恶。"所谓为恶于隐微之中，而诈善于显明之地，是所谓自欺以欺人也。然人岂可欺哉？"人之视己，如见其肺肝然"，则欺人者适所以自欺而已。"诚于中，形于外"，那个形色气貌之见于外者自别，决不能欺人，祇自欺而已。这样底永无缘做得好人，为其无为善之地也。外面一副当虽好，然里面却踏空，永不足以为善，永不济事，更莫说诚意、正心、修身。至于治国、平天下，越没干涉矣。僩。

○ 问："'诚意'章'自欺'注，今改本恐不如旧注好。"曰："何也？"曰："今注云'心之所发，阳善阴恶，则其好善恶恶皆为自欺，而意不诚矣。'恐初读者不晓，又此句或问中已言之。却不如旧注云'人莫不知善之当为，然知之不切，则其心之所发，必有阴在于恶而阳为善以自欺者。故欲诚其意者无他，亦曰禁止乎此而已矣。'此言明白而易晓。"曰："不然。本经正文只说'所谓诚其意者，毋自欺也'，初不曾引致知兼说。今若引致知在中间则相牵不了，却非解经之法。又况经文'诚其意者，毋自欺也'，这说话极细。盖言为善之意稍有不实，照管少有不到处便为自欺。未便说到心之所发，必有阴在于恶而阳为善以自欺处。若如此，则大故无状，有意于恶，非经文之本意也。所谓'心之所发，阳善阴恶'乃是见理不实，不知不觉地陷于自欺；非是阴有心于为恶，而诈为善以自欺也。如公之言，须是铸私钱、假官会方为自欺，大故是无状小人，此岂自欺之谓邪！又曰："所谓'毋自欺'者，正当于几微毫厘处做工夫。只几微之间少有不实便为自欺，岂待如此郎当，至于阴在为恶而阳为善，而后谓之自欺邪！此处语意极细，不可草草看。"此处工夫极细在，未便说到那粗处。所以前后学者多说差了，盖为（赚）〔牵〕连却下文'小人闲居为不善'一段看了，所以差也。"又问："今改注下文云：'则无待于自欺而意无不诚也。'据经文方说'毋自欺'。毋者，禁止之辞。若说'无待于自欺'，恐语意太快，未易到此。"曰："既能禁止其心之所发，皆有善而无恶，实知其理之当然，便无待于自欺，非勉强禁止而犹有时而发也。若好善恶恶之意有一毫之未实，则其发于外也必不能掩。既是打叠得尽，实于为善，便无待于自欺矣。如人腹痛，毕竟是腹中有些冷积，须用药驱除去这冷积，则其痛自止。不先除去冷积，而但欲痛之自止，岂有此理！"*佃*。

○ 敬子问："'所谓诚其意者，毋自欺也。'注云：'外为善，而中实未能免于不善之杂。'（其）〔某〕意欲改作'外为善，而中实容其不善之杂'，如何？盖所谓不善之杂，非是不知，是知得了又容着在这里，此之谓自欺。"曰："不是知得了容着在这里，是不奈他何了，不能不自欺。公合下认错了，只管说个'容'字，不是如此。'容'字又是第二节，缘不奈他何，所以容在这里。此一段文意，公不曾识得它源头在，只要硬去捺他，所以错了。大概以为有纤毫不善之杂便是自欺。自欺只是自欠了分数，恰如淡底金不可不谓之金，只是欠了分数。如为善，有八分欲为，有两分不为，此便是自欺，是自欠了这分数。"或云："如此，则自欺却是自欠。"曰："公且去看。又曰："自欺非是要如此，是不奈他何底。"荀子曰：'心卧则梦，偷则自行，使之则谋。'某自十六七读时便晓得此意，盖偷心是不知不觉自走去底，不由自家使底，倒要自家去捉他。'使之则谋'，这却是好底心，由自家使底。"李云："某每常多是去捉他，如在此坐，心忽散乱，又用去捉他。"曰："公又说错了。公心粗，都看这说话不出。所以说格物、致知而后意诚，里面也要知得透彻，外面也要知得透彻，便自是无那个物事。譬如果子烂熟后，皮核自脱落离去，不用人去咬得了。如公之说，这里面一重不曾透彻在。只是认得个容着，硬遏捺将去，不知得源头工夫在。'所谓诚其意者，毋自欺也'，此是圣人言语之最精处，如个尖锐底物事。如公所说，只似个桩头子，都粗了。公只是硬要去强捺，如水怎地滚出来，却硬要将泥去塞他，如何塞得住！"又引中庸论诚处而曰："一则诚，杂则伪。只是一个心便是诚，才有两个心便是自欺。好善'如好好色'，恶恶'如恶恶臭'，他彻底只是这一个心，所以谓之自慊。若才有些子间杂，便是两个心，便是自欺。如自家欲为善，后面又有个心在这里拗你莫去为善；欲恶恶，又似有个人在这里拗你莫要恶恶，此便是自欺。因引近思录"如有两人焉，欲为善"云云一段，正是此意。如人说十句话，九句实，一句脱空，那九句实底被这一句脱空底都坏了。如十分金，彻底好方谓之真金，若有三分银，便和那七分底也坏了。"又曰："佛家看此亦甚精，被他分析得项数多，如云有十二因缘，只是一心之发，便被他推寻得许多，察得来极精微。又有所谓'流注想'，他最怕这个。所以沩山禅师云：'某参禅几年了，至今不曾断得这流注想。'此即荀子所谓'偷则自行'之心也。"僩。

○ 次早，又曰："昨夜思量，<u>敬子</u>之言自是，但伤杂耳。某之言，却即说得那个自欺之根。自欺却是<u>敬子</u>'容'字之意。'容'字却说得是，盖知其为不善之杂，而又盖庇以为之，此方是自欺。谓如人有一石米，却只有九斗，欠了一斗，此欠者便是自欺之根，自家却自盖庇了，吓人说是一石，此便是自欺。谓如人为善，他心下也自知有个不满处，他却不说是他有不满处，却遮盖了，硬说我做得是，这便是自欺。却将那虚假之善来盖覆这真实之恶。某之说却说高了，移了这位次了，所以人难晓。大率人难晓处不是道理有错处时，便是语言有病；不是语言有病时，便是移了这步位了。今若只恁地说时，便与那'小人闲居为不善'处都说得贴了。"<u>偰</u>。

○ 次日，又曰："夜来说得也未尽。夜来归去又思，看来'如好好色，如恶恶臭'一段便是连那'毋自欺也'说。言人之毋自欺时，便要'如好好色，如恶恶臭'样方得。若好善不'如好好色'，恶恶不'如恶恶臭'，此便是自欺。毋自欺者，谓如为善，若有些子不善而自欺时便当斩根去之，真个是'如恶恶臭'始得。如'小人闲居为不善'底一段便是自欺底，只是反说。'闲居为不善'便是恶恶不'如恶恶臭'，'见君子而后厌然揜其不善而著其善'便是好善不'如好好色'。若只如此看，此一篇文义都贴实平易，坦然无许多屈曲。某旧说忒说阔了，高了，深了。然又自有一样人如旧说者，欲节去之又可惜，但终非本文之意耳。"<u>偰</u>。

○ 问"十目所视，十手所指"。曰："此承上文云'人之视己，如见其肺肝'底意。不可道是人不知，人晓然共见如此。"<u>淳</u>。

○ 问"心广体胖"。曰："无愧怍，是无物欲之蔽，所以能广大。"指前面灯云："且如此灯，后面被一片物遮了，便不见一半了；更从此一边用物遮了，便全不见此屋了。如何得广大！<u>夔孙</u>。

○ 问："<u>尹和靖</u>云：'"心广体胖"只是乐。'<u>伊川</u>云：'这里着"乐"字不得。'如何？"曰："是不胜其乐。"<u>德明</u>。

○ "心广体胖"，心本是阔大底物事，只是因愧怍了便卑狭，便被他隔得了，只见得一边，所以体不能得舒泰。<u>僩</u>。

○ <u>元寿</u>问"诚意"章<u>曾子</u>曰"十目所视"止"心广体胖"处。先生曰："'十目所视，十手所指'，不是怕人见。盖人虽不知，而我已自知，自是甚可皇恐了，其与十目十手所视所指何以异哉？'富润屋'以下，却是说意诚之验如此。"<u>时举</u>。

○ 问："'诚意'章结注云：'此<u>大学</u>一篇之枢要。'"曰："此自知至处便到诚意，两头截定个界分在这里，此便是个君子小人分路头处。从这里去便是君子，从那里去便是小人。这处立得脚方是在天理上行，后面节目未是处却旋旋理会。"<u>寓</u>。

○ <u>居甫</u>问："'诚意'章结句云：'此<u>大学</u>之枢要。'枢要说诚意，是说致知？"曰："上面关着致知、格物，下面关着四五项上。须是致知，能致其知，知之既至，方可以诚得意。到得意诚便是过得个大关，方始照管得个身心。若意不诚便自欺，便是小人。过得这个关便是君子。"又云："意诚便全然在天理上行，意未诚以前尚汨在人欲里。"<u>贺孙</u>。

○ 因说"诚意"章。曰："若如旧说，是使初学者无所用其力也。<u>中庸</u>所谓明辨，'诚意'章而今方始辨得分明。"<u>夔孙</u>。

传七章释正心修身

○ 大学于"格物"、"诚意"章都是炼成了，到得正心、修身处都易了。<u>夔孙</u>。

○ 问："先生近改'正心'一章方包括得尽。旧来说作意或未诚则有是四者之累，却只说从诚意去。"曰："这事连而却断，断而复连。意有善恶之殊，意或不诚则可以为恶；心有得失之异，心有不正则为物所动，却未必为恶。然未有不能格物、致知而能诚意者，亦未有不能诚意而能正心者。"<u>人杰</u>。

○ <u>亚夫</u>问致知、诚意。曰："心是大底，意是小底。心要恁地做，却被意从后面牵将去。且如心爱做个好事，又被一个意道不须恁地做也得。且如心要孝，又有不孝底意思牵了。所谓诚意者，譬如饥时便吃饭，饱时便休，自是实要如此。到饱后又被人请去，也且胡乱与他吃些子，便是不诚。须是诚则自然表里如一，非是为人而做，求以自快乎己耳。如饥之必食，渴之必饮，无一毫不实之意。这个知至、意诚是万善之根，有大底地盘方立得脚住，若无这个都靠不得。心无好乐，又有个不无好乐底在后；心无忿懥，又有个不无忿懥底在后。知至后自然无。"<u>恪</u>。

○ 或问"正心"、"诚意"章。先生令他说。曰："意诚则心正。"曰："不然。这几句连了又断，断了又连，虽若不相粘缀，中间又自相贯。譬如一竿竹，虽只是一竿，然其间又自有许多节。意未诚则全体是私意，更理会甚正心！然意虽诚了，又不可不正其心。意之诚不诚，直是有公私之辨，君子小人之分。意若不诚，则虽外面为善，其意实不然，如何更问他心之正不正！意既诚了，而其心或有所偏倚则不得其正，故方可做那正心底工夫。"广。

○ 敬之问："诚意、正心。诚意是去除得里面许多私意，正心是去除得外面许多私意。诚意是检察于隐微之际，正心是体验于事物之间。"曰："到得正心时节已是煞好了，只是就好里面又有许多偏。要紧最是诚意时节，正是分别善恶最要着力，所以重复说道'必谨其独'，若打得这关过已是煞好了，到正心又怕于好上要偏去。如水相似，那时节已是淘去了浊，十分清了，又怕于清里面有波浪动荡处。"〔贺孙。〕

○ 问："既诚意矣，而有忧患之类，何也？"曰："诚意是无恶。有忧患、忿懥之类却不是恶，但是有之则是有所动。"芝。

○ "诚意是真实好善恶恶，无夹杂。"又曰："意不诚是私意上错了，心不正是公道上错了。"又曰："好乐之类是合有底，只是不可留滞而不消化。好乐之类无留滞，则此心便虚。"芝。池本注云："此一段为大学释诚意二章发。"

○ 意既诚矣，后面忿懥、恐惧、好乐、忧患、亲爱、贱恶只是安顿不着在，便是"苟志于仁矣，无恶也"。泳。

○ 问："心体本正，发而为意之私，然后有不正。今欲正心且须诚意否？是未能诚意且须操存否？"曰："岂容有意未诚之先，且放他喜怒、忧惧不得其正，不要管他，直要意诚后心却自正，如此则意终不诚矣。所以伊川说：'未能诚意，且用执持。'"大雅。

○ 问："忿懥、恐惧、忧患、好乐皆不可有否?"曰："四者岂得皆无，但要得其正耳。如中庸所胃'喜怒哀乐发而中节'者也。"去伪。按谟录同。人杰录亦同而略，云："忿懥、恐惧、忧患、好乐，不谓皆无，但每要得其正。如中庸所谓'喜怒哀乐发而中节'是也。"

○ 夜来说："心有喜怒不得其正。"如某夜间看文字要思量改甚处，到上床时擦脚心都忘了数。天明擦时便记得。盖是早间未有一事上心，所以记得事。孟子说："平旦之气，其好恶与人相近也者几希。"几希，不远也。言人都具得此，但平日不曾养得，犹于夜间歇得许多时节不接于事，天明方惺，便恁地虚明光静。然亦只是些子发出来，少间又被物欲梏亡了。孟子说得话极齐整当对。如这处，他一向说后去，被后人来就"几希"字下注开了，便觉意不连。贺孙。

○ 在正心者，非是无好、乐、忧、惧，四者人之所不能无也，但要所好所乐皆中理。合当喜，不得不喜；合当怒，不得不怒。节。

○ 问"忿懥"章。曰："只是上下有不恰好处，便是偏。"可学。

○ 刘圻父说"正心"章，谓："不能存之，则四者之来，反动其中。"曰："是当初说时添了此一节。若据经文，但是说四者之来便撞翻了这坐子耳。"又曰："只争个动不动耳。"又云："若当初有此一节时，传文须便说在那里了。他今只恁地兑便是无此意，却是某于解处说絮着这些子。"义刚。按夔孙录同而略。

○ 今不是就静中动将去，却是就第二重动上动将去，如忿懥、好乐之类。德明。

○　叶兄又问"忿懥"章。先生云："这心之正却如秤一般，未有
物时秤无不平，才把一物在上面便不平了。镜中先有一人在里面了，别
一个来便照不得。这心未有物之时，先有个主张说道：'我要如何处
事。'才遇着事便以是心处之，便是不正。且如今人说：'我做官大要抑
强扶弱。'及遇着当强底事也去抑他，这便是不正。"卓。

○　敬之问："'正心'章云：'人之心要当不容一物。'"曰："这
说便是难。才说不容一物，却又似一向全无相似。只是这许多好乐、恐
惧、忿懥、忧患，只要从无处发出，不可先有在心下。看来非独是这几
项如此，凡是先安排要恁地便不得。如人立心要恁地严毅把捉，少间只
管见这意思，到不消恁地处也恁地，便拘逼了。有人立心要恁地慈祥宽
厚，少间只管见这意思，到不消恁地处也恁地，便流入于姑息苟且去。
如有心于好名，遇着近名底事便愈好之；如有心于为利，遇着近利底事
便贪欲。"贺孙。

○　人心如一个镜，先未有一个影象，有事物来方始照见妍丑。若
先有一个影象在里，如何照得！人心本是湛然虚明：事物之来随感而
应，自然见得高下轻重；事过便当依前恁地虚方得。若事未来，先有一
个忿懥、好乐、恐惧、忧患之心在这里，及忿懥、好乐、恐惧、忧患之
事到来，又以这心相与衮合，便失其正。事了又只苦留在这里，如何得
正？贺孙。

○　问忿懥。曰："是怒之甚者。"又问："忿懥比恐惧、忧患、好
乐三者，觉得忿懥又类过于怒者。"曰："其实也一般。古人既如此说，
也不须如此去寻讨。"履孙。

○　大学七章看"有所"二字。"有所忧患"，忧患是合当有，若因

此一事而常留在胸中便是有。"有所忿懥",因人之有罪而挞之,才挞了其心便平,是不有;若此心常又不平,便是有。恐惧、好乐亦然。泳。

○ 问:"伊川云:'忿懥、恐惧、好乐、忧患,人所不能无者,但不以动其心。'既谓之忿懥、忧患,如何不牵动他心?"曰:"事有当怒当忧者,但过了则休,不可常留在心。颜子未尝不怒,但不迁耳。"因举桦中果:"怒在此,不可迁之于彼。"德明。

○ 问:"忿懥、恐惧、好乐、忧患皆以'有所'为言,则是此心之正不存,而是四者得以为主于内,吾身不得而主宰矣。然是四者,固心之所发而人所不能无,惟在于诚其意,使私情邪念不入于中,则四者自不为吾心之累。"曰:"四者人不能无,只是不要他留而不去。如所谓'有所',则是被他为主于内,心反为他动也。"道夫。

○ "心有所忿懥,则不得其正。"忿懥已自粗了。有事当怒,如何不怒。只是事过便当豁然,便得其正。若只管忿怒滞留在这里,如何得心正。"心有所好乐,则不得其正。"如一个好物色到面前,真个是好,也须道是好,或留在这里。若将去了,或是不当得他底,或偶然不得他底,便休,不可只管念念着他。贺孙。

○ 心不可有一物。喜怒哀乐固欲得其正,然过后须平了。且如人有喜心,若以此应物便是不得其正。人杰。

○ 正心却不是将此心去正那心,但存得此心在这里,所谓忿懥、恐惧、好乐、忧患自来不得。贺孙。

○ 先之问:"心有所好乐,则不得其正。"曰:"心在这一事,不可又夹带那一事。若自家喜这一项事了，更有一事来，便须放了前一项，只平心就后一项理会，不可又夹带前喜之之心在这里。有件喜事，不可因怒心来忘了所当喜处；有件怒事，不可因喜事来便忘了怒。且如人合当行大门出，却又有些回避底心夹带在里面，却要行便门出。虽然行向大门出，念念只有个行便门底心在这里，少刻或自拗向便门去。学者到这里，须是便打杀那要向便门底心，心如何不会端正！这般所在，多是因见得分明。前在（潭）〔漳〕州有一公事，合恁地直截断。缘中间情有牵制，被他挠数日。忽然思量透，便断了，集同官看，觉当时此心甚正。要知此正是正心处。"贺孙。

○ 敬之问"心有所好乐则不得其正"章，云："心不可有一毫偏倚。才有一毫偏倚，便是私意，便浸淫不已，私意反大似身己，所以'视而不见，听而不闻，食而不知其味'。"曰："这下是说心不正不可以修身，与下章'身不修不可以齐家'意同，故云'莫知其子之恶，莫知其苗之硕'。视听是就身上说。心不可有一物，外面酬酢万变都只是随其分限应去，都不关自家心事。才系于物，心便为其所动。其所以系于物者有三：或是事未来，而自家先有这个期待底心；或事已应过去了，又却长留在胸中不能忘；或正应事之时意有偏重，便只见那边重。这都是为物所系缚。既为物所系缚，便是有这个物事，到别事来到面前，应之便差了，这如何会得其正？圣人之心莹然虚明，无纤毫形迹。一看事物之来，若小若大，四方八面，莫不随物随应，此心元不曾有这个物事。且如敬以事君，于事君之时，此心极其敬。当时便有亲在面前，也须敬其亲。终不成说敬君但只敬君，亲便不消管得。事事都如此。圣人心体广大虚明，物物无遗。"贺孙。

○ 正叔见先生，言明心、定心等说，因言："心不在焉，则视而不见，听而不闻，食而不知其味。"先生曰："这个三岁孩儿也道得，八十翁翁行不得！"<u>伯羽</u>。

　　○　黄丈云："旧尝问：'"心不在焉，视而不见，听而不闻"，只是说知觉之心，却不及义理之心。'先生曰：'才知觉，义理便在此；才昏，便不见了。'"<u>方子</u>。〔学蒙录别出。〕

　　○　<u>直卿</u>云："旧尝问：'<u>大学</u>"正心"章"视之不见、听之不闻"处，此收拾知觉底心，收拾义理底心？'先生曰：'知觉在，义理便在，只是有深浅。'"<u>学蒙</u>。

传八章释修身齐家

　　○　正心、修身，今看此两段，大概差错处皆未在人欲上。这个皆是人合有底事，皆恁地差错了。况加之以放辟邪侈，分明是官街上错了路。<u>贺孙</u>。

　　○　忿懥、恐惧、好乐、忧患皆不能无，而亲爱、畏敬、哀矜、敖惰、贱恶亦有所不可无者，但此心不为四者所动乃得其正，而五者皆无所偏，斯足以为身之修也。<u>人杰</u>。

　　○　或问："'正心'章说忿懥、恐惧、好乐、忧患，与夫'修身'章说亲爱、贱恶、畏敬、哀矜、敖惰，如何？"曰："是心卓然立乎此数者之外，则平正而不偏辟，自外来者必不能以动其中，自内出者必不至于溺于彼。"或问："畏敬如何？"曰："如家人有严君焉，吾之所当畏敬者也。然当不义则争之，若过于畏敬而从其令，则陷于偏矣。若夫贱恶者固当贱恶，然或有长处亦当知之。下文所谓'好而知其恶，恶而知其美者，天下鲜矣'。此是指点人偏处，最切当。"<u>人杰</u>。

○ 心须卓立在八九者之外，_{谓忿懥之类}。而勿陷于八九者之中方得其正。圣人之心周流应变而不穷，只为在内而外物入不得，及其出而应接，又不陷于彼。<u>赐</u>。

○ 问："大学七章、八章颇似一意，如何？"曰："忿懥之类，心上理会；亲爱之类，事上理会。心上理会者，是见于念虑之偏；事上理会者，是见于事为之失。"<u>去伪</u>。

○ 问："'正心'章既说忿懥四者矣，而'修身'章又说'之其所亲爱'之类，是如何？"曰："忿懥等是心与物接时事，亲爱等是身与物接时事。"<u>广</u>。

○ 子升问："'修身齐家'章所谓'亲爱、畏敬'以下，说凡接人皆如此，不特是一家之人否？"曰："固是。"问："如何修身却专指待人而言？"曰："修身以后，大概说向接物待人去，又与只说心处不同。要之，根本之理则一，但一节说阔一节去。"<u>木之</u>。

○ 第八章：人，谓众人；之，犹于也。之其，亦如于其人，即其所向处。<u>泳</u>。

○ 大学"之其所亲爱"之"之"，犹往也。<u>铢</u>。

○ 亲爱、贱恶、畏敬、哀矜、敖惰各自有当然之则，只不可偏。如人饥而食，只合当食，食才过些子便是偏；渴而饮，饮才过些子便是偏。如爱其人之善，若爱之过则不知其恶，便是因其所重而陷于所偏；恶恶亦然。下面说"人莫知其子之恶，莫知其苗之硕"，上面许多偏病不除，必至于此。_{泳。}

○ 问："大学，譬音改僻音，如何？"曰："只缘人心有此偏僻。"问："似此，恐于'修身在正其心'处相类否？"曰："略相似。"_{㝢。按砥录同。}

○ 问："大学言'人之其所好乐而辟焉'，古注辟作譬，似窒碍不通。"答曰："公亦疑及此。某正以他说'之其所敖惰而譬焉'，敖惰非美事，如何譬得？故今只作僻字说便通。况此篇自有僻字，如'辟则为天下僇矣'之类是也。"_{大雅。}

○ "人之其所亲爱而僻焉"，如父子是当主于爱，然父有不义，子不可以不争；如为人父虽是止于慈，若一向僻将去，则子有不肖，亦不知责而教焉，不可。"人之其所贱恶而僻焉"，人固自有一种可厌者，然犹未至于可贱恶处，或尚可教。若一向僻将去，便贱恶他，也不得。"人之其所畏敬而僻焉"，如事君固是畏敬他，然"说大人则藐之"，又不甚畏敬也。<u>孟子</u>此语虽稍粗，然古人正救其恶，与"陈善闭邪"、"责难于君"，也只管畏敬不得。_{贺孙。}

○ 或问："'之其所亲爱、哀矜、畏敬而辟焉'，莫是君子用心过于厚否？"曰："此可将来'观过知仁'处说，不可将来此说。盖不必论近厚、近薄，大抵一切事，只是才过便不得。'观过知仁'乃是因此见其用心之厚，故可知其仁，然过则终亦未是也。大凡读书，须要先识（诚）〔认〕，他本文是说个甚么。须全做不曾识他相似，虚心认他字字分明。复更看数过，自然会熟，见得分明。譬如与人乍相见，其初只识其面目，再见则可以知其姓字、乡贯，又再见则可以知其性行如何，只恁地识认，久后便一见理会得。今学者读书，亦且未要便悬空去思他。中庸云'博学之，审问之'，方言'谨思之'。若未学未问便去思他，是空劳心耳。"又云："切须记得'识认'两字。"时举。

○ 问："'齐家'段，辟作'僻'。"曰："人情自有偏处，所亲爱莫如父母，至于父母有当几谏处，岂可以亲爱而忘正救！所敬畏莫如君父，至于所当直言正谏，岂可专持敬畏而不敢言！所敖惰处，如见那人非其心之所喜，自懒与之言，即是忽之之意。"问："敖惰，恶德也，岂君子宜有？"曰："读书不可泥，且当看其大意。纵此语未稳，亦一两字失耳。读书专留意小处，失其本领所在，最不可。"寓。

○ 又问："'人之其所亲爱、贱恶、畏敬、哀矜、敖惰而辟焉。'章句曰：'人于五者本有当然之则。'窃谓则之为言法也，性之所固有，事之所当然，而不可易也。然敖之与惰则气习之所为，实为恶德，非性之所有。若比之四者而言，则是性有善恶。至若哀矜之形，正良心苗裔，偏于哀矜不失为仁德之厚，又何以为'身不修而不可以齐其家'者乎？"曰："敖惰，谓如孔子之不见孺悲，孟子不与王驩言。哀矜，谓如有一般大奸大恶，方欲治之，被他哀鸣恳告，却便恕之。"道夫云："这只是言流为姑息之意。"曰："这便是哀矜之不得其正处。"道夫。

○〔问："喜怒忧惧，人心所不能无。如忿懥乃戾气，岂可有也？"曰："忿又重于怒心。然此处须看文势大意。但此心先有忿懥时，这下面便不得其正。如镜有人形在里面，第二人来便照不得。如秤子钉盘星上加一钱，则称一钱物便成两钱重了。心若先有怒时，更有当怒底事来，便成两分怒了；有当喜底事来，又减却半分喜了。先有好乐也如此，先有忧患也如此。若把忿懥做可疑，则下面忧患、好乐等皆

可疑。"〕

○　问："修身章谓'五者有当然之则'。如敖惰之心，则岂可有?"
曰："此处亦当看文势大意。敖惰，只是一般人所为，得人厌弃，不起
人敬畏心。若把敖惰做不当有，则亲爱、敬畏也不当有。"寓。淳同。

○　问："'之其所敖惰而辟焉'，君子亦有敖惰于人者乎?"曰：
"人自有苟贱可厌弃者。"德明。

○　蔡问"敖惰"之说。曰："有一般人，上未至于可亲爱，下未
至于可贱恶，只是所为也无甚好处，令人懒去接他，是谓敖惰，不是恶
德。"淳。〔文蔚录云："非如常人傲忽惰慢，只是使人见得他懒些。"〕

○　问敖惰。先生曰："大抵是一种没要紧底人，半上落下底人。
且如路中撞见如此等人，是不足亲爱畏敬者，不成强与之相揖而致其亲
爱畏敬则是。敖惰是人之所不能元者。"又问："'敖惰'（一）〔二〕字
恐非好事。"曰："此如明鉴之悬，妍者自妍，丑者自丑，随所来而应
之。不成丑者至前，须要换作妍者! 又敖惰是轻，贱恶是重。既得贱
恶，如何却不得敖惰? 然圣人犹戒其僻，则又须点检，不可有过当处。"
履孙。

○　因学者问大学"敖惰"处，而曰："某尝说，如有人问易不当
为卜筮书，诗不当去小序，不当叶韵，及大学敖惰处，皆在所不
答。"偶。

○　问敖惰。曰："敖便是惰，敖了便惰。敖了都不管他，便是
惰。"义刚。

○ 问："大学释'修身齐家'章，不言修身，何也？"曰："好而不知其恶，恶而不知其美，是以好为恶，以曲为直，可谓之修身乎？"芝。

○ 问："'正心修身'章后注，云'此亦当通上章推之，盖意或不诚，则无能实用其力以正其心者'。切谓人之心所以胶胶扰扰，失其虚明之本体者，只为念虑之间不诚于为善，每每杂得私邪在里，故心为之累而不得其正。今既能致其知，判别得是非善恶分明，一念之发，诚实无恶，则心之本体岂不光明洞达，浑全正大，其间直有毫芒之间耳。然则意既能诚，则复何所待于用力哉。"曰："大学所以有许多节次，正欲学者逐节用工。非如一无节之竹，使人才能格物，则便到平天下也。夫人盖有意诚而心未正者，盖于忿懥、恐惧等事诚不可不随事而排遣也。盖有心正而身未修者，故于好恶之间诚不可不随人而节制也。至于齐家以下，皆是教人节节省察用功，故经序但言心正者必自诚意而来，修身者必自正心而来。非谓意既诚而心无事乎正，心既正而身无事乎修也。且以大学之首章便教人'明明德'，又为格物以下事目，皆为明明德之事也，而平天下方且言先谨乎德等事，亦可见矣。"处谦。

○ 大学如"正心"章，已说尽了。至"修身"章又从头说起，至"齐家治国"章又依前说教他，池本有"治它是"三字。何也？盖要池本作"盖是要得"。节节都照管，不成却池本作"只"字。说自家在这里，心正、身修了，便都只听其自治。池本作"听它自治了"。夔孙。

○ 正卿问："大学传正心、修身，莫有深浅否？"曰："正心是就心上说，修身是就应事接物上说。那事不从心上做出来？如修身，如絜矩，都是心做得出，但正心是萌芽上理会，若修身及絜矩等事，却是各就地头上理会。"恪。

○ 说大学"诚意"章。曰:"如今人虽欲为善,又被一个不欲为善之意来妨了;虽欲去恶,又被一个尚欲为恶之意来妨了。盖其知之不切,故为善不是他心肯意肯,去恶亦不是他心肯意肯,这个便是自欺,便是不诚。意才不诚,则心下便有许多忿懥、恐惧、忧患、好乐,而心便不正。心既不正,则凡有爱恶等事莫不倚于一偏。如此,如何要家齐、国治、天下平?惟是知得切,则好善必如好好色,恶恶必如恶恶臭,是非为人而然,盖胸中实欲如此,而后心满意惬。"贺孙。

传九章释家齐国治

○ 或问:"'齐家'一段是挂将去时较切近否?"曰:"此是言一家事,然而自此推将去,天下国家皆只如此。"又问:"所畏敬在家中则如何?"曰:"一家之中,尊者可畏敬,但是有不当处亦合有几谏时。不可道畏敬之,便不可说着。若如此唯知畏敬,却是辟也。"祖道。

○ 李德之问:"'不出家而成教于国',不待推也。"先生曰:"不必言不待推。玩其文义亦未尝有此意。只是身修于家,虽未尝出而教自成于国尔。"盖卿。

○ 或问"不出家而成教于国"。曰:"孝以事亲而使一家之人皆孝,弟以事长而使一家之人皆弟,慈以使众而使一家之人皆慈,是乃成教于国者也。"人杰。

○ "孝者所以事君,弟者所以事长,慈者所以使众。"此道理皆是我家里做成了,天下人看着自能如此,不是我推之于国。泳。

○ 刘潜夫问："'齐家'章内并言孝、弟、慈三者，而其下则言康诰以释'使众'一句，更不及孝弟，何也？"曰："孝弟二者虽人所固有，然守而不失者亦鲜。唯有保赤子一事，罕有失之者。故圣贤于此特发明夫人之所易晓者以示训，正与孟子言见赤子入井之意同。"处谦。

○ "心诚求之"者，求赤子之所欲也。于民亦当求其有不能自达。此是推其慈幼之心以使众也。芝。

○ 问"治国在齐其家"。曰："且只说动化为功，未说到推上。后章方全是说推。'如保赤子'一节，只是说'慈者所以使众'一句。保赤子，慈于家也；'如保赤子'，慈于国也。保赤子是慈，'如保赤子'是使众。"直卿云："这个慈是人人自然有底。慈于家便能慈于国，故言：一家仁，一国兴仁；一家让，一国兴让。"寓。

○ "一家仁"以上是推其家以治国，"一家仁"以下是人自化之也。芝。

○ 问："九章本言治国，何以曰'尧舜率天下以仁而民从之'都是说治天下之事也？至言'君子有诸己而后求诸人，无诸己而后非诸人'，又似说修身，如何？"曰："圣人之言简畅周尽。修身是齐家之本，齐家又治国之本。如言'一家仁，一国兴仁；一家让，一国兴让'之类，自是相关，岂可截然不相入也！"谟。按去伪同而略云："或问：'九章言治国，却何以言"尧舜率天下以仁而民从之"，又其说治天下，其间言"君子有诸己而后求诸人"，又似说修身，何也？'曰：'圣人之文简畅，修身是齐家之本，如言"一家仁，一国兴仁；一家让，一国兴让"亦此类也。'"

○ 问"有诸己而后求诸人"。先生云："只从头读来便见得分晓。

这个只是'躬自厚而薄责于人','攻其恶，无攻人之恶'。"卓。

○ 问："'有诸己而后求诸人'，虽曰推己以及人，是亦示人以反己之道。"曰："这是言己之为法于人处。"道夫。

○ 或池本作"李仁甫"。问："有诸己而后求诸人，无诸己而后非诸人。"先生曰："此是退一步说，池本有"语意"二字。犹言'温故知新而可以为人师'，以明未能池本无"能"字。如此，则不可如此；非谓温故知新，便要求为人师也。然池本"不可"下云："为人师耳。若曰'有诸己而后求诸人'，以明无诸己不可求诸人也；'无诸己而后非诸人'，以明有诸己即不可非诸人也。"却无"如此"以下十六字。此意池本无"意"字。正为治国者言。大凡治国禁人为恶，而欲池本作"劝"字。人为善，便池本有"是"。求诸人，非诸人。然须是在己有善无恶，方可求人、非人也。"或问："范忠宣'以恕己之心恕人'，此语固有病，但上文先言'以责人之心责己'，则连下句亦未害。"先生曰："上句自好，下句自不好，盖才说恕己便已不是。若横渠云：'以爱己之心爱人，则尽仁；以责人之心责己，则尽道。'语便不同，盖'恕己'与'爱己'字不同。大凡知道君子发言自别。近观圣贤言语与后世人言语自不同，此学者所以贵于知道也。"铢。

○ 问："'所藏乎身不恕'处，'恕'字还只就接物上说，如何?"曰："是就接物上见得。忠只是实心，直是真实不伪，到应接事物也只是推这个心去。直是忠方能恕，若不忠便无本领了，更把甚么去及物？伊川说：'"维天之命，於穆不已"，忠也，便是实理流行；"乾道变化，各正性命"，恕也，便是实理及物。'"守约问："恁地说，又与'夫子之道，忠恕而已矣'之'忠恕'相似。"曰："只是一个忠恕，岂有二样！圣人与常人忠恕也不甚相远。"又曰："尽己不是说尽吾身之实理，自尽便是实理，若有些子未尽处便是不实。如欲为孝，只略略有两三分

孝，更有七分未尽便是不实。略略有一分弟，更九分以上未尽亦是不
实。<u>贺孙</u>。池本"为孝"下作"虽有七分孝，只中间有三分未尽，固是不实；虽
有九分孝，只略略有一分未尽，亦是不实"。

○　九章说底是责人之恕，十章是爱人之恕。<u>方子</u>。

○　<u>李德之</u>问："'齐家'、'治国'、'平天下'三章，看来似皆是恕
之功用。"先生曰："如'治国'、'平天下'两章是此意。'治国'章乃
责人之恕，'平天下'章乃爱人之恕。'齐家'一章但说人之偏处。"
<u>盖卿</u>。

○　<u>仁甫</u>问"治国在齐其家"。曰："这个道理却急迫不得，待到他
日数足处自然通透。这个物事只是看得熟，自然有条理。上面说'不出
家而成教于国'，此下便说'其所以教者如此'，这三者便是教之目。后
面却是说须是躬行方会化得人。此一段只此两截如此。"<u>贺孙</u>。道夫录同
而略，云："<u>仁甫</u>问'治国在齐其家'一章，曰：'上面说"不出家而成教于国"，此
下便说"其所以教者如此"，这三事是教之目，后面却是说须是躬行方会化得人。'"

○　因讲"礼让为国"，曰："'一家仁，一国兴仁；一家让，一国
兴让。'自家礼让有以感之，故民亦如此兴起。自家好争利，却责民间
礼让，如何得他应！<u>东坡</u>策（别）〔制〕'敦教化'中一段说得也好，虽
说得粗，道理却是如此。"敦教化"云"欲民之知信，莫若务实其言；欲民之知
义，莫若务去其贪"云云。看道理不要玄妙，只就粗处说得出便是。如今
官司不会制民之产，民自去买田，又取他牙税钱。古者群饮者杀，今置
官诱民饮酒，惟恐其不来，如何得民兴于善！"<u>淳</u>。

○　问："齐家、治国之道断然'是父子兄弟足法而后人法之'。然

尧舜不能化其子，而周公则上见疑于君，下不能和其兄弟，是如何？"
曰："圣人是论其常，尧舜是处其变。看他'烝烝乂，不格奸'，至于
'瞽瞍厎豫'，便是他有以处那变处。且如他当时（彼）〔被〕那儿子恁
地，他却处得那儿子好，他不将那天下与那儿子，后却传与那贤，便是
他处得那儿子好。若使尧当时把个天下与丹朱，舜把个天下与商均，则
天下如何觧安，他那儿子如何觧宁贴？如周公被管蔡恁地，他若不去
致辟于商，则周如何不扰乱？他后来尽死做这一着时，也是不得已着恁
地。但是而今且去理会常伦。而今如何便觧有个父如瞽瞍，有个兄弟如
管蔡，未论那变处。"义刚。

传十章释治国平天下

○ 味道问"平天下在治其国"。曰："此三节见得上行而下效，又
见得上下虽殊而心则一。"道夫。

○ 问"平天下在治其国"章。曰："此三节见上行下效，理之必
然，又以见人心之所同。'是以君子有絜矩之道'，所以以己之心度人之
心，使皆得以自尽其兴起之善心。若不絜矩，则虽躬行于上，使彼有是
兴起之善心而不可得遂，亦徒然也。"又曰："因何恁地上行下效？盖人
心之同然。所以絜矩之道我要恁地，也使彼有是心者亦得恁地。全章大
意只反覆说絜矩。如专利于上，急征横敛，民不得以自养，我这里虽能
兴起其善心，济甚事！若此类皆是不能絜矩。"贺孙。

○ 才卿问："'上老老而民兴孝'，恐便是连那老众人之老说？"
曰："不然。此老老、长长、恤孤方是就自家身上切近处说，所谓家齐

也。民兴孝、兴弟、不倍，此方是就民之感发兴起处说，治国而国治之
事也。缘为上行下效，捷于影响，可以见人心之所同者如此。'是以君
子必有絜矩之道也'，此一句方是引起絜矩事。下面方解说絜矩，而结
之云'此之谓絜矩之道'。盖人心感发之同如此，所以君子须用推絜矩
之心以平天下，此几多分晓！若如才卿说，则此便是絜矩，何用下面更
絜说许多。才卿不合误认老老、长长为絜矩，所以差也。所谓'文王之
民无冻馁之老者'，此皆是絜矩已后事，如何将做老老说得。"僩。

○ 问："'上老老而民兴孝'，下面接'是以君子有絜矩之道也'，
似不相续，如何？"曰："这个便是相续。絜矩是四面均平底道理，教他
各得老其老，各得长其长，各得幼其幼。不成自家老其老，教他不得老
其老；长其长，教他不得长其长；幼其幼，教他不得幼其幼，便不
得。"寓。

○ 问："絜矩之道，语脉贯穿如何？久思未通。"先生颇讶，以为
如何如此难晓。"上面说人心之所同者既如此，是以君子见人之心与己
之心同，故必以己心度人之心，使皆得其平。下面方说所以絜矩如此。"
贺孙。

○ 仁甫问絜矩。曰："上之人老老、长长、恤孤，则下之人兴孝、
兴弟、不倍，此是说上行下效。到絜矩处是就政事上言。若但兴起其善
心，而不有以使之得遂其心，则虽能兴起，终亦徒然。如政烦赋重，不
得以养其父母，又安得以遂其善心？须是推己之心以及于彼，使之'仰
足以事父母，俯足以育妻子'方得。如诗里说大夫行役无期度，不得以
养其父母。到得使下，也须教他内外无怨始得。如东山、出车、杕杜诸
诗说行役，多是序其室家之情，亦欲使凡在上者有所感动。"又曰："这
处正如齐宣王爱牛处一般：见牛之觳觫则不忍之心已形于此。若其以衅

钟为不可废而复杀之,则自家不忍之心又只是空。所以以羊易之,则已
形之良心不至于窒塞,而未见之羊杀之亦无害,是乃仁术也。术,是做
得巧处谓之术。"又曰:"'己欲立而立人,己欲达而达人',是两折说,
只以己对人而言。若絜矩,上之人所以待己,己又所以待人,是三折
说,如中庸'所求乎子以事父未能也,所求乎臣以事君未能也'一类
意。"又曰:"晁错言'人情莫不欲寿,三王能生之而不伤'云云,汉诏
云云,'孝心阙焉',皆此意。"贺孙。诏曰:"今天下孝子顺孙,愿自竭尽,以
承其亲,外迫公事,内乏资财,是以孝心阙焉,朕甚哀之。为复子若孙,令得身帅
妻妾遂其供养之事。"

○ 问:"絜矩一条,此是上下四方度量而知民之好恶否?"曰:
"知在前面,这处是推。'老老而民兴孝,长长而民兴弟,恤孤而民不
倍',这处便已知民之好恶与己之好恶相似。'是以君子有絜矩之道',
便推将去,紧要在'毋以'字上。"又曰:"兴,谓兴起其善心;遂,谓
成遂其事。"又曰:"为国,絜矩之大者又在于财用,所以后面只管说
财。如今茶盐之禁乃是人生日用之常,却反禁之。这个都是不能絜矩。"
贺孙。

○ 问絜矩之道。曰:"能使人兴起者,圣人之心也;能遂其人之
兴起者,圣人之政事也。"广。

○ "平天下,谓均平也。'所恶于上,毋以使下;所恶于下,毋以
事上',此与中庸所谓'所求乎至,以事君未能'者同意,但中庸是言
其所好者,此言其所恶者也。"问:"前后左右何指?"曰:"譬如交代官
相似。前官之待我者既不善,吾毋以前官之所以待我者待后政也。左右
如东邻西邻,以邻国为壑,是所恶于左而以交于右也。俗语所谓'将心
比心',如此则各得其平矣。"问:"章句中所谓'絜矩之道,是使之各

得尽其心而无不平也'，如何?"曰:"此是推本。'上老老而民兴孝，上长长而民兴弟，上恤孤而民不倍'，须是留那地位，使人各得自尽其孝弟不倍之心。如'八十者其家不从政;废疾非人不养者，一子不从政'，是使其各得自尽也。又如生聚蓄息、无令父子兄弟离散之类。"德明。

○　"所恶于上"、"所恶于下"、"所恶于前"、"所恶于后"、"所恶于右"、"所恶于左"，此数句皆是就人身切近处说。如上文老老、长长、恤孤之意。至于"毋以使下"、"毋以事上"、"毋以先后"、"毋以从前"、"毋以交于左"、"毋以交于右"，方是推以及物之事。倜。

○　问絜矩。曰:"只把'上下'、'前后'、'左右'等句看，便见。絜矩，度也。不是真把那矩子去量度，只是自家心里暗度那个长那个短。所谓度长絜大，上下前后左右都只一样。心无彼己之异，只是将那头折转来比这头。在我之上者使我如此而我恶之，则知在我下者心亦似我如此，故更不将所责上底人之心来待下人。如此，则自家在中央，上面也占许多地步，下面也占许多地步，便均平正方。若将所责上底人之心便来待下面，上面长，下面短，不方了。下之事我如此而我恶之，则知在我之上者心亦似我如此。若将所责下底人之心更去事上，便又下面长，上面短了。左右前后皆然。待前底心便折转来待后，待左底心便折转来待右，如此便方。每事皆如此，则无所不平矣。"淳。寓同。

○　"所谓絜矩者，如以诸侯言之，上有天子，下有大夫。天子扰我，使我不得行其孝悌，我亦当察此，不可有以扰其大夫，使大夫不得行其孝悌。且如自家有一丈地，左家有一丈地，右家有一丈地。左家侵着我五尺地，是不矩，我必去说他取我五尺。我若侵着右家五尺地，亦是不矩，合当还右家。只是我也方，上也方，下也方，左也方，右也方，前也方，后也方，不相侵越。如'伐冰之家，不畜牛羊'。"亚夫云："务使上下四方一齐方，不侵过他人地步。"曰："然。"芝。

○ 问："论平天下而言财利者，何也？"曰："天下之所以不平者皆因此也。"问："论上下四旁，长短广狭，彼此如一而无不方。在矩则可以如此，在人则有天子、诸侯、大夫、士、庶人之分，何以使之均平？"曰："非是言上下之分欲使之均平，盖事亲事长当使之均平，上下皆得行。上之人得事其亲，下之人也得以事其亲；上之人得长其长，下之人也得以事其长。如慈福皇后每至生日，上寿非常。天下之人岂能此？但各随其分得尽其事亲事长之意。"芝。

○ 问："'絜矩'之道，下文注云'然天下之广，恐有化焉而不得自尽者'云云。今改云'是以君子必当因其所同'云云。窃以为不得。'自尽'之说已为当矣，而何以改为？"曰："诚然，某亦患其未能包得尽也，然学者看时自去会取便了。"处谦。

○ 絜矩，如自家好安乐，便思他人亦欲安乐，当使无"老稚转乎沟壑，壮者散而之四方"之患。"制其田里，教之树畜"皆自此以推之。闳祖。

○ 所谓絜矩者，矩者，心也，我心之所欲即他人之所欲也。我欲孝弟而慈，必欲他人皆如我之孝弟而慈。"不使一夫之不获"者，无一夫不得此理也。只我能如此，而他人不能如此，则是不平矣。人杰。

○ 陶安国问："絜矩之道，是广其仁之用否？"曰："此乃求仁工夫，此处正要着力。若仁者则是举而措之，不待絜矩而自无不平者矣。"〔铢曰："仁者，则'己欲立而立人，己欲达而达人'，不待推矣。若絜矩，正恕者之事也。"先生颔之。〕铢。

○ 德元问:"'我不欲人加诸我,吾亦欲无加诸人',与絜矩同否?"曰:"然。但子贡所问是对彼我说,只是两人,絜矩则是三人尔。后世不复知絜矩之义,惟务竭民财以自丰利,自一孔以上,官皆取之,故上愈富而下愈贫。夫以四海而奉一人,不为不厚矣。使在上者常有厚民之心而推与共之,犹虑有不获者,况皆不恤而(推)〔惟〕自封殖,则民安得不困极乎?易'损上益下'曰益,'损下益上'曰损。所以然者,盖邦本厚则邦宁而君安,乃所以益也。否则反是。"僩。

○ 李丈问:"尽得絜矩,是仁之道,恕之道?"曰:"未可说到那里。且理会絜矩是如何。"问:"此是'我不欲人之加诸我,吾亦欲无加诸人'意否?"曰:"此是两人,须把三人看便见。人莫不有在我之上者,莫不有徐无此二字。在我之下者。如亲在我之上,子孙在我之下。我欲子孙孝于我,而我却不能孝于亲;我欲亲慈于我,而我却不能慈于子孙。便是一畔长,一畔短,不是絜矩。"淳。按寓录同。

○ 絜矩非是外面别有个道理,只便是前面正心、修身推而措之,又不是其他机巧、变诈、权谋之说。贺孙。

○ 絜矩之说不在前数章,却在治国、平天下之后。到这里,也是节次成了方用得。道夫。

○ "君子先慎乎德"一条,德便是"明德"之"德"。自家若意诚、心正、身修、家齐了,则天下之人安得不归于我?如汤武之东征西怨,则自然有人有土。贺孙。

○ 或问"争斗其民而施以劫夺之教"。曰:"民本不是要如此。惟上之人以德为外而急于货财,暴征横敛,民便效尤,相攘相夺,则是上教得他如此。"_{贺孙}。

○ 或问"争民施夺"。先生云："是争取于民而施之以劫夺之教也。'媢疾以恶之',是徇其好恶之私。"_节。

○ 断断者是絜矩，媢疾者是不能。"唯仁人放流之"，是大能絜矩底人；"见贤而不能举，举而不能先"，是稍能絜矩；"好人之所恶"者，是大不能絜矩。_节。

○ "举而不能先"，先是旱底意思，不能速用之意。_泳。

○ "君子有大道，必忠信以得之，骄泰以失之"，"平天下"一章，其事如此广阔，然紧要处只在这些子。其粗说不过如此，若细说则如"操则存"、"克己复礼"等语皆是也。_僩。

○ 赵唐卿_{汝仿}问："十章三言得失，而章句云'到此而天理存亡之机决矣'，何也？"曰："他初且言得众、失众，再言善、不善，意已切矣。终之以忠信、骄泰，分朙是就心上说出得失之由以决之。忠信乃天理之所以存，骄泰乃天理之所以亡。"_砥。

○ 问"仁者以财发身"。曰："不是特地散财以取名，买教人来奉己。只是不私其有，则人自归之而身自尊。只是言其散财之效如此。"_{贺孙}。

○ 问"仁者以财发身，不仁者以身发财"。曰："仁者以财发身，但是财散民聚而身自尊，不在于财。不仁者只管多聚财，不管身之危亡也。"_卓。

○　董卿问："'未有上好仁而下不好义'，如何上仁而下便义？"
曰："这只是一个。在上便唤做仁，在下便唤做义，在父便谓之慈，在
子便谓之孝。"直卿云："也只如'孝慈则忠。'"曰："然。"道夫。

○　"虽有善者"，善者，如而今说会底。闳祖。

○　"国不以利为利。"如秦发闾左之戍也是利，堕名城、杀豪杰、
销锋镝、北筑长城皆是自要他利。利不必专指财利，所以孟子从头截
断，只说仁义。说到"未有仁而遗其亲，未有义而后其君"，这里利却
在里面。所以说义之所安即利之所在，盖惟义之安则自无不利矣。泳。

○　问："末章说财处太多。"曰："后世只此一事不能与民同。"
子上。

○　因论"治国平天下"章财用处。曰："财者，人之所好，自是
不可独占，须推与民共之。未论为天下，且作一县言之：若宽其赋敛，
无征诛之扰，民便欢喜爱戴；若赋敛稍急，又有科敷之扰，民便生怨。
决然如此。"又曰："宁过于予民，不可过于取民。且如居一乡，若屑屑
与民争利，便是伤廉。若饶润人些子，不害其为厚。孟子言：'可以取，
可以无取，取伤廉；可以与，可以无与，与伤惠。'他主意只是在'取
伤廉'上，且将那'与伤惠'来相对说。其实与之过厚些子不害其为
厚，若才过取便伤廉，便是不好。过与，必竟当下是好意思。与了，再
看之，方见得是伤惠，与伤廉不同。所以'子华使于齐，冉子与之粟五
秉'，圣人虽说他不是，然亦不大故责他。只是才过取便深恶之，如冉
求为之聚敛而欲攻之是也。"僩。

○　问："'平天下'章言财用特详，当是民生日用最要紧事耳。"

曰："然。孟子首先所言，其原出此。"子升问此章所言反覆最详之意。
曰："要之，始终本末只一理，但平天下是一件最大底事，所以推广说
许多。如明德、新民、至善之理极精微，至治国、平天下只就人情上区
处，又极平易，盖至于平而已耳。后世非无有志于天下国家之人，却只
就末处布置，于本原上全不理会。"因言："庄子，不知他何所传授，却
自见得道体。盖自孟子之后，荀卿诸公皆不能及。如说'语道而非其
序，非道也'，此等议论甚好。度亦须承接得孔门之徒，源流有自。后
来佛氏之教有说得好处皆出于庄子，但其知不至，无细密工夫，少间都
说得流了，所谓'贤者过之'也。今人亦须自理会教自家本领通贯，却
去看他此等议论，自见得高下分晓。若一向不理会得他底破，少间却有
见识低似他处。"因说"曾点之徒，气象正如此"。又问："论语集注说
曾点是'虽尧舜事业亦优为之'，莫只是尧舜事业亦不足以芥蒂其心
否?"曰："尧舜事业也只是这个道理。"又问："他之所为，必不中节。"
曰："本领处同了，只是无细密工夫。"木之。

○　第九章、十章齐家、治国，既已言化，平天下只言措置之理。
絜，度也；矩，所以为方也。方者，如用曲尺为方者也。何谓"是以君
子有絜矩之道"? 上面人既自有孝弟，下面民亦有孝弟，只要使之自遂
其孝弟之心于其下，便是絜矩。若拂其良心，重赋横敛以取之，使他不
得自遂其心，便是不方。左右前后皆然。言"是以"者须是如此。后面
说民之父母所好所恶，皆是要与民同"利"之一字。且如食禄之家又畜
鸡豚牛羊，却是与民争利，便是不絜矩。所以道"以义为利"者，"义
以方外"也。泳。

○　问："絜矩以好恶、财用、媢疾彦圣为言，何也?"曰："如桑
弘羊聚许多财以奉武帝之好。若是絜矩底人，必思许多财物，必是侵过
着民底满得我好，民必恶。言财用者，盖如自家在一乡之间，却专其

利，便是侵过着他底，便是不絜矩。言媢疾彦圣者，盖有善人则合当举之，使之各得其所。今则不举他，便失其所，是侵善人之分，便是不絜矩。此特言其好恶、财用之类当絜矩，事事亦当絜矩。"节。

○ 问："自致知至于平天下，其道至备，其节目至详且悉，而反覆于终篇者，乃在于财利之说。得非义利之辨，其事尤难，而至善之止，于此尤不可不谨欤？不然，则极天命人心之向背，以明好恶从违之得失，其丁宁之意，何其至深且切邪？"曰："此章大概是专从絜矩上来。盖财者，人之所同好也，而我欲专其利，则民有不得其所好者矣。大抵有国有家所以生起祸乱，皆是从这里来。"道夫云："古注，絜音户结反，云'结'也。"曰："作'结'字解亦自得，盖荀子、庄子注云'絜，围束也'，是将一物围束以为之则也。"又曰："某十二三岁时见范丈所言如此。他甚自喜，以为先儒所未尝到也。"道夫。

○ 或问："絜矩之义，如何只说财利？"曰："必竟人为这个较多，所以生养人者，所以残害人者，亦只是这个。且如今官司皆不是絜矩。自家要卖酒，便教人不得卖酒；自家要榷盐，便教人不得卖盐。但事势相迫，行之已久，人不为怪，其实理不如此。"学蒙。

○ 人治一家一国尚且有照管不到处，况天下之大，所以反反覆覆说。不是大着个心去理会，如何照管得！泳。